富山県の教員採用試験過去問シリーズ 9

2025年度版

富山県の家庭科

過去問

協同教育研究会 編

協同出版

本書には，富山県の教員採用試験の過去問題を収録しています。各問題ごとに，以下のように5段階表記で，難易度，頻出度を示しています。

難　易　度

非常に難しい	☆☆☆☆☆
やや難しい	☆☆☆☆
普通の難易度	☆☆☆
やや易しい	☆☆
非常に易しい	☆

頻　出　度

◎	ほとんど出題されない
◎◎	あまり出題されない
◎◎◎	普通の頻出度
◎◎◎◎	よく出題される
◎◎◎◎◎	非常によく出題される

※本書の過去問題における資料，法令文等の取り扱いについて

本書の過去問題で使用されている資料や法令文の表記や基準は，出題された当時の内容に準拠しているため，解答・解説も当時のものを使用しています。ご了承ください。

はじめに～「過去問」シリーズ利用に際して～

教育を取り巻く環境は変化しつつあり，日本の公教育そのものも，教員免許更新制の廃止やGIGAスクール構想の実現などの改革が進められています。また，現行の学習指導要領では「主体的・対話的で深い学び」を実現するため，指導方法や指導体制の工夫改善により，「個に応じた指導」の充実を図るとともに，コンピュータや情報通信ネットワーク等の情報手段を活用するために必要な環境を整えることが示されています。

一方で，いじめや体罰，不登校，暴力行為など，教育現場の問題もあいかわらず取り沙汰されており，教員に求められるスキルは，今後さらに高いものになっていくことが予想されます。

本書の基本構成としては，出題傾向と対策，過去5年間の出題傾向分析表，過去問題，解答および解説を掲載しています。各自治体や教科によって掲載年数をはじめ，「チェックテスト」や「問題演習」を掲載するなど，内容が異なります。

また原則的には一般受験を対象としております。特別選考等については対応していない場合があります。なお，実際に配布された問題の順番や構成を，編集の都合上，変更している場合があります。あらかじめご了承ください。

最後に，この「過去問」シリーズは，「参考書」シリーズとの併用を前提に編集されております。参考書で要点整理を行い，過去問で実力試しを行う，セットでの活用をおすすめいたします。

みなさまが，この書籍を徹底的に活用し，教員採用試験の合格を勝ち取って，教壇に立っていただければ，それはわたくしたちにとって最上の喜びです。

協同教育研究会

C O N T E N T S

第１部

富山県の
家庭科
出題傾向分析

富山県の家庭科　傾向と対策

富山県では，近年，中高共通問題として実施している。2024年度の大問数は，2023年度より1問少なくなり10問となったが，小問や文章問題もあることから，全体的には例年と大差ないものと考える。解答形式は，選択・記述式の併用であり，記述式の問題が多い。難易度は，総じて中学校から高等学校の教科書や資料集レベルであるが，専門性の高い問題も散見される。また，2015年度からの変更点として，特別選考(特定資格)に新たな資格として，中高家庭に調理師の資格が追加されている。ただし，この資格に対応する受験種目の教員免許状を取得していることが必要である。二次試験については，実技試験はなく，論作文と個人面接が実施される。個人面接における模擬授業は廃止された。

専門分野の2024年度の全体的傾向としては，食生活分野や衣生活分野からの出題数が多いこと，過去には，子育て支援や消費・環境に関する法律関連が多く出題されたが，2024年度は共生社会に関して掘り下げた出題がみられることがあげられる。環境関連については，今までの出題形式から衣食住の具体的な取り組み内容を問う内容になった。また，受験者の判断力や文章力を問う記述が多く出題されている。

「子ども・高齢者と家族」の内容では，新生児の心身の発達，幼児の運動機能の発達順序，高齢者の介護におけるボディメカニクス，車いすを使用した具体的な介助法，ソーシャツ・インクルージョンやダイバーシティ，地域福祉，ノーマライゼーションの共生社会に関する用語，社会保障に関連する国民年金や雇用保険，労災保険，「子どもとの触れ合い実習の事前指導」についての文章記述が出題された。「食生活」の内容では，栄養と健康，調理が毎年出題されている。2024年度は「外食･中食･個食」の食生活の現状，日本料理における精進料理・本膳料理・懐石料理・会席料理の内容及び日本料理のマナー，実習「サバの味噌煮・かき玉汁」に関して，たんぱく質の熱変性，汁物における片栗粉の働き，記述文章題では「飽和脂肪酸と不飽和脂肪酸の働き」,「学校家庭クラブ活動における食育の推進に関する具体的な活動内容」,「調理実習中及び片付けにおける環境面を考えた指導」「減塩のための汁物の工夫」等が出題された。「衣生活」の内容では，製作の実習場面を想定した問題が最も多く，2024年度も同様である。補正については，過去に何度も出題されている。手縫い針とミシン針の号数と太さの関係，接着芯の扱い方，衣類の具体的なリユース例などが出題された。製作以外では，衣類の組成表示と根拠になる法律名などが出題された。記述文章題では「ハーフパンツの裾やまた上の縫製，補正」についてイラストを含めた説明を求める出題である。「住生活」の内容では，照明器具の種類，住生活の機能，記述文章題では「床座のメリット，ひさしと軒の役割」が出題された。「消費生活」の内容では，2023年度と大きく変わり,「家計の金融資産構成の国際比較」や金融商品のリターン・リスクの比較が出題された。消費者の被害や消費者保護関連の出題は見られない。

学習指導要領と学習指導法では，いずれも高等学校関連の出題が多く，2024年度も高等学校学習指導要領解説の総則から目標について出題された。

対策だが，年度による出題傾向の変更も考えられるので，本書の過去問を活用し，あらゆる角度からの出題にも対応できるよう入念な準備をしてほしい。複数の教科書及び資料集を参考に，すべての分野・項目を完璧にするよう頑張ってほしい。記述式解答が多いことから，誤字・脱字に注意し，文章題については，問題の趣旨に合った文章を短時間で書きあげる練習もしておきたい。

過去5年間の出題傾向分析

分　類	主な出題事項	2020年度	2021年度	2022年度	2023年度	2024年度
子ども・高齢者と家族	子どもへの理解	●		●	●	●
	子育て支援の法律・制度・理念	●	●		●	
	児童福祉の法律・制度	●	●			
	家族と家庭生活	●	●	●	●	●
	高齢者の暮らし		●	●	●	●
	高齢者への支援		●	●		●
	福祉と法律・マーク			●	●	●
	その他			●		●
食生活	栄養と健康	●	●	●	●	●
	献立					●
	食品	●		●	●	
	食品の表示と安全性				●	
	調理	●	●	●	●	●
	食生活と環境			●		●
	生活文化の継承					●
	その他					●
衣生活	衣服の材料		●	●	●	
	衣服の表示					●
	衣服の手入れ	●		●		
	製作	●	●	●	●	●
	和服		●		●	
	衣生活と環境	●		●	●	●
	生活文化の継承		●			
	その他	●				●
住生活	住宅政策の歴史・住宅問題		●			
	間取り，平面図の書き方		●			●
	快適性（衛生と安全）			●	●	
	住まい方（集合住宅など）				●	
	地域社会と住環境		●	●	●	
	生活文化の継承		●	●		●
	その他					●
消費生活と環境	消費者トラブル	●	●	●	●	
	消費者保護の法律		●		●	
	お金の管理，カード，家計		●	●		●
	循環型社会と3R					
	環境問題と法律	●				
	消費生活・環境のマーク	●		●		
	その他					
学習指導要領に関する問題			●	●	●	●
学習指導法に関する問題		●				●

第2部

富山県の
教員採用試験
実施問題

2024年度　実施問題

【中高共通】

【1】日本の食生活の変化に関する次の文を読み，以下の各問いに答えよ。

> 近年の経済成長や国際化の進展に伴って，食事内容や料理法が多様になるとともに，食品産業や流通業の発展により，さまざまな加工食品や調理済み食品が利用されるようになった。$_{a}$<u>内食</u>の比率が減り，中食や外食の利用が増加して，食の外部化・簡便化が進んでいる。中食や外食は，たんぱく質や$_{b}$<u>脂質</u>が多いので，野菜を組み合わせることや，食の衛生・安全にも留意する必要がある。また，食の外部化・簡便化に伴い，孤食や$_{c}$<u>個食</u>が増えてきた。食事は栄養や食欲を満たすためだけのものではない。家族や仲間といっしょに同じ場所で，できれば同じものを食べて，楽しさや話題を共有することで人間関係を深め，精神的にも満たされる。周りの人々とともに食べること(共食)は，大切にしたい生活行為である。

(1)　下線部aおよび下線部cの，それぞれの語句の意味を説明せよ。

(2)　次の図1は，平成元年～30年における1か月あたりの食費の割合(平成元年を100として)を示したものである。図1中の折れ線O～Qは「外食」,「中食(調理食品)」,「内食」のいずれかである。O～Qのうち「中食(調理食品)」はどれか，1つ選び，記号で答えよ。

図1　1か月あたりの食費の割合(平成元年を100として)

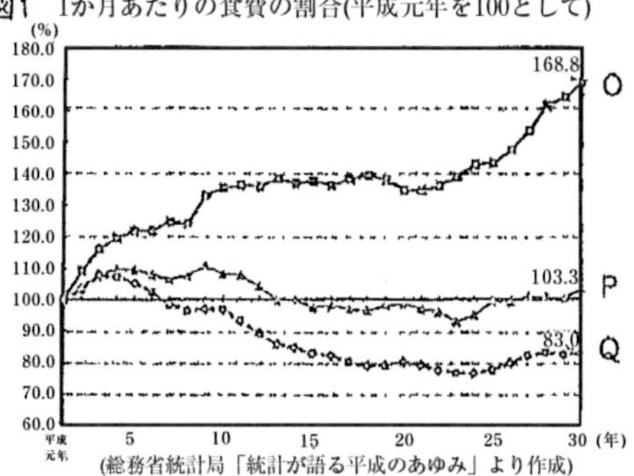

(総務省統計局「統計が語る平成のあゆみ」より作成)

(3)　次の選択群のうち，中食や外食の利用が増加した主な社会的背景として適当でないものを1つ選び，答えよ。

[選択群]

単身世帯の増加　　　高齢者世帯の増加

3世代世帯の増加　　夫婦のみの世帯の増加

(4)　下線部bについて，次の各問いに答えよ。

①　次の表は，ぶた[大型種肉](ロース・脂身つき・生)とまあじ(皮つき・生)に多く含まれる脂肪酸の種類とその脂肪酸の常温での状態を示したものである。表のア～ウにあてはまる最も適切なものを表中のa～cからそれぞれ1つずつ選び，記号で答えよ。

表

	ぶた〔大型種肉〕(ロース・脂身つき・生)	まあじ（皮つき・生）
脂肪酸の種類	ア（a　飽和脂肪酸　b　一価不飽和脂肪酸　c　多価不飽和脂肪酸）	イ（a　飽和脂肪酸　b　一価不飽和脂肪酸　c　多価不飽和脂肪酸） ウ〔a　n-9系　b　n-6系　c　n-3系〕
常温での状態	固体	液体

②　飽和脂肪酸と不飽和脂肪酸がそれぞれ身体に及ぼす影響の違いについて説明せよ。なお，不飽和脂肪酸は一価不飽和脂肪酸と多価不飽和脂肪酸の両方を含む。

③　内容が適切なものを次のア～エから2つ選び，記号で答えよ。

ア　植物油に水素添加すると，固体のマーガリンやショートニングができる。

イ　リン脂質は，生体膜の成分で，細胞の活動を維持する重要な成分である。

ウ　食品中の脂肪の大部分は，脂肪酸にステアリン酸が結合した中性脂肪とよばれるものである。

エ　リノール酸，α－リノレン酸のように体内で合成できない脂肪酸を必須脂肪酸といい，バターに多く含まれる。

(5)　学校家庭クラブ活動で地域の子どもの食育の推進に関する活動を行いたい。どのような活動が考えられるか，学習指導要領を踏まえ，具体的な取り組みを1つ答えよ。

(☆☆☆☆◎◎◎◎)

【2】家族の献立作成について，次の表はよしこさんの4人家族(祖母(75歳)，父(48歳)，母(45歳)，よしこさん(17歳女子高校生))の夕食献立の一部である。以下の各問いに答えよ。

表

〔さばのみそ煮〕4人分

材料	分量	材料	分量
さば	320g	煮出し汁	100ml
しょうが	30g	砂糖	20g
酒	140ml	しょうゆ	8ml
		みそ	<u>大1と小$\frac{1}{3}$</u>（A）

〔かきたま汁〕4人分

材料	分量	材料	分量
<u>卵</u>（B）	100g	煮出し汁	700g
みつば	6g	塩	4g
		しょうゆ	6g
		<u>でんぷん</u>（C）	6g

(1)　次の①～③の文中の〔　　〕にあてはまる最も適切なものを次のア～ウからそれぞれ1つずつ選び，記号で答えよ。

①　下線部Aを重量に換算すると，〔ア　20g　　イ　40g　　ウ　60g〕

である。

② 下線部B〈溶き卵〉を入れるタイミングは，〔ア 調味する前 イ でんぷんを入れた後 ウ みつばを入れた後〕である。

③ 下線部Cをかきたま汁に入れる主な理由は，〔ア 汁の実を均等な位置に保つため イ 卵の色をよくするため ウ 食品の栄養素の損失を防ぐため〕である。

(2) さばのみそ煮について，完成した魚の上にのせる細くせん切りにしたしょうがを何というか，答えよ。

(3) さばを煮る時は，煮汁を沸騰させてからさばを入れるが，その理由を「たんぱく質」という語句を用いて説明せよ。

(4) かきたま汁の汁全体が卵液で濁って仕上がった。その原因として考えられることを1つ答えよ。

(5) 祖母と父は高血圧で，食塩を控えるよう医師から指示を受けていることから，表の献立のうち，「かきたま汁」を別の汁物に変更したい。汁物における減塩の工夫点を答えよ。ただし，「減塩の調味料を使う」，「薄味にする」以外とする。

(6) さば100gあたりのたんぱく質量を17.8gとするとき，さばのみそ煮で，よしこさんが1人分のさばを食べるとすると，1日のたんぱく質量の何%を摂取できるか，次に示したたんぱく質の食事摂取基準をもとに，四捨五入して整数で答えよ。

たんぱく質の食事摂取基準：女性推奨量15～17歳 55(g/日) (日本人の食事摂取基準より)

(7) 調理実習の際，環境に配慮するために，調理作業中及び片付けにおいてどのような指導を行うかそれぞれ2つずつ答えよ。

(☆☆☆◎◎◎◎)

【３】日本の料理形式に関する次の表を見て，以下の各問いに答えよ。

表

種類	（ ① ）	本膳料理	a懐石料理	b会席料理
成立期	平安時代中期～鎌倉時代	室町時代～江戸時代	安土桃山時代	江戸時代

(1) 次の文は，表中(①)の特徴を説明したものである。(①)にあてはまる料理名を答えよ。

> 禅宗の僧侶が中国で習得した料理法をもとに始められ，食材には動物性食品を使用しない。

(2) 下線部aの特徴について，次のア～ウから最も適切なものを1つ選び，記号で答えよ。

ア　酒宴向きの形式であり，現在は，もてなし料理として広く用いられている。

イ　武家の礼法とともに基本的な形がととのえられ，献立は，坪(つぼ)，猪口(ちょく)など器の名称で示されることが多い。

ウ　茶道とともに発達し，茶席で抹茶をいただく前に供する食事である。

(3) 下線部bの献立の一部を次に示した。3つの献立を供される順番に左から並び替えよ。

> 向付　　止め椀　　先付

(4) (3)の「向付」に最も適する料理名を次のア～エから1つ選び，記号で答えよ。

ア　卵豆腐のすまし汁　　　イ　たいの昆布じめ

ウ　さわらのさんしょう焼き　　エ　赤貝ときゅうりの黄身酢和え

(5) 日本料理のマナーについて，次のア～ウの下線部について，正しいものには○を，誤っているものは正しい語句を答えよ。

ア　日常の食事では，飯茶碗と汁椀を左右に置き，焼き物の器は<u>左</u>奥に置く。

イ　尾頭付きの焼き魚の上の身を食べる時は，頭から尾の方へ，<u>腹側</u>から食べる。

ウ　はしをなめたり(ねぶりばし)，いろいろなおかずの上ではしをうろうろさせたり(迷いばし)，器をはしで引き寄せる(寄せばし)などは，タブーとされている。

(☆☆☆◎◎◎◎)

【4】洋服の製作について，次の各問いに答えよ。

(1)　次の文の(　A　)～(　D　)にあてはまる最も適切な語句を以下のア～キからそれぞれ1つずつ選び，記号で答えよ。また，(　E　)にあてはまる適切な語句を答えよ。

・手縫い針(メリケン針)は数字が大きくなると(　A　)なり，家庭用ミシン針は数字が大きくなると(　B　)なる。 ・型紙を置く際，布を外表に折りたたみ，型紙の布目を布の(　C　)方向に合わせて配置し，まち針でとめる。 ・接着しんは，表裏を確かめ，接着剤のついている方を表布の(　D　)にあてる。 ・しるしつけでは，綿織物・裏地などには布用複写紙あるいはへらを用い，毛織物・化繊織物などには(　E　)をする。

ア　ななめ　　イ　たて　　ウ　よこ　　エ　表　　オ　裏
カ　細く　　キ　太く

(2)　次の図1のハーフパンツの製作について，以下の各問いに答えよ。なお，ハーフパンツは標準的な体型(身長158cm，52kg)の女子高校生が着用することを想定したものとする。

図1

①　また上の正しい採寸の仕方を説明せよ。

②　上の図1のハーフパンツを製作する場合，布の長さとウエスト

用ゴムテープの長さの見積りとして，最も適するものを次のア～ウから1つずつ選び，記号で答えよ。なお，布は90cm幅とし，ゴム通し口は2か所で幅平ゴムを使用する。

〔布〕

ア　{パンツ丈＋縫い代(10cm)}×4

イ　{パンツ丈＋縫い代(10cm)}×2

ウ　{パンツ丈＋縫い代(10cm)}×1

〔ゴムテープ〕

ア　{ウエスト寸法×0.5＋4}×2

イ　{ウエスト寸法×0.9＋2}×2

ウ　{ウエスト寸法×1.5}×2

③　次の図2は，出来上がり線と縫い代を示したものであるが，わき及びまた下の一部と裾が未完成である。出来上がり線と縫い代を付け加えて完成させ，そのようにした理由も述べよ。ただし，縫い代の正確な長さは考慮しないものとする。

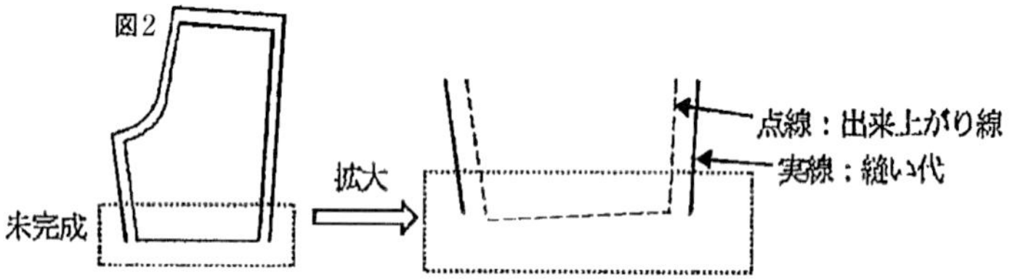

④　次の図3はまた上を縫う時の布の合わせ方を示している。A，Bにあてはまる語句を以下のア～エから1つずつ選び，記号で答えよ。また，Cのまた上の縫い方を理由とともに説明せよ。

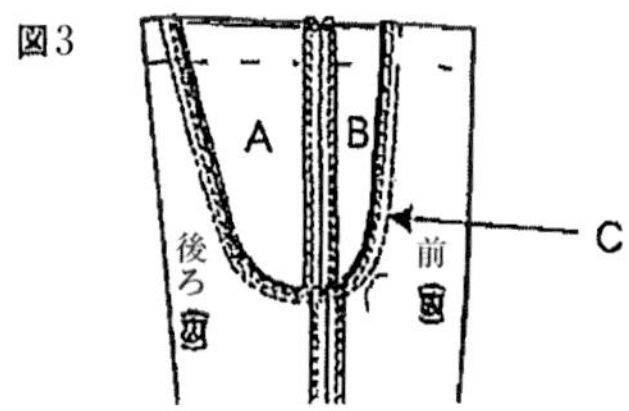

ア　前(表)　　イ　前(裏)　　ウ　後ろ(表)　　エ　後ろ(裏)

⑤ また上を4cm長くする場合，次の図4の型紙の補正の仕方を図示するとともに，説明を記入せよ。

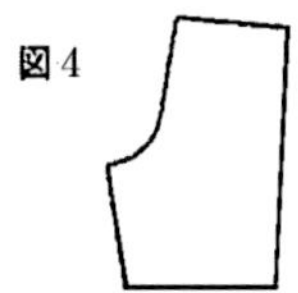
図4

(☆☆☆☆◎◎◎◎)

【5】次の図1は衣生活の流れを示したものである。以下の各問いに答えよ。

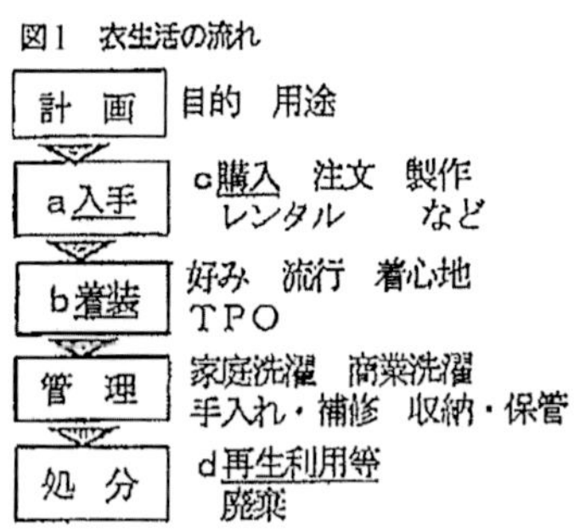

(1) 図1の下線部a，bに関連して，次のア～エはライフステージと衣生活の留意点について述べたものである。高齢期にあてはまるものを1つ選び，記号で答えよ。

ア 職業や集団の中での社会的立場に合わせた服装が求められ，TPOを意識したうえで，自分の好みに応じた自分らしい服装を選択することが重要である。

イ 流行に敏感な時期で，自分で管理・選択できるように収納を工夫し，衣生活の自立を促す。

ウ 着脱させやすく洗濯しやすい素材や形の被服を選択するとともに，生活習慣の自立を促すよう一人で着脱しやすい被服を選ぶ。

エ 適度なゆとりがあり，着脱や温度調節がしやすく，変化した体型をカバーでき，着心地のよい被服が求められる。

(2)　図1の下線部cに関連して，既製服についている表示の例を次の図2に示した。①の表示の名称と，①の表示がもとづいている法律名をそれぞれ答えよ。

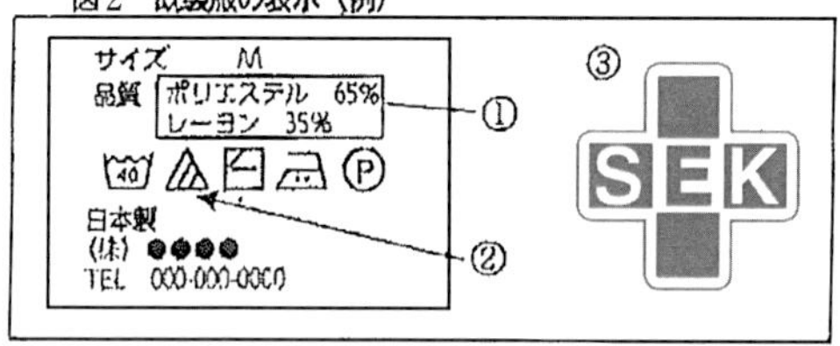

図2　既製服の表示（例）

(3)　上の図2の②の表示が意味する内容を答えよ。

(4)　上の図2の③のマークが意味する内容を次のア～エから1つ選び，記号で答えよ。

ア　スポーツウェアなどフルファッション編み機で作られた製品である。

イ　抗菌防臭加工や制菌加工，抗ウイルス加工などの性能における規格を満たした製品である。各機能を異なる色で表示している。

ウ　優良純毛製品である。

エ　リサイクルしやすくするために仕様や材料を工夫したアパレル商品である。

(5)　図1の下線部dに関連して，循環型社会の実現のために，リサイクル，リデュース，(　A　)の「3R」に取り組むことが求められている。(　A　)にあてはまる最も適切な語句を答えよ。また，衣生活において個人に実行可能な(　A　)に関する取り組みを具体的に2つ答えよ。

(☆☆☆◎◎◎◎)

【6】住生活について，次の各問いに答えよ。

(1)　次の図の①～⑤を「家族空間」,「生理・衛生空間」,「家事空間」,「個人空間」にそれぞれ分類せよ。

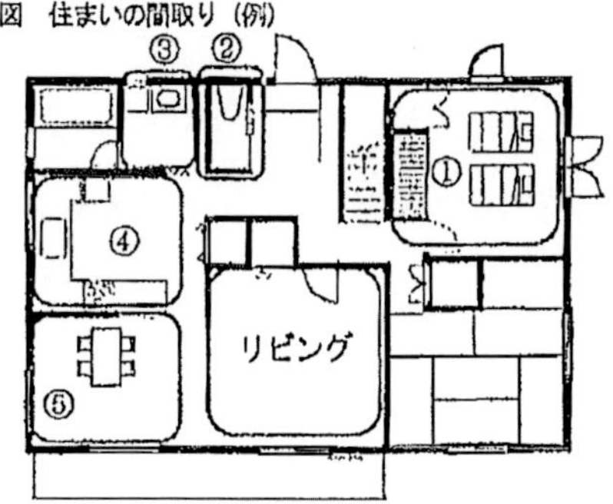

(2)　上の図のリビングを「床座」にしたい。「床座」のメリットを2つ答えよ。

(3)　上の図のリビングの照明をシーリングライトとしたい。次のア～エからシーリングライトを1つ選び，記号で答えよ。

(4)　軒と庇(ひさし)の役割について，「夏」，「冬」，「日射」の言葉を使って説明せよ。

(☆☆☆◎◎◎◎)

【7】乳幼児の発達について，次の各問いに答えよ。

(1)　次の文の①～④にあてはまる最も適切な数値を以下のア～ケから1つずつ選び，記号で答えよ。

出生時の平均身長は約50cm，平均体重は約3,000gである。出生時の体重が(　①　)g未満の新生児は低出生体重児と呼ばれる。出生後(　②　)日未満を新生児期と呼ぶ。出生時の身長に占める頭部の割合は(　③　)分の1で，6歳頃に6分の1となる。また，乳歯は，生後6か月頃から生え始め，2～3歳頃まで

に(　④　)本が生える。

ア　3　　イ　4　　ウ　5　　エ　12　　オ　20　　カ　28
キ　30　　ク　2,000　　ケ　2,500

(2)　次の図は，スキャモンの発育曲線を示している。図中のAは，「一般系」，「生殖器系」，「脳神経系」，「リンパ系」のうち，どれに該当するか答えよ。

図　出生後の各臓器の発育系（スキャモンの発育曲線）

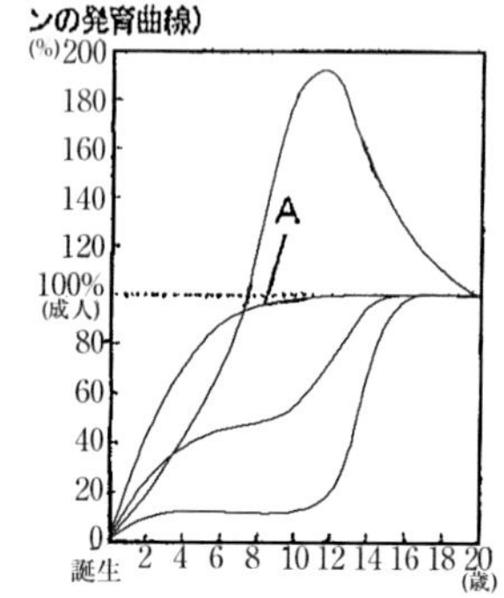

(3)　次のア～エを発達順に並び替えよ。

ア　三輪車に乗ってこぐ　　　　イ　スキップができる
ウ　両足でピョンピョンと跳ぶ　　エ　片足でケンケン跳びをする

(4)　次のア～エから，内容が最も適切なものを1つ選び，記号で答えよ。

ア　新生児は，肋骨がほぼ水平になっており，胸郭が広がらないため腹式呼吸がしづらい。

イ　新生児の呼吸数は1分間で約40～50回で，成人の約5倍である。

ウ　初乳は分娩後約1か月分泌される。

エ　カウプ指数は身長と体重の測定値をもとに計算し，乳幼児の発育の程度や栄養状態を評価する。

(5)　科目「家庭総合」において，地元の保育園に訪問し，次の表のとおり園児と交流を行う。事前学習で，以下の①と②に関して留意事項を説明する場合，説明すべき内容を①と②に関してそれぞれ2点ずつ答えよ。ただし，新型コロナウイルス感染防止対策の「距離をとる」,「園児に触れない」は除く。

表

目　的	・幼児の心身の発達と遊びの意義について理解し，幼児と適切にかかわることができる。 ・子育てにおける家庭生活・地域社会が果たす役割について理解する。
訪問クラス	5歳児
活動時間 活動内容	13:00～14:30 ・遊具遊び（授業で作った自作遊具を使用） ・自由遊び

①　衛生面　　②　子どもとの接し方

(☆☆☆☆◎◎◎◎)

【8】家庭生活と社会について，次の文を読み，以下の各問いに答えよ。

家庭の機能を維持するためには労働が必要である。労働には，報酬を得る有償労働と報酬のない$_a$無償労働がある。私たちは収入を得るために有償労働である職業労働でお金を稼ぎ，稼いだお金を元手に無償労働である家事労働をして生活を維持している。労働は$_b$生活時間を費やす活動である。短期的，長期的な視点をもち，自分はどのように時間を配分して生活するのか，計画をしっかりと立てることが重要である。また，一人ひとりが充実感を得ながら働き，家庭や地域においても自分らしい生活を送るという(　A　)が求められる。

家計の収入の大半は勤め先収入である。安定した経済生活や人生を送るためには，家計の現状を把握し，無駄な出費を省き，$_c$さまざまな事態に備えた貯蓄や保険加入，収入の確保を考えることが重要である。

(1)　文中の(　A　)は「仕事と生活の調和」を意味する。(　A　)にあてはまる適切な語句を答えよ。

(2)　下線部aをカタカナで何というか答えよ。

(3)　下線部bは，さらに，①「生理的生活時間」，②「社会的生活時間」，③「自由時間」に分けることができる。①～③のそれぞれにあてははまるものを次のア～キからすべて選び，記号で答えよ。

ア　睡眠　　イ　ボランティア　　ウ　読書　　エ　入浴

オ　仕事　　カ　通勤・通学　　キ　趣味

(4)　下線部cについて，次の各問いに答えよ。

①　生涯の三大支出は，教育資金，住宅資金ともう1つは何か答えよ。

②　次の図1は，日本の社会保障制度における全体図で，おもに社会保険について示したものである。図1中の(　ア　)およびイ～オにあてはまる最も適切な語句をそれぞれ答えよ。

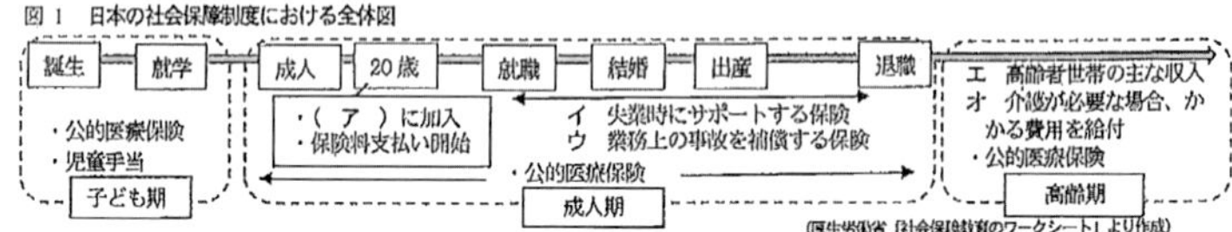

③　次の図2は，日本，米国，ユーロエリアにおける家計の金融資産構成を示したものである。また，図3はおもな金融商品の特徴をイメージ図化したものである。それぞれの図においてO～QおよびR～Tの組み合わせとして最も適切なものを，図2の組み合わせはあとのア～ウ，図3はエ～カから1つずつ選び，記号で答えよ。

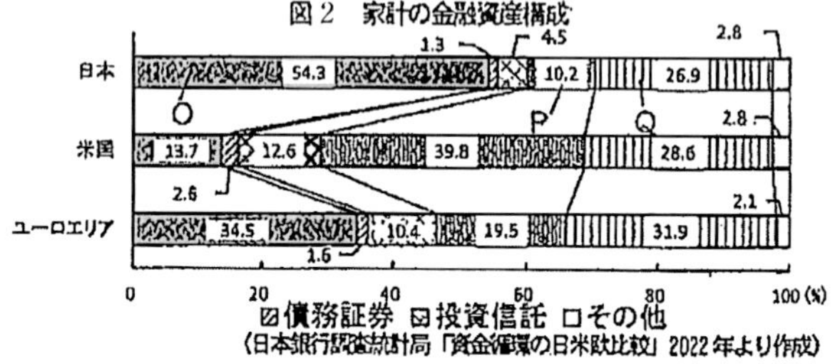

図3　おもな金融商品の特徴（イメージ）

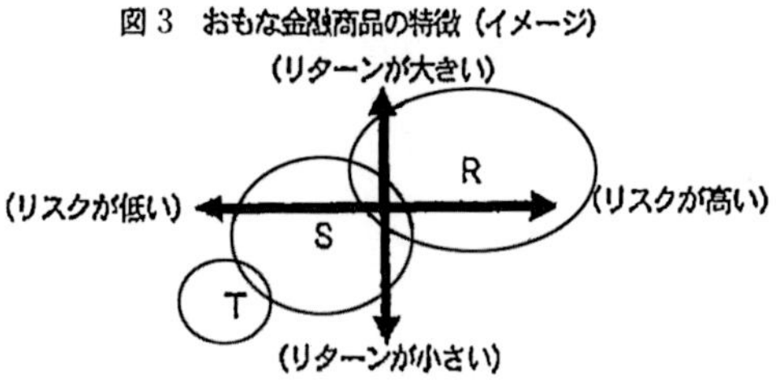

（金融広報中央委員会「大学生のための人生とお金の知恵」より作成）

図2の組み合わせ

ア　O　現金・預金　　P　株式等
　　Q　保険・年金・定型保証

イ　O　株式等　　P　保険・年金・定型保証
　　Q　現金・預金

ウ　O　保険・年金・定型保証　　P　現金・預金
　　Q　株式等

図3の組み合わせ

エ　R　債権　　S　預貯金　　T　株式

オ　R　預貯金　　S　株式　　T　債権

カ　R　株式　　S　債権　　T　預貯金

(☆☆☆☆◎◎◎◎)

【9】高齢社会と共生社会について，次の各問いに答えよ。

(1)　次の文の①～④にあてはまる適切な語句を以下のア～オから1つずつ選び，記号で答えよ。

①　すべての人が使いやすいことを目指す考え方やすべての人が使いやすいように設計されたもの。

②　誰もが社会から孤立せずに，社会の構成員として包み支え合うこと。

③　性別，人種，国籍，民族，宗教，障がい，性的指向などにとらわれず，多様な個性や価値観などを尊重し，認め合うこと。

④　個人や家族が抱えるさまざまな生活上の課題を，地域社会において解決していくための取り組み。

ア　ソーシャル・インクルージョン

イ　ダイバーシティ

ウ　地域福祉

エ　ユニバーサルデザイン

オ　ノーマライゼーション

(2)　人間の体の動きに力学の原理を応用し，より小さな力でより安全・効率的に介助を行うための技術を何というか答えよ。

(3)　車椅子における坂道を下る際の適切な介助の仕方を説明せよ。

(☆☆☆◎◎◎)

【10】高等学校学習指導要領(平成30年告示)解説家庭編について，次の各問いに答えよ。

(1)　次の文は，「第1部　各学科に共通する教科「家庭」」「第1章　総説」「第3節　家庭科の目標」の一部を抜粋したものである。次の(　ア　)～(　エ　)にあてはまる語句を答えよ。

今回の改訂においては，従前の家庭科の目標の趣旨を(　ア　)するとともに，少子高齢化等の社会の変化や(　イ　)な社会の構築，食育の推進，(　ウ　)の推進，(　エ　)の引下げ等への対応を一層重視し，生活を主体的に営むために必要な理解と技能を身に付け，課題を解決する力を養い，生活を主体的に創造しようとする実践的な態度を養うことにより，家庭や地域の生活を創造する資質・能力を育成することを目指し，a家庭科の目標を示した。

(2)　(1)の下線部aは家庭科で育成を目指す資質・能力を三つの柱に沿って示している。次の文は，三つの柱のうちどれをさすか名称を答えよ。

様々な人々と協働し，よりよい社会の構築に向けて，地域社会に参画しようとするとともに，自分や家庭，地域の生活を主体的に創造しようとする実践的な態度を養う。

(☆☆☆◎◎◎◎◎)

解答・解説

【中高共通】

【1】(1) (解答例) a　家庭で素材から作る食事。　c　一緒に食事していても一人ずつ違うものを食べる。　(2) O　(3) 3世代世帯の増加　(4) ①　ア　a　イ　c　ウ　c　② (解答例) 飽和脂肪酸は血液中の中性脂肪やコレステロールの濃度を上昇させ，体脂肪になりやすい。不飽和脂肪酸のうち，一価不飽和脂肪酸は血液中の悪玉コレステロール濃度を低下させる。多価不飽和脂肪酸は，コレステロールや血圧を下げる効果がある。中性脂肪を減らし，血栓や動脈硬化を防ぐ働きがある。　③　ア，イ　(5) (解答例) 小学校低学年対象に，「バランスプレート」を教材として，食事バランスガイドをもとに「食べ物を選択する力」の食育活動を行う。栄養の種類ごとにプレートを色分けし，食材やメニューを書いたカードを当てはめていく。

〈解説〉(1)　a　外食は家庭外で調理されたものを家庭外で食べること，中食は家庭外で調理されたものを家庭内で食べることである。　c　1人で食事をする「孤食」，子どもだけで食事する「子食」，自分の好きなものしか食べない「固食」，少ししか食べない「小食」，パン，めん類など粉から作られたものばかり食べる「粉食」，味付けの濃いものばかり食べる「濃食」も覚えておきたい。　(2)　Pは外食，Qは内食である。平成の30年の間に中食の食費の割合は1.7倍近く増えている。この調査について他の項目も確認しておきたい。　(3)　世帯の人員数は減少しており，3世代世帯も減少している。　(4)　脂肪酸の種類と多く含まれる食品を整理して覚えておくこと。今年度は脂質について問われたが，たんぱく質，糖質についても働きを記述できるように学習しておくこと。③の誤りのある選択肢について，ウはステアリン酸ではなくグリセリン，エはバターではなく植物油が正しい。　(5)　活動のねらいと内容，対象者の設定を具体的に記述すること。学校家庭クラブ活動とホームプロジェクトの指導内容について日頃から具体的に考察し，指導案を作成する練習をしておくとよい。

【2】(1)　①　ア　　②　イ　　③　ア　　(2)　針しょうが　　(3)　(解答例)　表面のたんぱく質を凝固させ，魚の内部のうま味が外部に溶けださないようにする。　　(4)　(解答例)　汁の温度が低い状態で溶き卵を入れた。　　(5)　(解答例)　味噌やしょうゆは塩分濃度が高い。とろろ汁や，大根おろしを汁に加えたおろし汁などは，塩分濃度が低く，山芋や大根のうま味でおいしく味わうことができる。　　(6)　26〔%〕　(7)　(解答例)　調理作業中…水を流しっぱなしにしない。必要以上の野菜くずを出さないよう工夫する。ゴミの分別を行う。鍋の底面積に応じたガスの火力調節に心がける。など。　　片付け…サバの味噌煮を作った鍋，食器は，最初に紙などで拭取ってから洗う。食器，器具類は，洗い桶などにつけて汚れを落としやすくしてから，洗剤で洗う。

〈解説〉(1)　①　みその小さじ1の重量は6g，大さじはその3倍で18g，3分の1は3gなので21gである。主な調味料の小さじの重量は覚えておくこと。　②　溶き卵はとろみをつけた後に入れるときれいにふんわり仕上がる。　③　保温性が良くなること，具材が沈むことを防ぐ。(2)　しょうがを繊維にそって薄く切ってから細く千切りにし，水にさらす。煮魚，和え物などにそえる。　(3)　煮汁が沸騰してから魚を入れる別の理由には，「魚の臭み」を出さないためでもある。魚の臭みの正体は，海水魚の場合「トリメチルアミン」で，魚に含まれる旨み成分「トリメチルアミンオキサイド」が細菌により分解されて「トリメチルアミン」TMA(アミン臭)という生臭さに変化する。この旨み成分をできるだけ閉じ込めて生臭さを出さないためにも沸騰させてから煮る。魚の生臭みを少なくするため，「生姜や棒ねぎ，みそを加える」「本調理の前に，塩を振って10～20分置く」，「下ごしらえとして，お湯をまわしかけて霜降りにする」などがある。 (4) 汁がしっかり煮立った状態で卵を入れると濁らない。また，水溶き片栗粉でとろみをつけておくと，温度が下がりにくいので溶き卵も濁らず，ふんわり固まる。 (5) 塩分を控えるための工夫は，他の料理についても理解しておきたい。 (6) 1人分のさばの重量は80gで，たんぱく質量は，17.8×0.8＝14.24gである。14.24÷55≒0.259，四捨五入して26％である。(7) 環境保全への取り組みとして，食品ロスの削減，水やガスの適正使用，水の汚染削減，ゴミの分別などが考えられる。

【3】(1) 精進料理 (2) ウ (3) 先付→向付→止め椀 (4) イ
(5) ア 右 イ 背側 ウ ○

〈解説〉(1) 和食に関する問題は近年増えている。精進料理，本膳料理，懐石料理，会席料理について，成り立ちと配膳の方法など詳細に学習しておくこと。 (2) 正答以外の選択肢アは会席料理，イは本膳料理の特徴である。 (3) 会席料理は酒宴向きで，料理屋の料理形式として発達した。 (4) 向付は刺身を用いることが多い。 (5) 尾頭付きの焼き魚は，上身の背部分から食べ始め，腹部分を食べ終わったら，ひっくり返すのではなく，中骨を皿向こうに置き下身を食べる。このような問題は頻出である。和食の配膳，箸の使い方などマナーについて，学習しておくこと。

【4】(1) A カ B キ C イ D オ E 切りじつけ
(2) ① (解答例) 椅子に腰かけ，座面からウエストラインまでの長さを図る。 ② 布…イ ゴムテープ…イ ③ 図…(解答略)
理由…(解答例) 裾の出来上がり線が内側に細くなっているため，その角度に縫い代部分の角度を広げないと，出来上がりの裾周りの長さが不足するため。 ④ A エ B イ C 説明…(解答例) 左右のパンツを中表にする。また上を縫うときは，前部分はゴムを通す部分にするので，縫いしろ部分の最後までは縫わないで，縫いしろが5cmの場合は3cmほど残す。後ろ部分は股上の縫いしろ部分まで縫い，同じところを2度縫いする。　⑤　図…(解答略)　説明…(解答例)　また上を長くする場合の理由は，臀部のはりが強い場合である。後ろパンツのまたぐりの，型紙をヒップラインで横に切り，またぐり側のみ広げて長くする。

〈解説〉(1)　糸と針の番手について，布に適したものを選択できるようにしておくこと。しつけ，縫い方，ミシンの不具合と調整法についてここで問われている程度の基本的な知識は覚えておくこと。

(2)　①　採寸の方法は頻出事項なので学習しておきたい。　②　型紙の置き方を理解していれば，必要な布の量は理解できる。着物についても確認しておきたい。ゴムテープは伸びることを考えれば，ウエストサイズよりやや短くとるのは判断できる。　③　すそを出来上がり線に合わせて折り上げてみると，また下の斜め線に合わせて縫い代を作成する必要があることがわかる。　④　またぐりのカーブが大きい方が後ろになることから図3の左部分がパンツの後ろとなる。中表にして縫うことを考えれば選択肢Aは「後ろの裏部分」となる。2度縫いするのは，摩擦が大きい個所なので丈夫になるように行う。　⑤　また上が不足する場合はヒップラインが水平にならず，せり上った状態になるので，補正によってヒップラインが水平になるようにする。またぐりの長さを増やすためにウエストラインを変更するか，型紙のヒップラインを切り開いて4cm増やし，またぐりを長くとると補正後の型紙ができる。

【5】(1)　エ　(2)　表示名…組成表示　法律名…家庭用品品質表示法　(3)　(解答例)　酸素系漂白剤の使用はできるが塩素系漂白剤は使用禁止。　(4)　イ　(5)　A　リユース　(解答例)　取り組み…リサイクルショップで買い取ってもらう。販売店の回収ボックスに出す。ネットオークションを利用する。

〈解説〉(1) ライフステージにあわせた衣生活を理解しておきたい。正答以外の選択肢アは中年期，壮年期，イは青年期，ウは乳幼児期である。 (2) 布に用いられている繊維の種類と混用率を表す。表示方法には，全体表示と分離表示がある。原産国表示は「不当景品類及び不当表示防止法」による。 (3) 酸素系漂白剤は色柄物にも使える。漂白剤について種類と特徴を学習しておきたい。洗濯表示に関する問題は頻出である。洗濯，乾燥，アイロン，漂白，クリーニングの基本記号をもとに整理して覚えること。 (4) SEKマークである。繊維の加工は種類が多いので，確認しておくこと。 (5) 衣生活での3Rについては，授業で取り上げることも多いので理解を深めておきたい。ファストファッションの弊害について記述できるようにしておくこと。

【6】(1) 家庭空間…⑤　生理・衛生空間…②，③　家事空間…④　個人空間…①　(2) (解答例) 状況に応じて多様な使い方ができる。応接セット，ベッドなど大型家具が必要ないので部屋を広く使え，掃除がしやすい。 (3) イ　(4) (解答例) 軒は建物の屋根の，壁から突き出している部分のこと。軒によって外壁が雨に濡れることもなくなる。日光もあたりにくくなる。庇は窓や玄関やエントランスの扉の上に取付けられた小さい屋根のこと。夏は日射を遮断し，冬は日差しが部屋の奥まで差し込むようになる。窓や戸口の上に庇があることで，雨の降り込みをある程度防ぎ，雨音も軽減させる。

〈解説〉(1) 解答以外ではリビングは家族空間，浴室は生理・衛生空間，子ども部屋・書斎は個人空間である。 (2) 床座のデメリットは座ったり立ったりする行動が足腰の負担になることがある。床座，椅子座のそれぞれのメリットとデメリットは記述できるようにしておくこと。 (3) シーリングライトは 高所から部屋全体を照らせるため，リビングなど広い空間でよく採用されている。正答以外の選択肢アはペンダントライト，ウはダウンライト，エはスポットライトである。 (4) 快適な住環境を整えるための工夫について，学習しておきたい。

【7】(1)　①　ケ　　②　カ　　③　イ　　④　オ　　(2)　脳神経系　(3)　ウ→ア→エ→イ　　(4)　エ　　(5)　(解答例)　①　衛生面…髪が長い場合は結んでおく。爪は短く切っておく。アクセサリー類は外しておく。脱ぎ履きしやすい運動靴を履き，動きやすくしておく。②　子どもとの接し方…子どもの写真を撮らない，子どもとの会話で知り得た個人情報は口外しないなど子どもの個人情報を守ること。視線を子どもたちと同じ高さにして話をする。聞き取りやすいようにゆっくりと話す。笑顔で接する。困ったときは自己判断しないで保育士の指示を仰ぐ。

〈解説〉(1)　新生児の成長について基本的な事項が問われている。成長曲線も確認し，この程度の知識について覚えておくこと。　(2)　Aは幼児期から小学生に向けてほぼ100％近くまで発達しているので脳と神経の発達である。スキャモンの成長曲線は問題として頻出なので，理解しておくこと。　(3)　幼児の発達の方向性と順序性について学習しておくこと。　(4)　誤りのある選択肢について，アは腹式呼吸ではなく胸式呼吸である。新生児は腹式呼吸で呼吸している。イは5倍ではなく，正しくは成人の約3倍である。成人の呼吸数は，1分あたり12～20回程度である。ウについて1か月ではなく，正しくは約2～3日である。　(5)　実習で気をつけることは，さまざまな実習を想定して学習指導案を書くなどして，指導できるようにしておきたい。

【8】(1)　ワーク・ライフ・バランス　　(2)　アンペイドワーク　(3)　①　ア，エ　　②　オ，カ　　③　イ，ウ，キ　　(4)　①　老後資金　　②　ア　国民年金　　イ　雇用保険　　ウ　労災保険(労働者災害補償保険)　　エ　公的年金(年金)　　オ　介護保険　　③　図2…ア　　図3…カ

〈解説〉(1)　経済協力開発機構(OECD)が2019年に発表した国別のワーク・ライフ・バランスに関する調査結果によると，日本は38か国中，下から5番目である。特に「非常に長時間(週50時間以上)働く従業員」が17.9％として，対象国全体の平均11％を大きく上回った。内閣府の

ワーク・ライフ・バランス推進のための取り組みについて概要を確認しておきたい。　(2)　女性が担うことが多かった，家事や育児，介護などの家庭内の仕事や地域活動などが無償労働(アンペイドワーク)である。　(3)　生活時間の分類ができるようにしておくこと。
(4)　①　三大支出のうち，老後資金については，退職後の生存期間が長くなったことから，若いうちから計画的に蓄えておく必要がある。
②　国民年金は20歳～60歳未満のすべての人が加入する。サラリーマンや公務員は厚生年金に加入する。公的年金の考え方は世代間扶養と賦課方式に基づく。日本の社会保険制度についての問題は頻出なので，仕組みをよく理解しておくこと。介護保険制度について特に詳細に学習しておきたい。　③　日本の家庭経済の現状は現金や預金が大部分を占めている。金融商品についての学習の取り組みが進んでいるので，3つの特性をあわせて，種類と特徴を学習しておくこと。

【9】(1)　①　エ　②　ア　③　イ　④　ウ　(2)　ボディメカニクス　(3)　(解答例)　車椅子を後ろ向きにしてゆっくり下る。
〈解説〉(1)　いずれも重要で頻出語句なので，説明できる程度に学習しておきたい。正答以外の選択肢オは，高齢者や障がい者などを排除することなく，健常者と同等に当たり前に生活できるような社会を作ること，その取り組みのことをいう。　(2)　ボディメカニクスの原則は記述できるようにしておきたい。　(3)　車椅子の各部の名称を覚えておくこと。車椅子だけでなく，歩行，移動，食事の介助の方法を詳細に学習しておきたい。頻出問題である。

【10】(1)　ア　継承　イ　持続可能　ウ　男女共同参画社会　エ　成年年齢　(2)　学びに向かう力，人間性等
〈解説〉(1)　高等学校学習指導要領解説より，総説の家庭科の目標の解説部分から語句の穴埋め記述式の問題である。改訂のポイントは十分理解しておくこと。　(2)　三つの柱は，目標の(1)～(3)に沿っており，(1)「知識及び技能」，(2)「思考力，判断力，表現力等」，(3)「学びに

向かう力，人間性等」である。

2023年度　実施問題

【中高共通】

【1】食品と栄養について，次の各問いに答えよ。

(1)　次の①～④の文中の〔　　〕内に入るものとして適するものをア，イからそれぞれ1つずつ選び，記号で答えよ。

①〔ア　脂溶性ビタミン　　イ　水溶性ビタミン〕は，サプリメントなどの栄養補助食品等から摂り過ぎると，過剰症を引き起こすことがある。

②　ビタミンB1は，組織におけるぶどう糖代謝に重要で，〔ア　鶏肉　　イ　豚肉〕や玄米，豆等に多く含まれる。

③　ビタミンEは，脂溶性ビタミンで〔ア　抗酸化作用　イ　血液凝固作用〕があり，欠乏すると溶血性貧血を引き起こす。

④　ビタミンB2は，糖質・脂質・たんぱく質の代謝に関係し，不足すると〔ア　口角炎　　イ　夜盲症〕になる。

(2)　次の表は，4つの食品群別摂取量のめやす〔香川芳子案より抜粋(15～17歳，身体活動レベルⅡ(ふつう))〕を示したものである。これについて，次の各問いに答えよ。

①　表中の(　A　)～(　C　)にあてはまる数字や語句を答えよ。

(1人1日あたりの重量＝g)

食品群		第1群		第2群		第3群			第4群		
食品		乳・乳製品	卵	魚介・肉	豆・豆製品	a野菜	(C)	果物	穀類	油脂	砂糖
めやす量	男	400	(A)	160	100	(B)	100	200	420	30	10
	女	330		120	80				320	25	

②　下線部aについて，次の文を読み，以下の各問いに答えよ。

・第3群の野菜は，きのこ，海藻を含む。野菜の(　ア　)分の1以上は，緑黄色野菜でとる。

・緑黄色野菜とは，原則として可食部100g当たりのカロテン含量が(　イ　)μg以上の野菜をいう。ただし，$_{b}$(　イ　)μgに満たなくても摂取量や使用頻度の高い色の濃い野菜も含まれる。

・カロテンは，体内でビタミン(　ウ　)の働きをする成分で，α－カロテンとβ－カロテンがあるが，野菜や果物に多く含まれているのは(　エ　)である。カロテンのように，体内に入って特定の$_{c}$ビタミン効力をもつようになる物質を(　オ　)という。

(ⅰ)　文中の(　ア　)～(　オ　)にあてはまる最も適切な数字や語句などを答えよ。ただし，(　エ　)は，α－カロテンもしくは，β－カロテンが入るものとする。また，同じ記号には同じ数字が入るものとする。

(ⅱ)　下線部bに該当する野菜を2つ答えよ。

(ⅲ)　下線部cについて，ビタミンCを効率よく摂取する調理法を2つ答えよ。

(☆☆☆◎◎◎◎)

【２】鶏肉と野菜の煮物，あじの塩焼きの調理について，以下の各問いに答えよ。

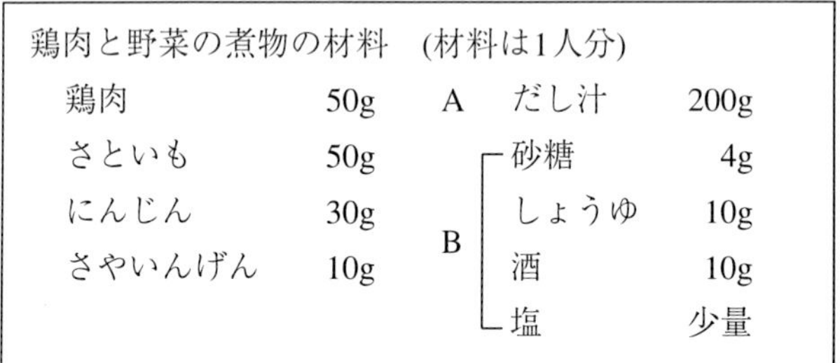

鶏肉と野菜の煮物の材料　(材料は1人分)

材料	分量		調味料	分量
鶏肉	50g	A	だし汁	200g
さといも	50g	B	砂糖	4g
にんじん	30g	B	しょうゆ	10g
さやいんげん	10g	B	酒	10g
		B	塩	少量

あじの塩焼きの材料　(材料は1人分)

材料	分量
あじ	80g
塩	1.2g

(1) 煮物で使用する野菜の下準備について，次の①～③の文中の〔　　〕内に入るものとして適するものをア～ウからそれぞれ1つずつ選び，記号で答えよ。

① さといもは，皮をむいた後，〔ア　たっぷりの水に浸しておく　　イ　ぬるま湯に浸しておく　　ウ　塩をふりかけてもみ，水洗いしておく〕。 ② にんじんの切り方は，〔ア　せん切り　　イ　乱切り　　ウ　みじん切り〕がよい。 ③ さやいんげんをあらかじめ，さっとゆでる理由は，〔ア　色をよくする　　イ　栄養価を増す　　ウ　水分を除く〕ためである。

(2) Aのだし汁は，煮干しだしを用いた。煮干しだしの適切なとり方を説明せよ。

(3) Bの調味料の中で，一番最初に加えるとよい調味料を1つ答えよ。また，その理由について説明せよ。

(4) 3人分のあじの塩焼きを調理する際，あじを何g購入すればよいか，計算せよ。ただし廃棄率は55%とし，小数点以下は切り上げて整数で答えよ。また，計算式も記入すること。

(5) あじの下処理について，次のア～エから正しいものを2つ選び，記号で答えよ。

ア　あじのぜいごは身の中央から，尾の付け根に向かってそぎ取る。

イ　あじの内臓は，盛り付けた時に裏側になる腹側に切込みを入れて取り除く。

ウ　あじの下処理は，内臓をとる→ぜいごをとる→えらをとるの順番が適切である。

エ　化粧塩は，こげやすい尾とひれに多めに塩をすりこむときれいに仕上がる。

(6) あじの塩焼きの正しい盛り付け方について，次の各問いに答えよ。

① 次図1のあじとあしらいの絵を参考に，以下の皿にあじとあしらいを図示せよ。

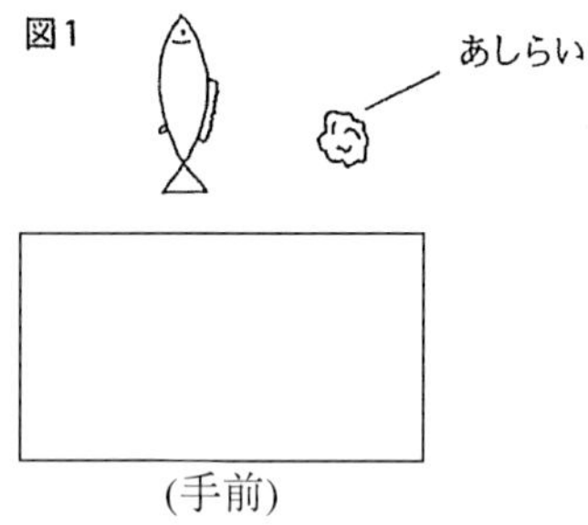

② 上図1のあしらいは，かぶを用い，次図2のように切って用いた。この切り方の名称を答えよ。

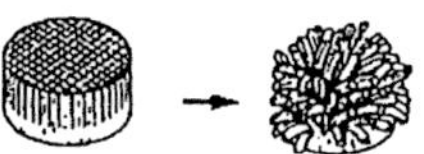

(☆☆☆◎◎◎◎)

【3】食品の保存に関する次の文を読み，以下の各問いに答えよ。

> 食品の購入後には，品質を損なわないように，それぞれの食品に適した場所で保存し，計画的にむだなく使う。
>
> 鮮度低下の早い生鮮食品や品質が変化しやすい[a]<u>加工食品の保存</u>には，冷蔵庫や冷凍庫を利用する。ただし，[b]<u>食品の保存に適した温度帯を知り，適切な活用を心掛ける</u>。
>
> 一方，[c]<u>保存性が高い加工食品については，備蓄しておくと，災害などの緊急時にも利用できる</u>。

(1) 文中の下線部aについて，あるマーガリンを購入したところ，次の表示がされていた。(　①　)にあてはまる語句を答えよ。また，食塩／乳化剤(大豆由来)の中に表記されている「／」の意味を②に記入せよ。

●品名：マーガリン　●原材料名：コーン油((　①　)不分別)，食用精製加工油脂，ホエイパウダー(乳成分を含む)，食塩／乳化剤(大豆由来)，香料，着色料(カロテン)
●内容量：300g　●賞味期限：カップ側面に記載
●保存方法：冷蔵(0℃～10℃)で保存

(2)　文中の下線部bについて，冷蔵庫内(冷凍室，冷蔵室，チルド室，パーシャル室，野菜室)の温度が次表のとき，野菜室，チルド室にあてはまる温度を次表中のア～オからそれぞれ1つずつ選び，記号で答えよ。

表

ア	－18℃前後
イ	－1～－3℃
ウ	0℃前後
エ	3～4℃
オ	5～7℃

(3)　次のア～ウのうち，適切でないものを1つ選び，記号で答えよ。
ア　食品を冷蔵しても細菌の増殖を完全に防ぐことはできない。
イ　食用油は，光と熱と酸素で劣化するので，密閉容器に入れ，冷暗所で保管することが望ましい。
ウ　バナナは変色を防ぐため，冷蔵庫で保存することが望ましい。

(4)　文中の下線部cについて，災害に備え，普段利用している食品を多めに買い置きし，食べた分を補充しながら日常的に備蓄していく方法を何というか答えよ。

(5)「災害時の食事」という主題で調理実習を行う。災害時の状況を想定した実習とする場合，次の①～③について，どのような指導上の工夫が必要か，具体例を挙げながら説明せよ。
①　献立　　②　使用道具　　③　配膳

(☆☆☆☆◎◎◎)

【4】和服について，次の各問いに答えよ。

(1)　次の文は，和服の構成について述べたものである。下線部a～dの語句に間違いが2つある。間違っているものの記号と正しい語句を答えよ。

> 和服は，細長く織られた布を$_{a}$長方形に裁断し，人体を覆うことができるように縫い合わせたもので，ほとんど$_{b}$直線縫いである。このような組み立て方を$_{c}$立体構成という。また，裏をつけない一枚仕立てのものを$_{d}$あわせという。

(2)　次のア～ウの文は，和服の製作について説明したものである。それぞれ何について説明しているか答えよ。

ア　運針やまつり縫いの途中または終了した後，糸のつれやたるみをなくすため，指先でしごいて縫い目を平らになおすこと

イ　糸でつけるしるしのこと。へらのきかない布やへらを使うといたむおそれのある布の場合に用いる

ウ　布の耳を裏に折り，針目を表に一目，裏に二目出すくけ方

(3)　じんべいの製作について，次の各問いに答えよ。

①　次図1は，背縫いの縫いしろのしまつを示している。その縫い方の名称を答えよ。また，次図1の中縫いの縫い方として正しいものを図2のア～エから1つ選び，記号で答えよ。(背縫いしろは1.5cmで，布の耳を使用しない。)

図1

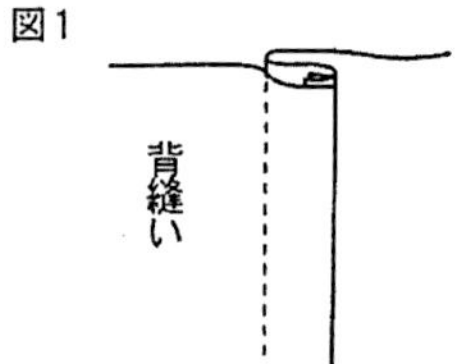

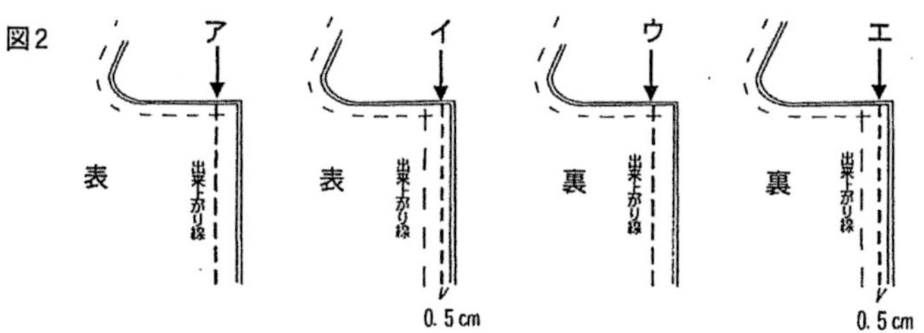

② 次図3は，えりつけのまち針を打つ位置を示したものである。アは身ごろのどの位置と合わせたらよいか名称を答えよ。また，図3のア～ウの中で，1番目と2番目にまち針を打つ位置をそれぞれ記号で答えよ。

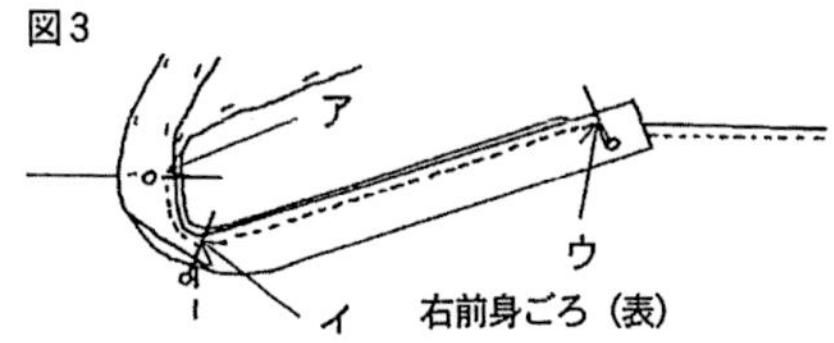

③ 次図4は，えり先のしまつを示している。縫う位置について，正しいものをア～ウの中から1つ選び，記号で答えよ。

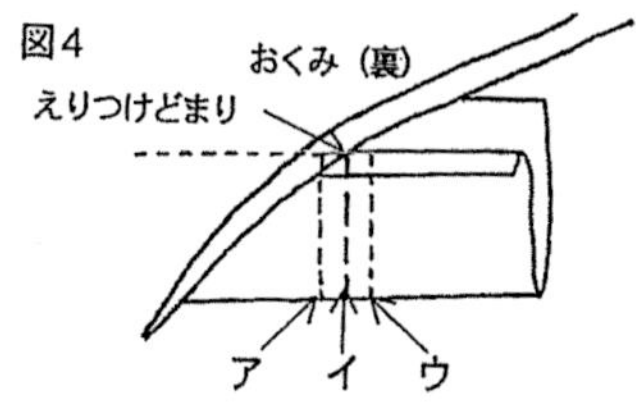

ア　えりつけどまりより0.5cm内側を縫う

イ　えりつけどまりの位置でしるしどおりに縫う

ウ　えりつけどまりより0.5cm縫いしろ側を縫う

(☆☆☆☆◎◎◎◎)

【5】衣生活と環境について，以下の各問いに答えよ。

(1) 次の文を読み，以下の各問いに答えよ。

衣服を着ることによって，人体の皮膚と衣服との間に空気層ができる。a衣服によってつくられたこの空気層の中の温度，湿度，気流のことを(A)という。寒い時には，重ね着等により，人体と衣服，衣服と衣服の間に動かない空気層を保ち，b保温性を高める。暑い時には，衣服で外部の熱を遮り，体表から熱を逃すよう工夫する。夏の衣服には薄地で通気性のよい素材を用い，襟，袖，裾などの(B)部が大きくゆとりがあると，涼しくなる。環境省は，温室効果ガス削減のため，室温の適正化とその温度に適した軽装などの取組を促し，2005年から(C)ビズ・cウォームビズを推進している。

① 文中の(A)～(C)に最も適する語句を答えよ。

② 下線部aについて，人間が最も快適に感じるとされている衣服の温度と湿度を次のア～エからそれぞれ1つ選び，記号で答えよ。

・衣服の空気層の温度　ア　22±1℃　イ　32±1℃
　ウ　42±1℃　エ　52±1℃

・衣服の空気層の湿度　ア　20±10%　イ　30±10%
　ウ　50±10%　エ　70±10%

③ 下線部bの保温性について，次図のア～ウは，綿，羊毛，麻のいずれかである。そのうち，アにあてはまる繊維名を答えよ。

図　繊維の熱伝導率

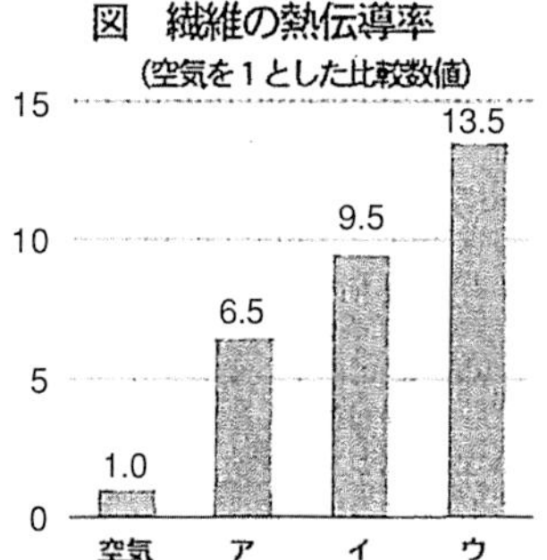

(日本家政学会編「家政学シリーズ13『環境としての被服』」朝倉書店より作成)

④ 下線部cについて，ウォームビズ素材の「吸湿発熱素材」のしくみを簡潔に説明せよ。

(2) 科目「家庭基礎」で次の主題・目標において「エシカルファッション」を学習する。その際，取り扱う事例の1つとして「フェアトレード」があるが，その他にどのような事例があるか1つ答えよ。なお，それをあげた理由を説明せよ。

主題	「衣服の選択・購入」
目標	自立した消費者として、適切な衣服の選択・購入ができる。

(☆☆☆◎◎◎◎)

【6】住生活について，次の各問いに答えよ。

(1) 次の文中の下線部a，bは誤りである。それぞれ正しい語句を答えよ。

・$_{a}$フラッシュ現象とは，プラグとコンセントの間にほこりがたまり，ほこりが湿気を吸うことにより電流が流れて発熱し，発火することである。

・0歳児で最も多い「家庭における主な不慮の事故による死因」(厚生労働省「令和元年人口動態統計」)は，$_{b}$転倒である。

(2) 安全に住むために，住宅のバリアフリーとして，次図の風呂場の浴槽の段差を解消したい。どのように改装したらよいか，具体的に説明せよ。ただし，「手すりを設置する」と「段差解消の(滑り止め)マットを敷く」以外の解答とする。

図

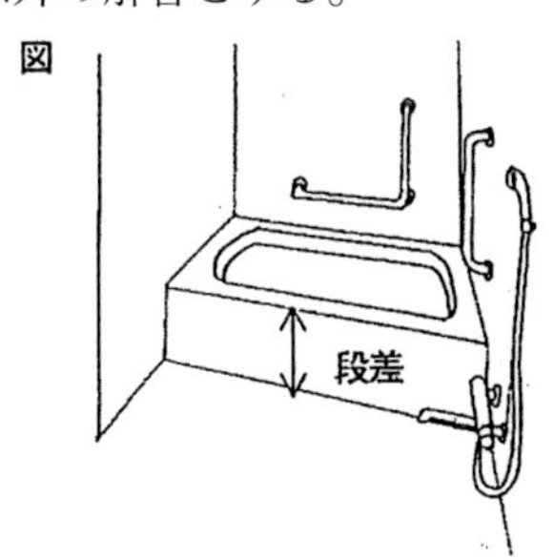

(3) 次の①，②は，どのような住まいを説明したものか，以下のア～

エからそれぞれ1つ選び，記号を答えよ。

① 快適な室内環境を保ちながら，住宅の高断熱化と高効率設備によりできる限り省エネルギーに努め，太陽光発電などによりエネルギーをつくることで，1年間で消費する住宅のエネルギー量が正味でおおむねゼロ以下となる住宅

② 複数の居住者が1つの住居に入居し，リビング，キッチン，浴室などを共有する賃貸住宅

ア　環境共生住宅　　イ　シェアハウス　　ウ　ZEH
エ　モビリティハウス

(☆☆☆◎◎◎◎)

【7】消費生活について，次の文を読み，以下の各問いに答えよ。

情報化社会の進展により，インターネットによる(　①　)商取引に関連した消費者被害が増加している。しかし，ネット販売を含む通信販売は，(　②　)制度がない。ネット販売のトラブルを回避するためには，ホームページ上において，a<u>特定商取引法で定められた表示義務項目</u>がきちんと表示されているかを確認するとよい。また，(　③　)マーク等の確認やエスクローサービスを利用することも，インターネットを安心して利用するためのセキュリティとなる。

(1) 文中の(　①　)～(　③　)にあてはまる最も適切な語句を答えよ。なお，(　②　)，(　③　)の語句の説明は次のとおりである。

〈説明〉

② 契約の申し込みや契約を締結した場合でも，契約を再考できるようにし，一定の期間であれば無条件で契約の申し込みを撤回したり，契約を解除したりできる

③ 個人情報について，基準を満たして適正に管理していると認められた事業者に与えられるマーク

(2)　次の文が示すインターネットにかかわる消費者トラブルを何請求(詐欺)というか，カタカナ6文字で答えよ。

登録完了画面等を表示することで契約が成立したと思わせて，サイト利用料等の名目でお金を支払わせる。

(3)　下線部aについて，ホームページに示すもののうち，「事業者の氏名(名称)，住所，電話番号」，「支払い方法」，「商品等の引き渡し時期」以外のものを2つ答えよ。

(☆☆☆◎◎◎◎)

【8】青年期の発達課題について，次表を見て，以下の各問いに答えよ。

青年期の発達課題の例	・自己の性を認識し，(　A　)を確立する。 ・自立の準備 ・職業選択の準備 ・a配偶者等パートナー選択の準備

(1)　表中(　A　)にあてはまる「自分らしいあり方」を示す語句をカタカナで答えよ。

(2)　次の文と最も関係が深いものを以下のア～オから1つ選び，記号で答えよ。

人との関わりにおいて合意を形成したり，人間関係を調整したりすることができること

ア　生活的自立　　イ　社会的自立　　ウ　経済的自立
エ　精神的自立　　オ　性的自立

(3)　表中の下線部aに関して，次の文中の(　①　)，(　②　)に最も適する語句を答えよ。

・近年は，男女ともに(　①　)年齢が高くなる傾向にある。厚生労働省の「人口動態統計」によると，2020年で夫31.0歳，妻29.4歳である。

・誰もが性的な関係，妊娠，避妊，中絶，出産について自分自身で決めることができ，その選択が守られる権利をもっている。これを(　②　)といい，1994年にカイロで開かれた国際人口開発会議にて提唱された考え方である。

(☆☆☆◎◎◎◎)

【9】子どもの遊びについて，次の各問いに答えよ。

(1)　次表は，年齢と遊びの内容について示したものである。(　①　)，(　②　)に最も適する語句を答えよ。また，(　③　)については，例を2つ答えよ。

表

遊びの種類	感覚遊び	運動遊び	(　①　)遊び	模倣遊び（想像遊び）		構成遊び	ルール遊び
				見立て・つもり遊び	(　②　)遊び		
例	でんでん太鼓 ガラガラ	手足を動かす 遊具	絵本 テレビ	ぬいぐるみの擬人化、ままごと		(　③　)	鬼ごっこ

(2)　次のア～エは，絵本の読み聞かせについて述べたものである。適切でないものを1つ選び，記号で答えよ。

ア　絵本は，開きぐせをつけておき，手が絵のじゃまにならないように持つ。

イ　ゆっくりと心を込めて読むことが大切である。

ウ　子どもが読んでもらいたいように読んであげることが大切であり，必ずしも始めのページから読まなくてもよい。

エ　読み終わった後，必ず子どもに質問をして内容を確認する。

(3)　次のア～カのマークのうち，玩具に特に関係の深いものを3つ選び，記号で答えよ。

ア　　　イ　　　ウ　　　エ　　　オ　　　カ

(4)　最近の子どもの生活には，遊びの3つの条件である「空間」，「仲間」，「時間」が乏しくなっているといわれている。原因として考えられる社会的要因をそれぞれ1つ答えよ。ただし，新型コロナウイルス感染症に係る内容は除くものとする。

(☆☆☆◎◎◎◎)

【10】高齢期の健康と自立について，次の各問いに答えよ。

(1) 健康寿命とはどのようなものか，説明せよ。

(2) 次の①～③の文中の〔　　〕内に入るものとして適するものをア～ウからそれぞれ1つずつ選び，記号で答えよ。

① 加齢により心身が衰えた状態で，健康状態と要支援・要介護状態の中間段階を〔ア　サルコペニア　　イ　廃用性症候群　ウ　フレイル〕という。

② 年を重ねることを否定的に捉えるのではなく，よりよく年を重ねようとする意識をもつことを，〔ア　エイジズム　　イ　アクティブエイジング　　ウ　エイジレス〕という。

③ 日本では，1963年に〔ア　老人福祉法　　イ　高齢者虐待防止法　　ウ　高齢社会対策基本法〕が制定され，高齢期の生活の安定を社会全体でどのように支えるかについての基本方針が定められ，その理念のもとで，今日までさまざまな施策が展開されてきた。

(☆☆☆◎◎◎◎)

【11】高等学校学習指導要領(平成30年告示)について，次の各問いに答えよ。

(1) 次は，「第2章　各学科に共通する各教科　第9節家庭」「第3款　各科目にわたる指導計画の作成と内容の取扱い」から一部を抜粋したものである。次の(　ア　)～(　ウ　)に最も適する語句を答えよ。

> 1 指導計画の作成に当たっては，次の事項に配慮するものとする。
>
> (2) 「家庭基礎」及び「家庭総合」の各科目に配当する総授業時数のうち，原則として10分の5以上を(　ア　)に配当すること。

(5) 地域や関係機関等との連携・交流を通じた実践的な学習活動を取り入れるとともに，(イ)を活用するなどの工夫に努めること。

(7) 中学校技術・家庭科を踏まえた系統的な指導に留意すること。また，高等学校(ウ)科，数学科，理科及び保健体育科などとの関連を図り，家庭科の目標に即した調和のとれた指導が行われるよう留意すること。

(2) 高等学校学習指導要領の改訂を受けて，観点別学習状況の評価が3観点に整理されたが，専門教科家庭の評価の観点を3つ答えよ。

(☆☆☆◎◎◎◎◎)

解答・解説

【中高共通】

【1】(1) ① ア ② イ ③ ア ④ ア (2) ① A 50 B 350 C いも ② (i) ア 3 イ 600 ウ A エ β－カロテン オ プロビタミン (ii) (解答例) トマト，ピーマン (iii) (解答例) ・水にさらす時間を少なくする ・熱を加えない

〈解説〉(1) 脂溶性のビタミンは，ビタミンA，ビタミンD，ビタミンE，ビタミンKが該当する。それぞれのビタミンの働きと欠乏症を整理して覚えること。 (2) ① 食品群別摂取量のめやすの，15～17歳の数値は覚えておきたい。また，4つの食品群，6つの食品群の分類について詳細に学習しておくこと。 ② 緑黄色野菜のカロテン含有量の問題は頻出である。下線部bに該当するのは，トマト，ピーマン。ビタミンCは水溶性のビタミンで水に溶け出すので，水にさらす時間を少なくする，スープにして汁ごと摂取する，熱を加えない，加熱は電子

レンジで行うなど。

【2】(1) ① ウ　② イ　③ ア　(2) (解答例) 煮干しの頭と腹の黒いワタを取り除き，水を入れた鍋に入れて30分以上浸す。中火で加熱し，沸騰したら弱火にしてアクを取りながら5～10分煮出す。

(3) 調味料…砂糖　理由…(解答例) 砂糖の分子は大きく，食材に浸透するまでに時間がかかるため。　(4) 式…$\frac{240g}{100-55}\times100=$ 533.33　答え…534g　(5) イ，エ

(6) ① (解答例)

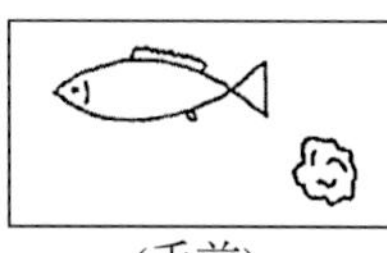

(手前)

② 菊花かぶ(菊花切り)

〈解説〉(1) さといもを塩もみして水洗いするのは，ぬめりを取るためである。緑色の野菜はさっとゆでて水にさらすと色止めできる。

(2) 昆布とかつお節の出しの取り方について問われることも多いので記述できるようにしておくこと。　(3) 調味料を加える順番の「さ・し・す・せ・そ」は「砂糖・塩・酢・しょうゆ・味噌」である。砂糖の分子は大きく，食材に浸透するまでに時間がかかるため先に入れる。また，砂糖には食材をやわらかくする働きがあるため，他の調味料が食材に染み込みやすくなる。　(4) 総使用量＝純使用量÷可食部率(100－廃棄率)×100で求める。　(5) アについて，ぜいごは尾の端に包丁を平行にいれて手前に引くように腹の方に向かって切る。ウについて，あじの下処理は，うろこをとる→ぜいごをとる→えらをとる→内臓をとる→中を拭きとるが正しい。　(6) 魚の頭は左側で，腹は下側，あしらいは右手前である。他にも，切り身の場合は皮面が上に，帯のように細長い皮の場合は，皮を奥にし，左右は，身が厚いほうが左側にする。開きの魚は身が表になるようにする。また飾り切りだけでなく，基本の包丁の切り方の種類と手順は学習しておきたい。

【3】(1)　①　遺伝子組換え　　②　食品添加物以外の原材料名と食品添加物との明確な区分を示す。　(2)　野菜室…オ　　チルド室…ウ　(3)　ウ　　(4)　ローリングストック(法)　　(5)　①　(解答例)　火や水を使わない，缶詰や乾物などを使った主菜や副菜のメニューを考える。　②　(解答例)　カセットコンロを使うのであれば手早く調理できる方法を考える。　③　(解答例)　食器を洗わずにすむように食器にラップを巻いて使用する。

〈解説〉(1)　食品表示法は，JAS法と食品衛生法と健康増進法が統合され，平成25年に成立し27年から施行された。栄養成分表示が義務になり，原材料と添加物の区分を明確にし，アレルギー表示の方法が変更された。商品名・名称・原材料名・内容量・賞味期限・保存方法・製造者などが枠内に書かれた一括表示と，栄養成分表示の2つを表示する。
(2)　正答以外の選択肢について，アは冷凍室，イはパーシャル室，エは冷蔵室である。　(3)　バナナは冷気に弱いので冷蔵庫に入れると黒くなる。　(4)　ローリングストックは頻出事項なので説明できるようにしておきたい。避難生活でストレスの多い時間を過ごすときに，普段食べ慣れたものを食べられることは精神的な負担を下げられる。
(5)　①　災害時は炭水化物で空腹を満たすことが優先されがちである。たんぱく質や食物繊維，ビタミン，ミネラルを摂取できるように，缶詰や乾物などを使った主菜や副菜のメニューを考える。　②　ライフラインが止まっていることを想定し，火や水を使わないメニューの考案，カセットコンロを使うとしてもなるべく手早く調理できる方法を考える。　③　水が貴重になるので，食器を洗わずにすむように食器にラップを巻いて使用するなどの工夫をする。

【4】(1)　・記号…c　　正しい語句…平面　　・記号…d　　正しい語句…ひとえ　　(2)　ア　糸こき　　イ　糸じるし　　ウ　耳ぐけ
(3)　①　名称…袋縫い　　正しい縫い方…イ　　②　名称…後ろ中心(背縫い)　　1番目…ア　　2番目…イ　　③　ウ

〈解説〉(1)　平面構成と立体構成の長所と短所をそれぞれ記述できるよ

うにしておきたい。 (2) ア 和裁ではぐし縫いをするので，布がおりたたんだ状態で糸が通っている。丁寧に布と糸をのばすことで仕上がりが美しくなる。 イ へらやチャコペンを使いづらいところで使用する。 ウ くけ方について，耳ぐけ，三つ折ぐけ，折り伏せぐけ，本ぐけ，まつりぐけ，千鳥ぐけの仕方を確認しておきたい。

(3) ① 袋縫いは外表で縫いしろより外側を縫い，それを内側にして中表にし，出来上がり線を縫う。 ② 直線の部分は端と端，その間，間と打っていくが，後ろ中心をとめた後，カーブの始まりの固定をするとよい。 ③ えり先は，えりつけどまりの外0.5cmを縫う。和裁検定試験などの資料を参考に学習しておきたい。

【5】(1) ① A 衣服気候(被服気候) B 開口 C クール ② 衣服の空気層の温度…イ 衣服の空気層の湿度…ウ ③ 羊毛 ④ (解答例) 体から発せられる不感蒸散や汗の水蒸気を吸って発熱する。 (2) (解答例) 事例…ファストファッション 理由…安価で流通するファストファッションは流行にながされやすくシーズンが終わったら着られないなど，使い捨てることで資源の無駄遣いをしている。安価で販売できることは，生産する労働者に支払う賃金が安いことや労働条件について考察できるきっかけになる。

〈解説〉(1) ①② 衣服気候についての問題は頻出である。快適と感じる温度と湿度の数値は必ず覚え，快適に感じられる工夫について説明できるように学習しておくこと。 ③ 天然繊維，合成繊維ともに，繊維の特徴を覚えておくこと。 ④ 吸湿発熱素材は水蒸気が繊維表面に吸着され，運動エネルギーが熱エネルギーに変換されて生じる吸着熱現象を利用したものである。私たちの体から発せられる不感蒸散や汗の水蒸気を吸って発熱する素材である。 (2) 他にも，環境にやさしい素材を使っている，リサイクルやゴミ問題への取り組みなど事例はさまざまあるので確認しておきたい。

【6】(1)　a　トラッキング現象　　b　窒息　　(2)　(解答例)　浴槽を埋め込み型にし，段差を少なくする。　　(3)　①　ウ　　②　イ

〈解説〉(1)　a　フラッシュ現象は，着衣着火で，生地の表面が起毛している素材のもので，わずかな着火で短時間のうちに衣服の表面を火がおおう状態のこと。　b　0歳児はまだ歩けないので転倒ではない。窒息が最も多い死因である。この調査のグラフを確認し，年齢別の死因の順位と割合を理解しておくこと。　(2)　浴槽を埋め込み型か，半埋め込み型にし，段差を少なくする。　(3)　ZEHについての問題は頻出なので覚えておくこと。環境共生住宅とは，地球環境を保全するという観点から，エネルギー・資源・廃棄物などの面で充分な配慮がなされ，また周辺の自然環境と親密に美しく調和し，住み手が主体的に係りながら，健康で快適に生活できるよう工夫された住宅，およびその地域環境と定義されている。シェアハウスの他に，コーポラティブハウスについても確認しておくこと。モビリティハウスとは，車いす使用者，歩行困難者を対象とし，有効通路幅員の確保，段差の解消などの条件を満たした住宅。

【7】(1)　①　電子　　②　クーリング・オフ　　③　プライバシー
(2)　ワンクリック(請求(詐欺))　　(3)　(解答例)　代金等の支払期間，電子メールアドレス

〈解説〉(1)　インターネットでの買い物の利点と欠点は授業でも扱うことになるので，必ず学習し正しく理解しておくこと。　(2)　悪徳商法の種類と手口は覚えておくこと。頻出問題である。　(3)　特定商取引法は確認しておくこと。設問にあげられているもの以外に，代金等の支払期間，申込みの期間に関する定めがあるときは，その旨及びその内容，返品に関する事項を除く契約の申込みの撤回又は解除に関する事項，返品に関する事項(返品の可否・返品の期間等条件，返品の送料負担の有無)，(電子メールで広告するときは)電子メールアドレスなどある。

【8】(1) アイデンティティ　(2) イ　(3) ① 平均初婚
② リプロダクティブ・ヘルス(ライツ)

〈解説〉(1) それぞれのライフステージの課題は確認しておくこと。青年期のものについては，必ず覚えておくこと。 (2) 自立には選択肢にあげられている5つがある。すべて記述，説明できるように学習しておくこと。 (3) 家族形態についての調査はさまざまなものがあり，問題としても頻出である。家族構成やライフスタイルについての調査を中心に学習しておきたい。また，LGBTQなど性的マイノリティ，ジェンダー，ヤングケアラーなども頻出なので確認しておきたい。

【9】(1) ① 受容　② ごっこ　③ 積み木，砂，粘土，ブロック，折り紙　から2つ　(2) エ　(3) ア，ウ，カ　(4) (解答例) 空間…都市部や住宅街では自由に遊べる空き地や公園が減ったため。　仲間…ゲームや動画鑑賞など，ひとりで遊べるものを選ぶことが多くなり，仲間を作る機会が減ったため。　時間…塾や習い事などで忙しく，友達と時間をあわせることが難しいため。

〈解説〉(1) 遊びの種類と内容については，必ず覚えておくこと。ビューラー，ピアジェ，バーテンの分類を確認したい。 (2) 子どもの発達に応じて絵本を選ぶことも大切である。子どもに内容を説明することは難しく，それを目的として読み聞かせをするのは誤りである。
(3) 選択肢アはうさぎマークで聴覚障害があっても楽しめるよう配慮が施された玩具につけられる。イは安全な電気製品と認定された製品につけられるSマークである。ウは盲導犬マークで，視覚障害があっても楽しめるよう配慮が施された玩具につけられる。エは耳マークで，聴覚障害者の立場を認知してもらい，コミュニケーションの配慮などの理解を求めていくためのシンボルマークである。オはグッドデザイン賞にあたえられるGマーク。カは安全性について注意深く作られていると認定された玩具につけられるSTマークである。 (4) 都市部や住宅街では自由に遊べる空き地や公園が減っている。公園は近隣からの苦情対策で大きな声をだせなかったり，ボール遊びができなかったり遊びを制限されることがある。子どもたちは屋内でゲームや動画鑑賞など，ひとりで遊べるものを選ぶことが多くなり，仲間を作る機会が減る。また，塾や習い事などで忙しく，友達と時間をあわせることができず複数人で遊ぶ機会はますます減っていく。

【10】(1)　(解答例)　健康上の問題で日常生活が制限されることなく生活できる期間。　(2)　①　ウ　②　イ　③　ア

〈解説〉(1)　平均寿命から健康寿命の差を少なくしていくことがこれからの課題である。　(2)　①　フレイルは健康と要介護の状態の間の期間である。他にも，ロコモティブシンドローム(骨や関節，筋肉など運動器の衰えが原因で，歩行や立ち座りなどの日常生活に支障を来している状態)，サルコペニア(加齢に伴って筋肉量が減少する状態)，廃用症候群(過度に安静にすることや，活動性が低下したことによる身体に生じたさまざまな状態)といった用語も覚えておくこと。　②　正答以外の選択肢のアは，年齢に基づいた偏見，差別のこと。ウは年齢にこだわらない，年齢を感じないことである。　③　正答以外の選択肢のイは，高齢者の虐待を防止するために制定された法律で，高齢者に対する介護需要が高まるのとともに，高齢者への身体的・心理的・経済的虐待に加え介護放棄などの虐待が増加したことを受け，平成17年に成立し，平成18年に施行された。ウは国民一人一人が生涯にわたって安心して生きがいを持って過ごすことができる社会を目指して，あるべき高齢社会の姿を明らかにするとともに，高齢社会対策の基本的方向性を示すことによって，高齢社会対策を総合的に推進するため平成7年成立した法律である。

【11】(1)　ア　実験・実習　イ　外部人材　ウ　公民　(2)　知識・技術，思考・判断・表現，主体的に学習に取り組む態度

〈解説〉(1)　高等学校学習指導要領の指導計画の作成と内容の取扱いから，指導計画の作成についての配慮事項について，文言の穴埋め記述式の問題である。ここでは(2)(5)(7)から出題されたが，全部で(1)～(7)

の7項目あるのですべて確認しておくこと。また内容の取扱いについての配慮事項が4項目，実験・実習を行うに当たっての配慮事項が1項目示されているので文言を覚えるとともに，理解を深めておきたい。

(2)　従前は，「関心・意欲・態度」「思考・判断・表現」「技能」「知識・理解」であったが，改定後では解答の3観点にまとめられた。

2022年度　実施問題

【中高共通】

【1】日本の食生活に関する次の文を読み，以下の各問いに答えよ。

おもなエネルギー源である(　①　)，脂質，(　②　)の栄養素が，それぞれ食事全体のエネルギーに占める割合を示したものを(　③　)比率といい，栄養バランスを判断する指標となっている。A1980年ごろの食生活は，理想的な栄養バランスであるとされており，「(　④　)食生活」が実現しているといわれている。現在の日本人の食生活は(　③　)比率の変化を見ると，(　②　)がやや低く，B脂質が高くなっており，食の欧米化が進んでいる。そのため，食習慣や生活習慣に起因する生活習慣病の患者が増加している。生涯を通して心身ともに健康に過ごすためには，Cライフステージにおける食生活の特徴と課題を理解し，日々の食生活を組み立てていく必要がある。

(1)　文中の(　①　)～(　④　)に最も適する語句を答えよ。ただし，同じ番号には同じ語句が入るものとする。

(2)　下線部Aは，どのような食生活であったか，摂取していた食品をふまえて説明せよ。

(3)　「日本人の食事摂取基準(2020年版)」によると，15歳から17歳の日本人の脂質からのエネルギー比率目標量はどれだけか，「(　　)%以上(　　)%未満」の(　　)の数値をそれぞれ答えよ。

(4)　次の図は，食品群別摂取量の推移を示したものである。図中の折れ線Pが示す食品群を以下のア～エから1つ選び，記号で答えよ。

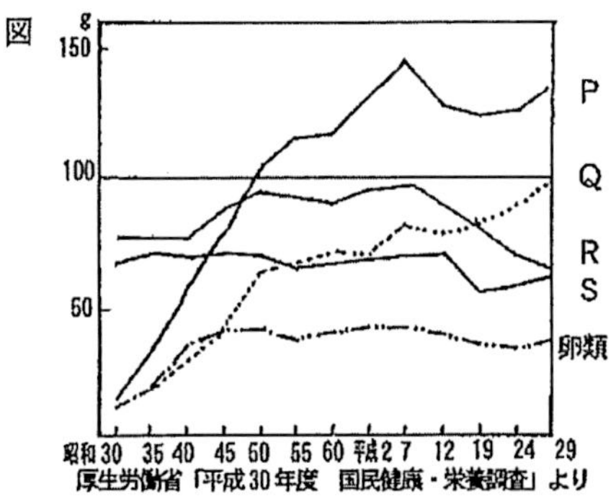

ア 肉類　イ 魚介類　ウ 乳類　エ 豆類

(5) 下線部Bの1つであるコレステロールに関する次の文を読み，以下の各問いに答えよ。

> 脂質中の(　ア　)脂質に，コレステロールがある。コレステロールは(　イ　)を構成し，脳や神経に必要とされるだけでなく，多くの(　ウ　)生成の元になるなど重要なはたらきをしている。血液中ではたんぱく質と結合して存在し，主に，LDLコレステロールとHDLコレステロールがある。

① 文中の(　ア　)～(　ウ　)に最も適する語句を，次の〔語群〕のa～fから1つずつ選び，記号で答えよ。

〔語群〕 a 複合　b 誘導　c 単純　d ホルモン
　e 細胞膜　f 酵素

② 次の表は，「日本食品標準成分表 2015年版(七訂)」の豚肉の「ばら(脂身つき生)」，「ロース(脂身つき生)」，「肝臓(生)」それぞれの可食部100gにおける脂質の成分値を示したものである。表中のX，Y，Zにあてはまる正しい組み合わせを以下のa～cから1つ選び，記号で答えよ。

		X	Y	Z
脂質 (g)		19.2	35.4	3.4
	コレステロール (mg)	61	70	250

aX　ロース　　Y　ばら　　Z　肝臓
bX　ばら　　Y　肝臓　　Z　ロース
cX　肝臓　　Y　ロース　　Z　ばら

(6)　下線部Cについて，次のア～エのうち，青年期における食生活の留意事項として最も適するものを1つ選び，記号で答えよ。

ア　塩分や香辛料を控え，1回の食事量を少なめにして回数を多くするなど，十分な栄養が摂れる工夫をする。

イ　食事の場が団らんの場となるように心がけ，楽しい会話を通して食事のマナーを身に付けられるようにする。

ウ　無理のない運動をするとともに，食べやすく飲み込みやすい形態を工夫し，薄味を心掛ける。

エ　生涯で最大の栄養素量が必要であり，成長量や運動量に見合った食事をするとともに，食品選択に関する適切な知識を身に付ける。

(☆☆☆◎◎◎)

【2】マカロニグラタンとパイナップルゼリーの調理について，以下の各問いに答えよ。

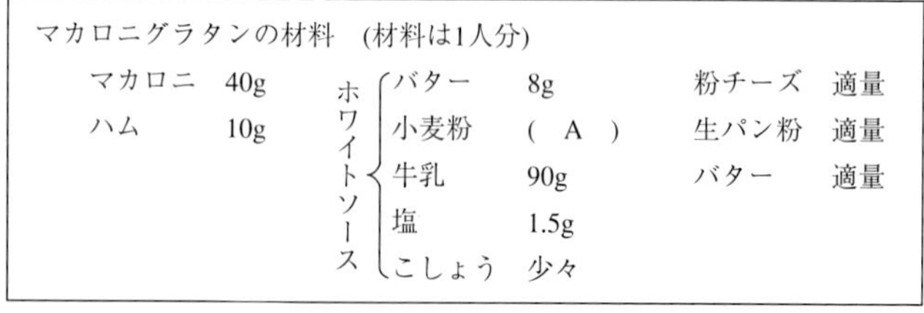

マカロニグラタンの材料　(材料は1人分)

マカロニ	40g	ホワイトソース	バター	8g	粉チーズ	適量
ハム	10g		小麦粉	(　A　)	生パン粉	適量
			牛乳	90g	バター	適量
			塩	1.5g		
			こしょう	少々		

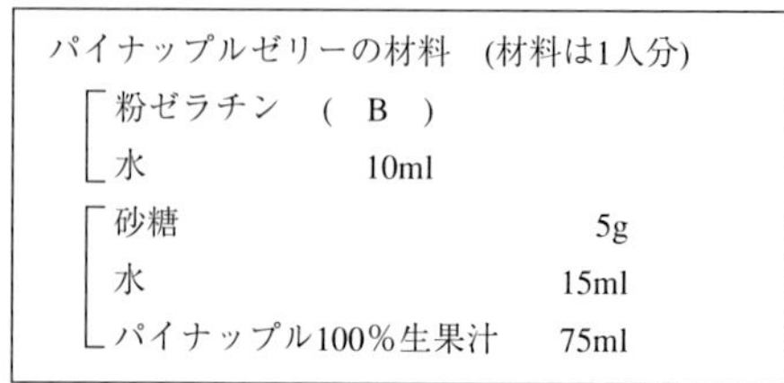

パイナップルゼリーの材料　(材料は1人分)

粉ゼラチン	(　B　)
水	10ml
砂糖	5g
水	15ml
パイナップル100%生果汁	75ml

(1)　ホワイトソースの材料である小麦粉(　A　)とパイナップルゼリ

ーの材料である粉ゼラチン(　B　)において，最も適する分量を次のア～ウから1つずつ選び，記号で答えよ。

・小麦粉(　A　)　　ア　2g　　イ　8g　　ウ　24g

・粉ゼラチン(　B　)　　ア　3g　　イ　10g　　ウ　15g

(2)　ホワイトソースの作り方について，次の文中の(　①　)～(　④　)に最も適するものを〔　　〕のア～ウからそれぞれ1つ選び，記号で答えよ。

・使用する小麦粉は(　①　)〔ア　薄力粉　　イ　中力粉　　ウ　強力粉〕がよい。
・使用する鍋は(　②　)〔ア　鉄製　　イ　土鍋　　ウ　ステンレス製〕がよい。
・ルーを作るときは，(　③　)〔ア　弱火　　イ　中火　　ウ　強火〕で炒める。
・ルーに牛乳を加える時は，(　④　)〔ア　小麦粉をバターで簡単に炒めてから　　イ　小麦粉をバターでよく炒めうすく褐色になってから　　ウ　小麦粉をバターでよく炒め流動状になってから〕がよい。

(3)　ゼラチンのおもな原料とおもな栄養成分についてそれぞれ答えよ。

(4)　材料を分量通りはかり，次の文のとおり調理したが，パイナップルゼリーが固まらなかった。原因として考えられることは何か。ゼラチン及びパイナップル100％生果汁それぞれについて，調理上の性質とともに説明せよ。

・ゼラチンは適切な分量で使用する。
・ゼラチンをしっかりと膨潤させてから加熱し，きれいに溶かす。
・冷蔵庫で十分冷やす。

(☆☆☆◎◎◎)

【3】食と環境について，次の各問いに答えよ。

(1)　次図の①，②には，それぞれ「過剰除去」，「直接廃棄」があてはまる。①はどれか答えよ。

図　世帯員構成別の食品ロス率

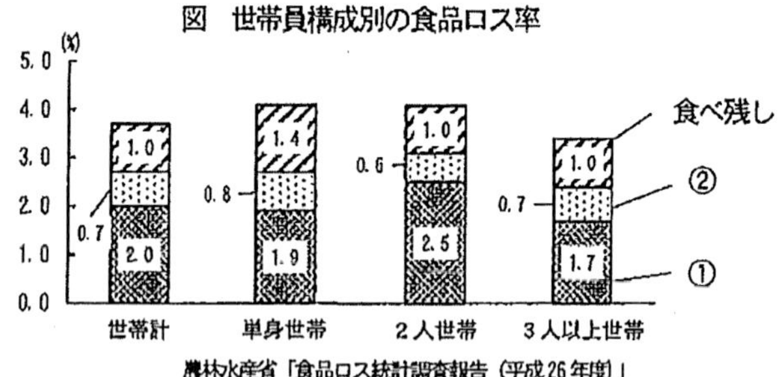

農林水産省「食品ロス統計調査報告（平成26年度）」

(2)　次の文中(　①　)，(　②　)に最も適切な語句を以下のア～エから1つずつ選び，記号で答えよ。

> 2015年に国際連合で採択された「持続可能な開発のための2030　アジェンダ」で定められている「持続可能な開発目標」の目標〔　A　〕のターゲットの1つに，2030年までに小売・消費レベルにおける世界全体の1人当たりの食品廃棄物を半減させることが盛り込まれている。我が国においても，食品ロスを減らすために，2019年に(　①　)法が施行され，行政・事業者・消費者それぞれが連携して取り組むこととした。また，近年，食品関連企業他より寄贈された食品等を，福祉施設や生活困窮者の支援団体等に届ける活動である(　②　)が注目されている。

ア　食品リサイクル　　イ　食品ロス削減推進

ウ　フードバンク　　　エ　フードシェアリング

(3)　(2)の文中〔　A　〕にあてはまる目標の番号と名称を答えよ。

(☆☆☆◎◎◎)

【4】被服製作について，次の各問いに答えよ。

(1) 次のア～オを被服製作の作業工程順になるように記号を並び替えよ。

ア 本縫い　　イ 仮縫い・補正　　ウ 裁断・しるし付け

エ 採寸　　　オ 型紙作製

(2) ジャケットのすそを図1のように手縫いで始末した。以下の各問いに答えよ。

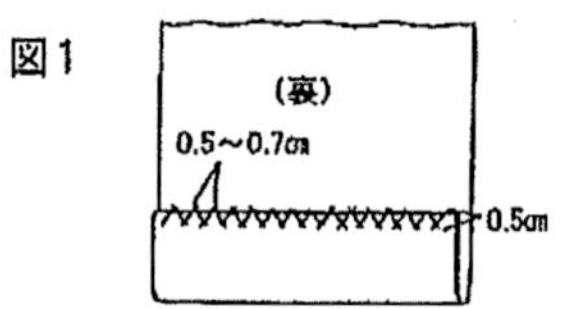

① 縫い方の名称を答えよ。

② 糸がよじれてうまく縫えない生徒が，ミシン糸を使用して縫っていた。

上手く縫えない原因を，手縫い糸とミシン糸の糸のより方の特徴から説明せよ。

(3) ジャケットのボタン付けについて，次の各問いに答えよ。

① 図2は第一ボタンの位置を示したものである。ボタンホールの正しい位置を線で図示し，位置を決めるときに必要な寸法とボタンホールの大きさを記入せよ。

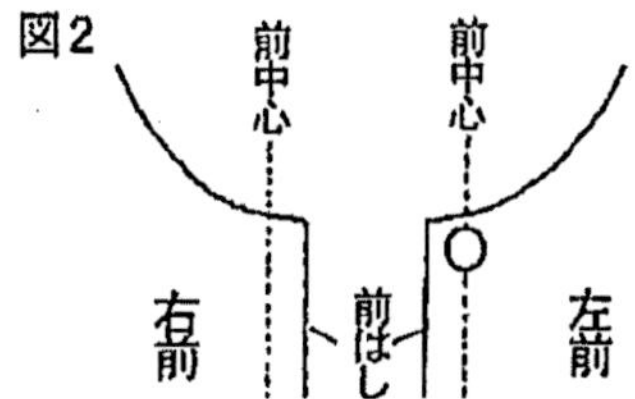

② 図3はボタンを縫い付けた図である。A，Bの名称を記入せよ。また，Bの目的を説明せよ。

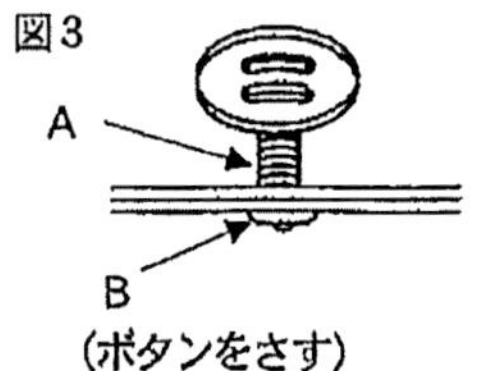

(4)　次の①～③の被服製作の技法に最も適する説明を，以下のア～オからそれぞれ1つずつ選び，記号で答えよ。

①　ピンタック　　②　パイピング　　③　ダーツ

ア　平面的な布を立体にするため，布の一部をつまんで縫い消す。

イ　0.2cm位に細かくつまんでミシンをかける。

ウ　布を縫い縮めて，しわを寄せる。

エ　バイアステープでふちどりをする。

オ　布をやわらかく折り返す。

(☆☆☆◎◎◎)

【5】衣生活について，次の各問いに答えよ。

(1)　界面活性剤の働きを調べるために次の実験をした。

【実験】Aのビーカーには水を入れる。Bのビーカーには0.1%の洗剤水溶液を入れる。次の1～4の実験をする。

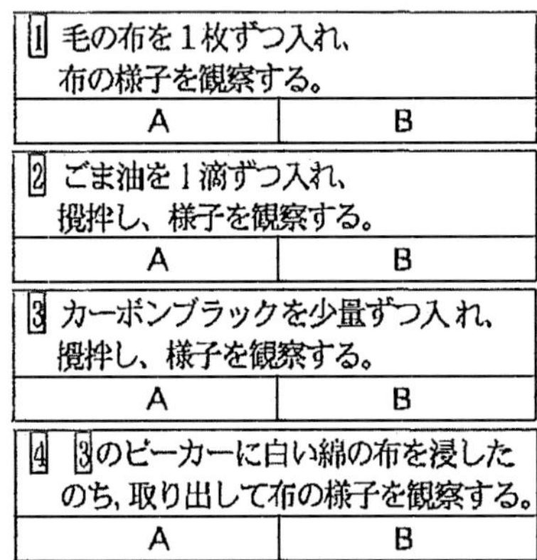

1 毛の布を1枚ずつ入れ、布の様子を観察する。	
A	B

2 ごま油を1滴ずつ入れ、攪拌し、様子を観察する。	
A	B

3 カーボンブラックを少量ずつ入れ、攪拌し、様子を観察する。	
A	B

4 3のビーカーに白い綿の布を浸したのち，取り出して布の様子を観察する。	
A	B

① [3]及び[4]におけるAとBの実験結果を説明せよ。

② [1]及び[2]の各実験で確かめることができる界面活性剤の働き(作用)をそれぞれ答えよ。

(2) 洗濯のポイントについて説明した次の①～④の文のうち，正しいものを全て選び，記号で答えよ。

① 洗剤を使用量のめやす以上に使っても，汚れ落ちはあまり変わらない。

② 一般に水温が高いほど汚れは落ちやすいが，血液は落ちにくくなる。

③ 絹・毛は，繊維のもつ風合いを損なうことが少ない弱アルカリ性洗剤を用いて洗濯するのがよい。

④ 洗剤中の酵素は，60℃で最も効果的に働く。

(3) 次の①，②の繊維の性質に最も適するものを以下のア～オからそれぞれ1つずつ選び，記号で答えよ。

① 引張強度の最も小さい繊維　② 吸湿性の最も小さい繊維

ア 毛　イ 綿　ウ 麻　エ ポリエステル

オ ナイロン

(4) 被服のリサイクルについて，次の文の(①)，(②)に最も適する語句を答えよ。

> 被服のリサイクルには，おもに，回収した繊維を製品に再生するマテリアルリサイクルと，化学的な処理により原料に戻して再利用する(①)リサイクルがある。マテリアルリサイクルには，工場で発生した繊維くずを(②)によってクッション材などにする例がある。

(5) 学校家庭クラブ活動で，「被服の再利用」というテーマで取り組むことになった。どのような活動の工夫が考えられるか，具体的に説明せよ。

(☆☆☆☆◎◎◎◎)

【6】住生活について，次の各問いに答えよ。

(1)　快適で健康な住まいについて，次の文中の(　①　)～(　④　)に最も適する語句や数値を答えよ。ただし，同じ番号には同じ語句が入るものとする。

> (　①　)は，可視光線を屋内に取り入れて明るくすることをいい，天候・季節・時刻などにより変化する。太陽光は明るさや熱を与え，殺菌作用もあるため，室内の湿気除去や家族の健康のために不可欠である。また，室内の空気が循環するよう，部屋の風通しをよくし，生活により汚れた空気を新鮮な空気に交換する必要がある。換気には窓を開けて風を通す自然換気と換気扇を回して空気の流れをつくる(　②　)がある。
>
> 建築基準法では，建ぺい率や容積率，窓などの開口部の最低限の面積が定められている。(　①　)には，居室の床面積に対して(　③　)分の1以上，換気のためには(　④　)分の1以上の開口部が必要である。

(2)　次の住居の容積率を答えよ。解答には計算式も記入すること。

敷地面積	1階部分の床面積	2階部分の床面積
200㎡	90㎡	60㎡

(3)　次の図を地震に強い構造にするために，火打ち土台，火打ちばり，筋交いを図示せよ。また，図示したものに，それぞれの名称を書き加えよ。

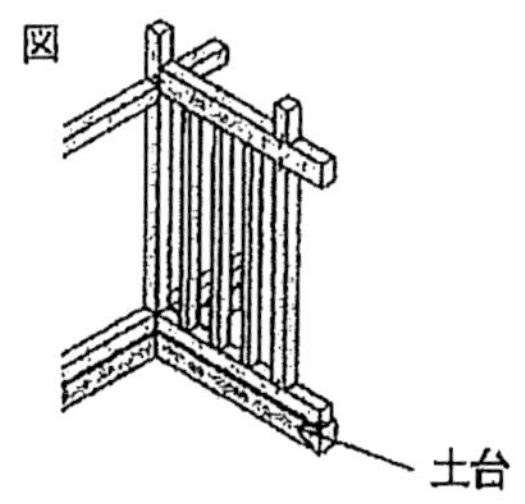

(4) 次の①～③の文は，日本の伝統的な住まいの特徴や工夫を説明したものである。下線部のそれぞれの名称を答えよ。

① 紙を張った和室の部屋を仕切る建具。紙と紙の間は空気の層ができるため，夏は室内を涼しく，冬は室内を暖かく保つ。

② 部屋の外に張り出した板張りの空間。ひなたぼっこ，家事，夕涼み，接客などさまざまに使われ，地域と住まいをつなぐ場として機能している。

③ 細い角材を縦横に組み合わせて作った建具で，外からの視線をさえぎりながら，光と風を通す。町家によくみられる。

(☆☆☆◎◎◎)

【7】消費生活について，次の各問いに答えよ。

(1) 「販売購入形態別消費生活相談割合(年齢層別・2019年　消費者庁)」において，20歳未満で最も多い相談は何か，次のア～オから1つ選び，記号で答えよ。

ア　店舗購入　　　　イ　訪問販売

ウ　電話勧誘販売　　エ　インターネット通信販売

オ　マルチ取引

(2) 次表は，支払い方法の種類とその特徴について示したものである。表中の(　①　)，(　②　)に最も適する語句を答えよ。

支払い方法	特　徴
クレジットカード	カードの加盟店で商品の購入をする時、提示のみで支払いが可能なカードで、後日、一括払いや分割払い等により支払う。
（ ① ）	電子データにお金としての価値をもたせて、貨幣の代用とする。
（ ② ）	商品の代金が、利用者指定の金融機関の口座から即時引き落とされる。

(3) 次の①～③はクレジットカードについて述べた文である。下線部の語句が正しければ○を，間違っていれば，正しい語句を答えよ。

① クレジットカードは，消費者，販売者，クレジットカード会社による三者間契約である。

② クレジットカードの機能の1つである代金を後払いすることを消費者金融という。

③　実在する銀行や事業所を装って電子メールを送り，架空のウェブサイトに誘導してカード情報を盗み悪用する詐欺がある。これを<u>スキミング</u>という。

(4)　消費者が，自らの消費生活に責任をもち，公正で持続可能な社会に向けて積極的に参画していく社会を何というか，答えよ。

(☆☆☆◎◎◎)

【8】家族と家庭生活について，次の各問いに答えよ。

(1)　次の①～④の文のうち，正しいものを全て選び，記号で答えよ。

①　夫婦のみに妻の両親が加わった家族は拡大家族に分類される。

②　養子緑組とは，育てられない親の代わりに一時的に家庭内で預かって養育する制度である。

③　日本において，「パートナーシップ制度」を利用した同性カップルは，法律上婚姻関係と同等とされている。

④　子どもをつくらずに共働きする夫婦はディンクスと呼ばれる。

(2)　経済的に困難な家庭で育つ子どもが増大し，社会問題になっている。この問題の名称を答えよ。

(3)　性別役割分業とは何か，具体例をあげて説明せよ。

(4)　次のア～エを成立した年の古い順に記号で並び替えよ。ただし，ウは国連で採択された年とする。なお，法律改正は含まない。

ア　男女共同参画社会基本法　　　イ　男女雇用機会均等法

ウ　女子差別撤廃条約　　　　　　エ　育児・介護休業法

(5)　次の文を読み，以下の各問いに答えよ。

> 世界経済フォーラムは，「ジェンダー・ギャップ指数」を2006年から毎年公表している。これは，A<u>政治・経済・教育・健康</u>の4分野のデータをもとに，男女格差を分析したものである。

①　2021年3月に公表された「ジェンダー・ギャップ指数2021」における日本の順位は世界156か国中何位か，次のa～dから1つ選び，

記号で答えよ。

a 80位　b 100位　c 120位　d 140位

② 日本の状況について説明した次の文の(　ア　)~(　エ　)に，最も適する語句を答えよ。なお，(　ア　)，(　イ　)は，下線部Aから選んで答えよ。

> 4分野のうち，(　ア　)と(　イ　)の順位が低くなっており，その原因には(　ウ　)と(　エ　)に女性が少ないことがあげられている。

(☆☆☆◎◎◎)

【9】子どもの発達と保育について，次の文を読み，以下の各問いに答えよ。

> 3歳の甥の世話をした時の様子
> ① 親と離れる時は泣き出して親の後を追ったりした。
> ② 親の言うことに「いや」と言うことが多かった。
> ③ 乗り物のおもちゃで遊んでいる時に「電車さんがこんにちはっておしゃべりしてるよ」と言っていた。
> ④ 「保育所が楽しいよ」，「先生が大好きだよ」と言っていた。

(1) ①の行動に関して，次の説明文にあてはまる語句をカタカナで答えよ。

> 生後半年を過ぎるころから，子どもは自分と生活をともにする人，あやしたり遊び相手をしてくれたりする人を覚えて，強い情緒的な結びつきを形成するようになる。

(2) ②の時期を何というか答えよ。また，その時期の子どもへの適切な関わり方を説明せよ。

(3) ③に関して，幼児期にみられる子どものもののとらえ方を何というか答えよ。

(4)　④に関して，集団保育の役割を説明せよ。

(☆☆☆◎◎◎)

【10】高齢者の介順について，次の各問いに答えよ。

(1)　次の図は，介護が必要になったおもな原因別構成割合である。②にあてはまるものは何か，以下のア～エから1つ選び，記号で答えよ。

図　介護が必要になったおもな原因の構成割合

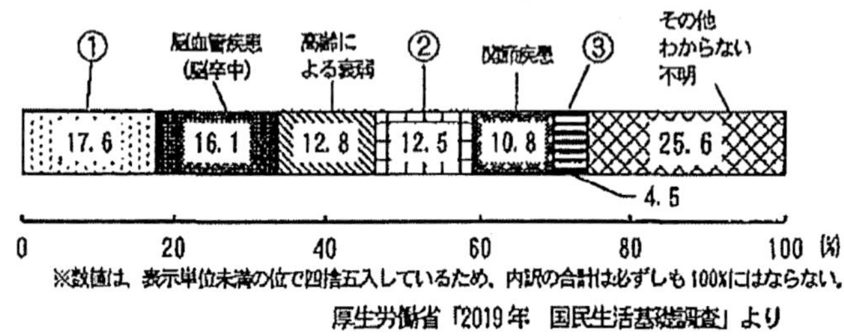

ア　心疾患(心臓病)　　イ　骨折・転倒　　ウ　認知症

エ　悪性新生物(がん)

(2)　高齢者の介護・福祉に関する次の①～③の文が説明する用語を答えよ。

①　骨や関節の病気，筋力の低下が原因で，転倒，骨折しやすくなること

②　歩行・着席・排泄・着替え・入浴・食事など，人が基本的な日常生活を営む上で最低限必要な動作のこと(アルファベットで書く)

③　要介護者等とともに介護サービス計画を作成し，適切なサービスを活用できるように支援する専門職

(3) 次のマークはどのような食品についているか，説明せよ。

(☆☆☆◎◎◎)

【11】高等学校学習指導要領(平成30年3月告示)家庭編について，次の各問いに答えよ。

(1) 小・中・高等学校の系統性を踏まえ，「家庭基礎」，「家庭総合」ともに，内容構成が4つに整理された。その4つをすべて答えよ。

(2) 家庭に関する学科において，専門教科「家庭」の科目中，原則として全ての生徒に履修させる科目をすべて答えよ。

(3) 専門教科「家庭」において新設された科目名を答えよ。

(☆☆☆◎◎◎)

解答・解説

【中高共通】

【1】(1) ① たんぱく質 ② 炭水化物 ③ PFC ④ 日本型
(2) (解答例) 日本型食生活といわれ，ごはんを主食とし，魚，肉，牛乳・乳製品，野菜，海藻，豆類，果物などの多様な副食を組み合わせた栄養バランスに優れた食事であった。 (3) 20(%以上)30(%未満) (4) ウ (5) ① ア b イ e ウ d ② a
(6) エ

〈解説〉(1) 体を動かすエネルギー源(カロリー)となる糖質・脂質・タンパク質で3大栄養素という。3大栄養素に微量元素であるビタミン・ミネラルを加えたものを5大栄養素という。③のPFC比は，エネルギーの栄養素別摂取構成比のこと。全摂取エネルギーを100としたときの，三大栄養素，たんぱく質(Protein)，脂質(Fat)，炭水化物(Carbohydrate)の構成比率を表す。　(2)　日本が世界有数の長寿国である理由は，日本型食生活にあると国際的にも評価されている。健康で長く暮らしていくためにも，この食生活のよさを理解して続けていきたいが，近年は脂質に偏ったものとなっている。　(3)　脂肪エネルギー比率(%)は，脂質(g)×9／総エネルギー(kcal)×100で計算される。　(4)　たんぱく質の食品群別摂取構成の推移は，穀類からの摂取が昭和40年の38.3%から平成2年には24.9%に減少し，動物性食品からの摂取が40.0%から52.1%と1.3倍以上に増えている。特に乳・乳製品，肉類からの摂取が増加している。　(5)　LDLコレステロールは，　一般に悪玉コレステロールと呼ばれる。血液中で増えすぎると血管壁にたまり，酸化して，過酸化脂質となる。蓄積していくと血管が細くなり血栓ができて動脈硬化を進行させ，心筋梗塞や狭心症・脳梗塞などの動脈硬化性疾患を誘発する。　(6)　青年期(18～39歳)は，身体的な発達が完了し，体力の維持・増進が重要となる時期である。働き盛りの世代で，家庭においては子育て等，極めて多忙で，自分の健康の保持・増進への関心や備えが不十分になりやすい時期である。また，不規則な生活リズムやストレスから，生活習慣病の前兆が見え始める時期である。職場や家庭を通して，生活習慣病予防を働きかけていくことが必要となる。朝食の欠食，外食など，食生活が乱れやすく，食生活改善への取り組みが必要である。

【2】(1)　A　イ　　B　ア　　(2)　①　ア　　②　ウ　　③　ア　　④　ウ　　(3)　原料…動物の骨，皮　　栄養成分…コラーゲン(たんぱく質)　　(4)　(解答例)　ゼラチン…パイナップルにはブロメリンとよばれるたんぱく質分解酵素が含まれているため，ゼラチンが固まらなくなる。　　パイナップル100%生果汁…果汁100%ジュースやパイン缶は加熱殺菌処理がされているため，酵素の働きが弱まり，たんぱく質の分解が起こらずゼラチンが固まりやすくなる。

〈解説〉(1)・(2)　ホワイトソースは，バターと小麦粉を焦がさないように炒めたホワイトルーを，牛乳やブイヨンで溶きのばしたソースである。小麦粉は，グルテンが少なく粘りが少ない薄力粉を使う。バターと小麦粉をよく混ぜてから弱火でじっくりと，焦げないように炒める。炒めることで小麦粉のでんぷんの分子が小さくなり，ダマになりにくく，粉っぽさのないホワイトルーができる。　(3)　ゼラチンは牛・豚の骨や皮に含まれるコラーゲンでたんぱく質，寒天は天草などの海藻で多糖類である。ゼラチンの使用濃度は2～4%，凝固温度は，ゼラチンは冷蔵しなければ固まらない。固まった後の溶ける温度は，ゼラチンは40～60℃である。ゼラチンが固まるしくみは，動物の骨や皮由来のコラーゲン(たんぱく質)の構造がお湯に溶けて冷やされることで変形することによる。　(4)　寒天はたんぱく質でないためその影響は受けないが，酸性状態で加熱されると加水分解してしまうため，酸性の果汁を加える場合は注意が必要である。

【3】(1)　過剰除去　　(2)　①　イ　　②　ウ　　(3)　番号…12　　名称…つくる責任　つかう責任

〈解説〉(1)　家庭からの食品ロスの原因は，「直接廃棄」，「食べ残し」，「過剰除去」の3つに分けられる。「過剰除去」の原因は，調理技術の不足や過度な健康志向など，「直接廃棄」の原因は，買いすぎ，長持ちしない保存方法などである。　(2)　食品リサイクルについては，食品製造業から排出される廃棄物は，量や質の安定などから，栄養価を最も有効に活用できる飼料の再生利用が多くなっている。食品小売業や外食産業から排出される廃棄物は，衛生上の問題もあり，飼料や肥料には不向きなものも多いため，焼却や埋立等により処分される量が多い。フードバンクは，賞味期限が近いなど食品の品質には問題ないが，通常の販売が困難な食品・食材を，NPO等が食品メーカーから引き取って，福祉施設等へ無償提供するボランティア活動である。フードシェアリングは，食品ロス削減に関する取り組みの1つで，何もしなければ廃棄されてしまう商品を消費者のニーズとマッチングさせることで食品ロスの発生や，無駄を減らす仕組みである。　(3)　2030年を達成期限として定められたのがSDGs(持続可能な開発目標)で，「17の目標」と「169のターゲット(具体目標)」で構成されている。目標の12では，持続可能な消費と生産は「より少ないものでより多く，よりよく」を目指している。

【4】(1)　エ→オ→ウ→イ→ア　　(2)　①　千鳥がけ
②　(解答例)　ミシン糸と手縫い糸は糸の「より」の方向が違うので，ミシン糸を手縫い糸として代用で使う時は，よりが逆方向なので，短めに切って使ったほうが絡まりにくい。　(3)　①

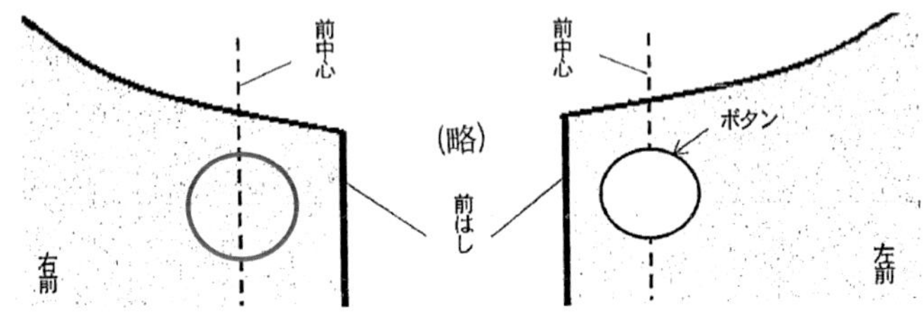

②　A　糸足　　B　力ボタン　　目的…(解答例)　コートやジャケットの裏側に付ける小さなボタンのこと。力ボタンを付けることで，布の支えになり，補強となる役割を果たしている。　　(4)　①　イ
②　エ　　③　ア

〈解説〉(1)　被服の製作工程では，ジャケットを製作する場合，見返しやえり部分は，体型の個人差が出やすい部分で，仮縫いで補正が必要になる場合がある。　(2)　①　千鳥がけは，ほつれやすい毛織物や裏付きの袖口，すその始末などに用いる。右利きの場合，左から右へ針を進ませる。　②「より」とはねじり合わせのことで，糸は細い複数の糸をよって1本にしている。ミシン糸は左よりで，手縫い糸は右よりである。手縫い糸をミシンで使用すると「より」が戻ってミシントラブルや，糸が切れる原因になる恐れがある。　(3)　①　ボタンホールの大きさは，通常，ボタンの直径＋ボタンの厚みだが，足つきボタンの場合，ボタンの厚みを計るときは足部分を除く。　②　力ボタン

は，コートやジャケットの裏側に付ける，表のボタンよりサイズの小さなボタンのこと。厚いコートやジャケットのボタンは，布の厚みのぶん力がかかってしまう。力ボタンを付けていないと，ボタンを縫い付けている一箇所に力が集中して，布が破れやすくなったり，糸が切れたりすることがある。コートやジャケットの裏側に力ボタンを付けておくと，ボタンの表面で布にかかった力を分散できるので，服に穴があいたり，糸が切れたりすることを防ぐことができる。

(4)　ウ　ギャザーのこと。平面の布を縫い縮めて立体化させる洋裁技法で，それによって作られたしわやひだのこと。　オ　ドレープのこと。

【5】(1)　①　[3]・[4]　(解答例)　カーボンブラック(スス)を入れても，水と混ざり合わずに表面に浮かぶが，ここに界面活性剤を入れると，ススの粒子は界面活性剤の分子に取り囲まれて，水中に分散する。このように粉末を水に散らす作用を分散作用という。　②　[1]　浸透作用　[2]　乳化作用　(2)　①，②　(3)　①　ア　②　オ

(4)　①　ケミカル　②　反毛　(5)　略

〈解説〉(1)　①は界面活性剤の働きのうちの分散作用についての実験である。②は界面活性剤の再汚染防止作用についての実験である。

(2)　③　毛や絹の動物繊維はたんぱく質でできており，アルカリに弱いので，中性洗剤で洗う。　④　37℃前後が最も効果を発揮する。

(3)　①　毛の引張強度は，天然繊維としては最も弱い部類に入る。

②　ナイロンは吸湿性が小さいが，そのぶん洗濯しても乾きやすい。

(4)　被服以外のリサイクルとしては，廃棄物を焼却処理した際に発生する排熱を利用するサーマルリサイクルがある。　(5)「ホームプロジェクト」とは，各自の生活の中から課題を見つけ，課題解決を目指して主体的に計画を立てて実践する問題解決的な学習活動である。実践することにより，家庭科の学習で習得した知識・技術を一層定着させ，総合化することができ，問題解決能力・実践的態度を育むことができる。

【6】① 採光　② 機械換気　③ 7　④ 20　(2) 計算式…(90＋60)÷200×100＝75　答え…75％

(3)

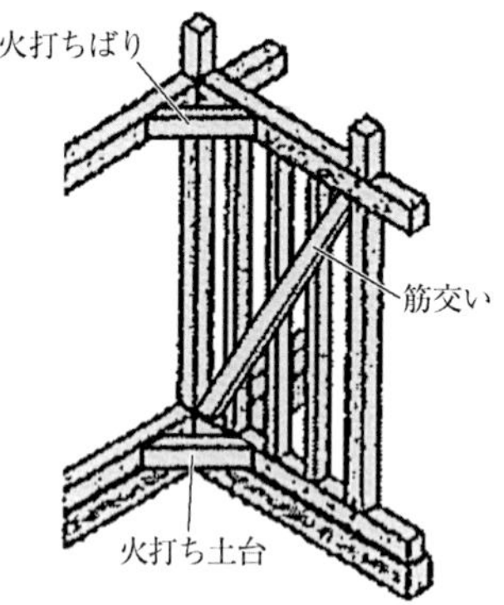

(4) ① 襖(ふすま)　② 縁側　③ 格子

〈解説〉(1) 日当たりのことを日照，太陽の光を室内に取り入れることを採光，人工的な光を照明という。 (2) 建ぺい率は敷地面積に対する建築面積の割合である。容積率は，土地に対して，建物のすべての階の床面積を合計したものがどれくらい建てられるか，敷地面積に対する延べ面積の割合で計算される。 (3) 筋交いとは，長方形に組まれた軸組みに対角線状に入れた補強材で，風や地震などによる水平力に抵抗し，長方形が平行四辺形になるのを防ぐ。火打ちは，梁と桁の水平角を固定し，堅固な接合にするために斜めにかけ渡された補強材。 (4) 和室は室町時代に成立した住宅様式である書院造が基になっている。本来，書院は書斎の意味で私空間であったが，やがて接客としての公空間となり，現在は和室の床の間として日本住宅に活かされている。

【7】(1) エ　(2) ① 電子マネー　② デビットカード　(3) ① ○　② 販売信用　③ フィッシング　(4) 消費者市民社会

〈解説〉(1) 本資料によると，20歳代から50歳代の各年代では，約30％

台であるが，20歳代未満では，66.7％と高い値である。　(2)　デビットカードとは，カードでの支払いと同時に自身の銀行口座から引き落としがされる仕組みのカードである。銀行口座から現金を引き出さずに支払いができる利便性や，銀行口座の残高以上にお金を使いすぎる心配がない安心感などがある。　(3)　販売信用は，商品やサービスを購入する際に，消費者に付与される信用によって，販売店や信販会社が代金を立て替え，消費者が後払いする契約。スキミングとは，他人のクレジットカードやデビットカード，キャッシュカードから情報を不正に抜き取る行為。　(4)　2012年に「消費者教育の推進に関する法律(消費者教育推進法)」が公布され，同年に施行された。この法律は，①消費者教育は消費者が主体的に「消費者市民社会」の形成に参画できるよう行われるものとされたこと(第2条，第3条)，②国，地方公共団体の責務を明示したこと(第4条，第5条，第8条)，③消費者団体，事業者及び事業者団体の努力規定を明示したこと(第6条，第7条)，④学校，大学，地域における消費者教育のあり方を具体化したこと(第11条～第13条)があげられる。この法律は，消費者基本法が，消費者に対する教育の機会を提供することを基本理念とし，国や地方公共団体に消費者教育を充実する等の施策を講ずることを求めていることを，実現するためのものといえる。

【8】(1)　①，④　　(2)　子どもの貧困　　(3)　(解答例)　男は仕事，女は家事・育児という，社会生活において，性別によって固定的な役割を期待される考え方。　　(4)　ウ→イ→エ→ア　　(5)　①　d
②　ア　政治　　イ　経済　　ウ　政治家(国会議員，閣僚)
エ　管理職(企業幹部，会社役員)

〈解説〉(1)　②　里親制度についての説明である。養子制度(普通養子縁組・特別養子縁組)は，血縁関係にないものが，法的な親子関係をつくる制度。法的に親子と同等の権利・義務が生まれる。　③　パートナーシップ制度は，自治体が，同性の2名を婚姻に相当する関係と認める制度。法律上の配偶者にはあたらない。2015年，東京の渋谷区と世田谷区からパートナーシップ制度が広がり，日本では200以上の自治体でパートナーシップ制度が施行されている。公営住宅の入居や福利厚生制度の利用の際などに，家族として認められるなどがある。
(2)　厚生労働省が示した平成28年国民生活基礎調査では，「子どもの貧困率」は13.9%で，前回調査の平成24年と比べると高くなっている。平成25年6月には「子どもの貧困対策の推進に関する法律」が成立し，翌26年に施行された。さらに，令和元年6月に同法が改正され，子どもの将来だけでなく現在の生活に向けても子どもの貧困対策を総合的に推進することなど，法律の目的・基本理念が充実されたほか，教育の支援については，教育の機会均等が図られるべき趣旨が明確化された。　(3)・(4)「性別役割分業」の意識は，高度経済成長の1960年代以降に強まった考え方である。1975年の国際婦人年から始まった取り組みにより，男女が共に仕事と家庭の分野で責任を担うことが重要とされるようになった。1985年には，国連の「女子差別撤廃条約」を日本も批准し，1986年には「男女雇用機会均等法」が施行された。1999年に制定された「男女共同参画社会基本法」では，男女が仕事や学習，地域活動を行えるよう，家事・育児・介護などの家庭的責任を，男女が協力して分担することが必要であるとしている。育児・介護休業法(正式名称：育児休業，介護休業等育児又は家族介護を行う労働者の福祉に関する法律)は1992年に施行され，2022年に改正されている。
(5)　①　公開解答での正答はdとなっているが，正しくはcと考えられる。2021年の日本の総合スコアは0.656，順位は156か国中120位で，先進国の中では最低レベルで，アジア諸国の中でも韓国や中国，ASEAN諸国より低い結果となった。　②　日本は特に，「経済」，「政治」における順位が低く，「経済」の順位は156か国中117位，「政治」の順位は156か国中147位となっている。政治分野において女性の参加割合が低く，国会議員の女性割合は9.9%，大臣の同割合は10%に過ぎない。経済分野でも，管理職の女性の割合が低く(14.7%)，女性の72%が労働力になっている一方，パートタイムの職に就いている女性の割合は男性のほぼ2倍で，女性の平均所得は男性より約45%低くなっている。

【9】(1) アタッチメント　(2) 名称…第一次反抗期　(解答例) 関わり方…子ども自身の意思を認めてあげる。(本人がまわりに甘える行為自体を認めてあげる。)　(3) アニミズム　(4) (解答例) 子どもが家庭では体験できない様々な活動や人間関係，社会的生活習慣等を学ぶことができること。

〈解説〉(1) イギリスの児童精神医学者ボウルビィは，子どもの精神的な健康と発達には特定の人との情緒的な結びつきが重要であることを指摘し，これを愛着(アタッチメント)と名付けた。 (2) 第一次反抗期とは，2歳頃から自己主張が増え，親など周囲のものに反抗するようになる時期のこと。第一次反抗期は，自己主張と自己抑制のバランスが取れるようになる三歳頃まで続くとされている。「自分でやりたい」という気持ちと，両親にやってほしいという甘えの気持ちとのあいだで葛藤がうまれる時期で，あくまで主体は子どもである前提でサポートをするなど，子ども自身の意思を認めてあげると子どもが落ち着くこともある。 (3) 子どもの自己中心性に基づく見方や考え方で，生物と無生物を区別せず，「存在するものはすべて生きている」と考える傾向をアニミズムという。 (4) 集団生活と相対する言葉は家庭保育である。これは，家族によって行われる保育である。基本的な生活習慣や人間関係の基礎や物事の考え方すべてを家庭で学び成長していく。集団保育では解答のようなことを学ぶことができる。また共働き家庭での集団保育の役割も大きい。具体的な施設としては，幼稚園，保育園，認定こども園である。子どもが家庭では体験できない様々な活動や人間関係，社会的生活習慣等を学ぶことができる。

【10】(1) イ　(2) ① ロコモティブシンドローム　② ADL　③ ケアマネージャー(介護支援専門員)　(3) (解答例) 日常の食事から介護食まで食べやすい幅広く使える，食べやすさに配慮した食品につくマーク。

〈解説〉(1) ①は認知症で，②は骨折・転倒である。③は心疾患(心臓病)

である。　(2)　①　日本語では運動器症候群である。変形性関節症，骨粗鬆症に伴う円背，易骨折性，変形性脊椎症，脊柱管狭窄症などがある。運動習慣によるロコモティブシンドローム予防は，アクティブ・エイジングをおくる上でも健康寿命を得るためにも大事である。②　日常生活動作(ADL)とはActivities of Daily Livingのことで，食事，排泄，移動，衣服の着脱，入浴等，日常生活に必要な動作を一人でどのくらいできるかの生活機能の尺度として用いられている。　③　ケケアマネージャーは，「要介護者や要支援者の人の相談や心身の状況に応じ，介護サービスを受けられるように介護サービス等の提供についての計画(ケアプラン)の作成や，市町村・サービス事業・施設，家族などとの連絡調整を行う者」とされている。　(3)　日常の食事から介護食まで幅広く使え，食べやすさに配慮した食品のこと。このマークは，日本介護食品協議会が制定した規格に適合した商品にだけに付けられるマークである。「かむ力，飲み込む力」の目安として，容易にかめる，歯ぐきでつぶせる，舌でつぶせる，かまなくてもよい，の4つの区分がある。

【11】(1)　家族・家庭及び福祉，衣食住，消費生活・環境，ホームプロジェクトと学校家庭クラブ活動　　(2)　生活産業基礎，課題研究　(3)　総合調理実習

〈解説〉(1)　新学習指導要領の科目構成は，「家庭基礎」「家庭総合」の2科目である。これの2科目のうちいずれか1科目を必履修科目として履修する。小・中・高等学校の系統性を踏まえ，「家庭基礎」，「家庭総合」ともに，内容構成は，「家族・家庭及び福祉」，「衣食住」，「消費生活・環境」に「ホームプロジェクトと学校家庭クラブ活動」を加えた4つに整理されている。「家庭基礎」は，「A　人の一生と家族・家庭及び福祉」，「B　衣食住の生活の自立と設計」，「C　持続可能な消費生活・環境」，「D　ホームプロジェクトと学校家庭クラブ活動」の内容で構成されている。「家庭総合」は，「A　人の一生と家族・家庭及び福祉」，「B　衣食住の生活の科学と文化」，「C　持続可能な消費生活・

環境」,「D　ホームプロジェクトと学校家庭クラブ活動」の内容で構成されている。　(2)　原則履修科目である「生活産業基礎」において,職業人に求められるマネジメントの重要性に着目した指導の工夫を図ることが新たに明示された。　(3)　解答参照。

2021年度　実施問題

【中高共通】

【1】無機質に関する次の文を読んで，以下の各問いに答えよ。

> 無機質は，人体を構成する元素のうち(　①　)，酸素，水素，窒素以外のものをいい，体重の約(　②　)%を占めている。カルシウム，マグネシウムなどの(　③　)と，銅，亜鉛などの(　④　)があり，重要な生理作用をつかさどっている。日本人に不足しがちな代表的な無機質に(　⑤　)などがある。一方で過剰摂取による健康障害が危惧される代表的な無機質に(　⑥　)・ヨウ素などがある。

(1)　文中の(　①　)～(　⑥　)に最も適する語句や数値を，次の語群のア～コから1つずつ選び，記号で答えよ。

語群　ア　微量ミネラル　　イ　炭素　　ウ　少量ミネラル
　　　エ　ナトリウム　　オ　5　　カ　セレン
　　　キ　鉄　　ク　10　　ケ　多量ミネラル
　　　コ　マンガン

(2)　次のア～エの各文のうち，正しいものを2つ選び，記号で答えよ。

ア　ヨウ素は甲状腺ホルモンの成分になる。
イ　マグネシウムは細胞の浸透圧を調整する。
ウ　カリウムは炭水化物や脂質の代謝を助け，血糖値を正常に保つ。
エ　銅はヘモグロビンの合成に関与し，酵素のはらたきを助ける。

(3)　カルシウムについて，次の各問いに答えよ。

①　加齢にともない骨量はどのように変化するか。「最大骨量」という言葉を用いて説明せよ。

②　(3)の①の変化にもとづいて，中学・高校生に「骨量を高めるための生活」について説明したい。カルシウムの吸収率を高めるための食生活と，食生活以外の生活習慣の留意点について，それぞ

れ説明せよ。

(☆☆☆◎◎◎◎◎)

【2】茶碗蒸しの調理について，以下の各問いに答えよ。

茶碗蒸しの材料(材料は1人分)					
鶏卵	25g	ぎんなん	6g	煮出し汁	(A)
鶏ささみ	20g	生しいたけ	10g	塩	1g
しょうゆ	1ml	みつば	2g	しょうゆ	1ml
かまぼこ	10g	みりん	2ml		

(1) 茶碗蒸しの材料の煮出し汁の量(A)にあてはまる最も適切なものを次のア～エから1つ選び，記号で答えよ。

ア 100ml　イ 150ml　ウ 200ml　エ 250ml

(2) 次の表は鶏卵可食部100gあたりの卵黄と卵白の栄養成分を示したものである。卵黄はア，イのいずれであるか，記号で答えよ。

表 鶏卵の栄養成分

	ア	イ
エネルギー	387kcal	47kcal
たんぱく質	16.5g	10.5g
脂質	33.5g	Tr
カルシウム	150mg	6mg
(①)	6.0mg	0
ビタミンA (レチノール当量)	480 μg	0
(②)	0.52mg	0.39mg

日本食品標準成分表2015年版(七訂)より

(3) (2)の表の(①)，(②)の栄養素をそれぞれ答えよ。

(4) 次の①，②において，各文のア～エの中から最も適するものを1つずつ選び，記号で答えよ。

① 急速加熱でない場合，蒸し器の中の温度は(ア 60℃　イ 70℃　ウ 90℃　エ 100℃)がよい。

② ①の温度で，(ア 2～3分　イ 5分～10分　ウ 15～20分　エ 25～30分)の加熱時間で蒸すとよい。

(5)　出来上がった茶碗蒸しにゆずの皮を次の図のように切って飾った。この切り方の名称を答えよ。

図
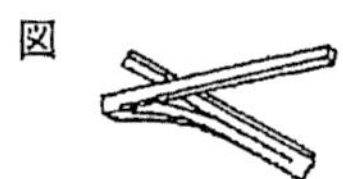

(6)　卵料理に見られる「すだち現象」とは何か。卵の調理上の性質にふれながら説明せよ。

(☆☆☆◎◎◎◎◎)

【3】食料自給率について，次の各問いに答えよ。

(1)　日本のカロリーベース総合食料自給率を，次の数値をもとにして計算せよ。計算式も記入すること。また，答えは，小数第1位を四捨五入して整数で答えよ。

1人1日当たり供給熱量2443kcal 1人1日当たり国産供給熱量912kcal (数値は農林水産省　平成30年度より)

(2)　次の図は1965年からの品目別の食料自給率の推移を表したグラフである。図中の折れ線は，それぞれ小麦，魚介類，米，豆類，野菜を表わしている。折れ線①～③に最も適する品目の組み合わせをあとのア～エから1つ選び，記号で答えよ。

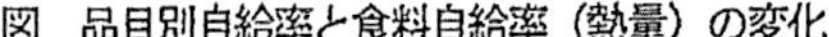
図　品目別自給率と食料自給率（熱量）の変化

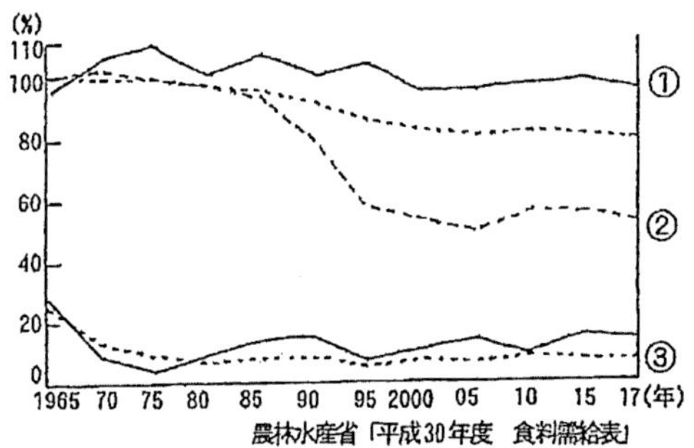

農林水産省「平成30年度　食料需給表」

ア　①　米　　②　小麦　　③　野菜
イ　①　野菜　②　魚介類　③　小麦
ウ　①　野菜　②　小麦　　③　魚介類
エ　①　米　　②　魚介類　③　豆類

(3)　原料生産から廃棄までの全ての段階での環境への影響を科学的，定量的，客観的に評価することで，環境負荷の低減を図ろうとする考えを何というか答えよ。

(4)　食料自給率が低いとどのような問題点があるか，3点説明せよ。

(5)　食料自給率を上げるために，生徒が日ごろの生活でできる取り組みについて考えさせたい。どのような指導の工夫があるか説明せよ。

(☆☆☆◎◎◎◎)

【4】洋服の製作について，次の各問いに答えよ。

(1)　次の図は折りしろのしまつの方法を示したものである。①，②のそれぞれの名称を答えよ。

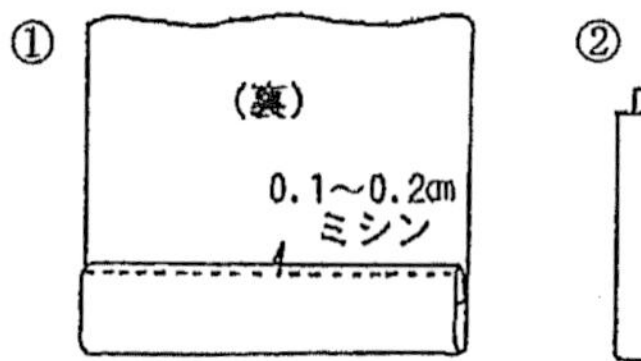

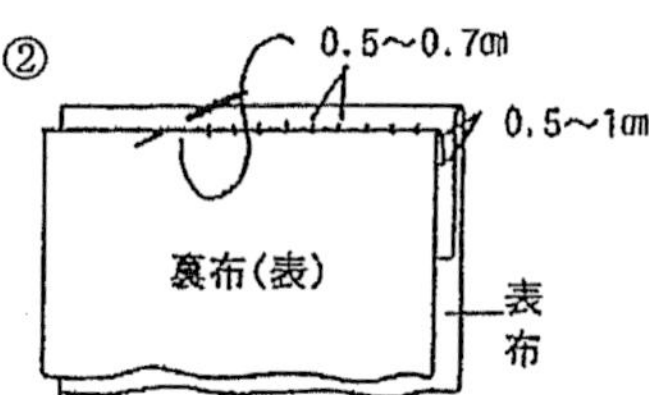

(2)　シャツカラーのえりは落ち着きをよくするために表えりをゆるめにつくるが，その手順について次の①～④に示した。文中の(　A　)～(　D　)に最も適切な数値や語句をあとの語群のア～クから1つずつ選び，記号で答えよ。同じ記号を繰り返し使ってもよい。

①　えりの外まわりの縫いしろは，裏えりを表えりの縫いしろより(　A　)cm少なくして裁つ。

②　2枚のえりを(　B　)にして重ね，えりの外まわりの布端をそろえてまち針をうつ。

③　しつけをかけて(　C　)えりのしるしどおりにミシンをかける。

④　縫いしろを0.5～0.7cmに切りそろえ，縫いぎわを折って表に返し，(　D　)えりをひかえてアイロンをかける。

語群　ア　0.2　イ　0.4　ウ　0.6　エ　外表　オ　中表
　　　カ　表　キ　裏　ク　台

(3)　型紙の背肩幅を広くしたい場合の補正方法を点線で図示せよ。

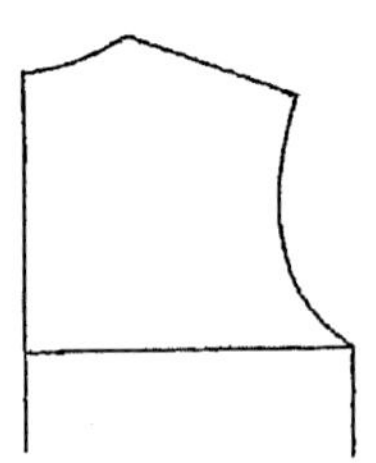

(☆☆☆◎◎◎◎)

【5】衣生活について，次の各問いに答えよ。

(1)　次の①～④の文に最も適する布地名を下の語群のア～キからそれぞれ1つずつ選び，記号で答えよ。

①　綿の単糸を用いた粗目の平織物で，糸の太さや密度によって厚地・中厚地・薄地等の種類があり，安価な生地なので仮縫いや立体裁断用として用いられる。

②　斜文織でジーンズの素材として用いられる。

③　たて糸のしま部分を縮ませ，しまの間に波状の凹凸を表した立体感のある織物で，夏の衣類に適している。

④　片面あるいは両面起毛の綿織物で肌触りがよく，吸湿性・保湿性・保温性が高いため，冬用パジャマやシャツに用いられる。

語群　ア　シーチング　イ　サージ　ウ　デニム
　　　エ　ブロード　オ　ネル　カ　ツイード
　　　キ　サッカー

(2)　次の写真は，ポリエステルの繊維にマカロニのように穴をあけた中空構造を示したものである。この構造をもつ繊維を用いた衣料素材はどのような特徴をもつか，2点説明せよ。

写真

(3) 次のア～オの文のうち，正しいものを全て選び，記号で答えよ。

ア 防虫剤は収納容器の下に置くとよい。

イ クリーニング店から戻ってきた衣類は，衣類の変色やカビ防止のためビニール包装をはずして保管する方がよい。

ウ チョコレートなどの油性のしみ抜きは，白い布をしみに当て，しみの裏側からベンジンをしみこませた布でたたくとよい。

エ 静電気を起こしやすい衣服の洗濯は，柔軟仕上げ剤を使用するとよい。

オ アクリルと毛の混紡セーターのアイロンがけの際，温度設定は毛を基準にアイロンがけをするとよい。

(4) 次の①～③の文が示す着物の種類の組み合わせのうち，正しいものを下のア～ウから1つ選び，記号で答えよ。

① 背中，両袖，両胸に家紋を染め抜き，裾に鮮やかな模様を散らした慶事用の着物である。

② 着物を広げた時に模様が一枚の絵のように見える。既婚者，未婚者を問わずに，フォーマルからセミフォーマルまで広く着られる。

③ 同じ柄が着物全体に繰り返し続いている。クラス会や趣味の会などの出かけ着である。

ア ① 訪問着 ② 小紋 ③ 留袖

イ ① 小紋 ② 留袖 ③ 訪問着

ウ ① 留袖 ② 訪問着 ③ 小紋

(☆☆☆◎◎◎◎◎)

【6】子供の環境と子育て支援について，次の文を読み，各問いに答えよ。

> 日本の合計特殊出生率は，厚生労働省「平成30年人口動態統計月報年数(概数)の概況」によると，全国は(　①　)，富山県は(　②　)である。子供の数が少ない少子社会では，核家族化や地域とのつながりが希薄になりがちであり，親だけで子育てを担わざるを得ない場合が多く，親の育児不安，ア児童虐待が大きな社会問題となっている。子育てのための社会的支援として，多様化する保育ニーズに対応するため，子供を預かる人と預けたい人が登録して会員になる制度の(　③　)事業や，子育てを行う家庭の経済的負担の軽減を図るために子ども・子育て支援法を一部改正し，2019年10月にスタートした(　④　)がある。

(1)　文中(　①　)～(　④　)に最も適切な数値や語句をそれぞれ答えよ。ただし，(　①　)と(　②　)は次のア～オから1つずつ選び，記号で答えよ。

ア　1.32　　イ　1.42　　ウ　1.52　　エ　1.62　　オ　1.72

(2)　文中の下線アの虐待の中で，厚生労働省「平成30年度福祉行政報告例の概況」における児童相談所の児童虐待相談種別対応件数で，最も多いものを次の語群の中から1つ選び，答えよ。

語群　　身体的虐待　　ネグレクト　　性的虐待　　心理的虐待

(3)　次の「赤ちゃんふれあい体験」の実施後，学習活動の発展を踏まえて，事後学習(1時間)の指導内容について，簡潔に説明せよ。

時　　期	高等学校第1学年　秋
科　　目	家庭基礎　保育分野
赤ちゃんふれあい体験の内容	0歳児と母親4組来校 ・赤ちゃんとのふれあい（抱っこ、遊具遊びなど） ・母親にインタビュー 妊娠・出産時のこと 子どもへの思い 子育ての楽しさ・大変さ 親になって変わったこと・気付いたこと

(☆☆☆◎◎◎◎)

【7】住生活について，次の各問いに答えよ。

(1) 次の①～③の日本の住宅を時代の古い順に番号で並び替えよ。また，①～③の住宅の特徴を下のア～エから1つずつ選び，記号で答えよ。

① 中廊下型　② 公私分離型　③ 接客本位型

ア 食堂，居間に家族が集まり，個室においてはプライバシーが重視されている。「食寝分離」も特徴である。

イ 公的な「おもて」の空間と日常の「おく」の空間が隔絶されている。プライバシーへの配慮はなく，部屋の用途が確定していない。

ウ 通りに面する部分は商売を行う間，奥は家族の暮らす空間があった。「通り庭」があり，表から裏へ通りぬけることができた。

エ 都市の中流家庭に広く普及した。南側に家族の部屋を配置し，北側に台所・浴室等を配した。続き間は茶の間・客間とした。

(2) 持続可能な住居について，次の①，②の名称をそれぞれ答えよ。

① 建築に用いる建材のうち環境負荷の少ない材料

② 周囲の自然環境と調和し，住み手が主体的にかかわりながら，太陽光，植物など自然の恩恵を利用しやすい工夫のなされた住宅

(3) ある家族がライフステージに応じて，次のアからイにリフォームした。リフォームしたイの住要求と工夫点について，2点説明せよ。

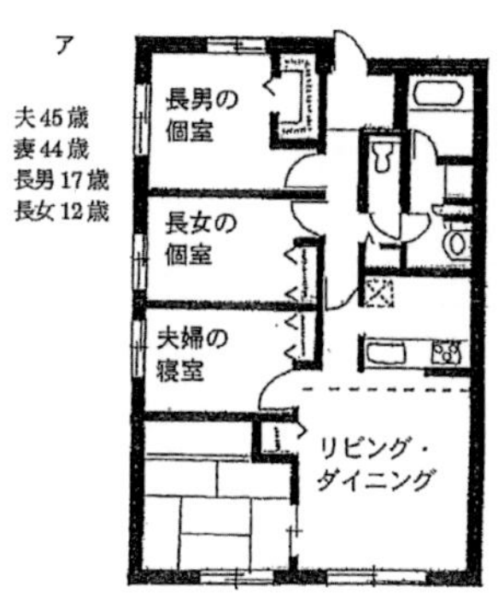

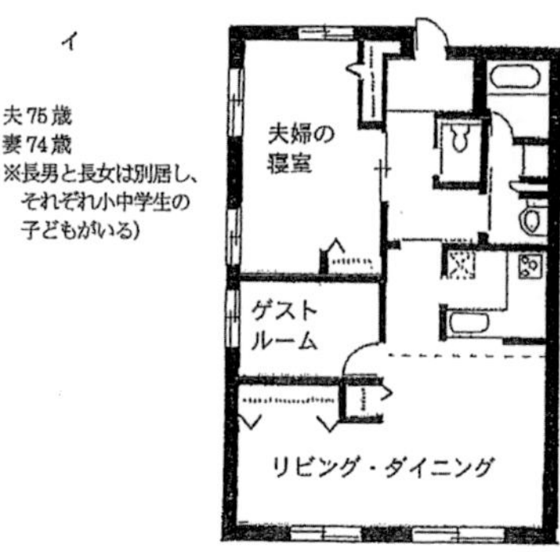

(☆☆☆◎◎◎)

【8】家族・家庭と社会について，次の各問いに答えよ。

(1)　次の「民法改正」についての文を読み，文中(　①　)～(　⑥　)にあてはまる数値や語句を答えよ。ただし，同じ番号には同じ語句が入る。

> 平成30年6月，民法の成年年齢を18歳に引き下げること等を内容とする民法の一部を改正する法律が成立した。民法の定める成年年齢は，単独で(　①　)を締結することができる年齢という意味と，(　②　)に服することがなくなる年齢という意味を持つものだが，我が国における成年年齢は(　③　)時代に民法が制定されて以来，20歳と定められてきた。2015年に公職選挙法で(　④　)年齢などが18歳と定められ，国政上の重要な事項の判断に関して，18歳，19歳を大人として扱うという政策が進められてきた。成年年齢の見直しは，18歳，19歳の若者の積極的な(　⑤　)参加を促し，(　⑤　)を活力あるものにする意義を有するものと考えられる。また，今回の改正では，女性の婚姻年齢を18歳に引き上げ，男女の婚姻開始年齢を統一することとしている。今回の改正は，(　⑥　)年4月1日から施行される。
>
> (法務省資料より)

(2)　この民法改正に伴い，18歳に引き下げられるものを次のア～エから全て選び，記号で答えよ。

ア　10年用パスポートを取得する。

イ　飲酒・喫煙ができる。

ウ　国民年金を納める義務を負う。

エ　少年法の適用対象から外れる。

(3)　次の図は女性の年齢階級別労働力率を国際比較したものである。日本の女性の労働力率がM字型曲線になっているが，その理由を説明せよ。

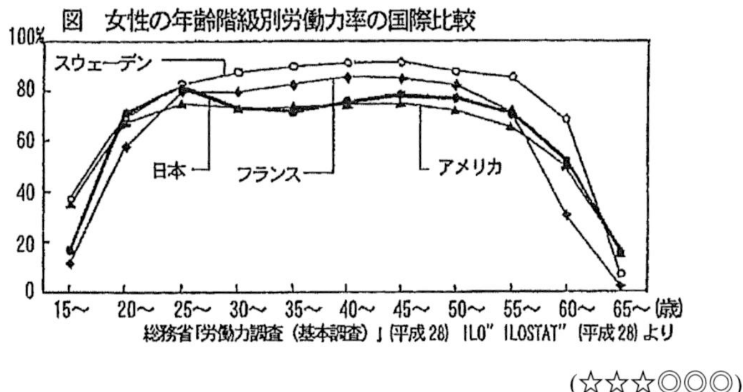

(☆☆☆◎◎◎)

【9】消費生活について，次の各問いに答えよ。

(1) 次の①～④の各文について，それぞれ正しいものには○，誤っているものには×を記せ。

① 友人から「入会金50万円を出せば儲けられる」「人を紹介すれば紹介料が入る」と，投資セミナーへの入会を勧誘され，喫茶店で契約し，契約書面を受け取った。その場合は，9日後にクーリング・オフ制度を使って解約できる。

② 多重債務の債務整理の方法に，特定調停，個人再生手続き，自己破産の3つがある。

③ 適正なインターネット通信販売業者と認定された業者が表示できるマークに，JADMAマークがある。

④ リボルビング払いは，支払い回数を決めて返済する方法であるが，総額が把握しにくく，多額の利息を払い続ける事態になりやすい。

(2) 消費者救済に関する次の表の(　①　)～(　④　)に最も適する語句をそれぞれ答えよ。なお，表中の(　②　)～(　④　)はあとの〈説明〉②～④に対応している。

年代	機関	法律
1960年代	消費生活センターの設置(1969年)	消費者保護基本法(1968年)
1970年代～1980年代	国民生活センターの設置(1970年)	訪問販売等に関する法律(1976年)
1990年代～2000年代	(　①　)の設置(2009年)	・製造物責任法(1994年) ・(　②　)(2000年) ・(　③　)(2000年) ・電子消費者契約法(2001年) ・(　④　)(2004年)

〈説明〉

②　消費者と事業者の間の情報格差や交渉力格差を是正

③　訪問販売，通信販売，訪問購入などのおもに無店舗販売での取引を規定

④　消費者の権利の尊重・自立支援

(☆☆☆☆◎◎◎)

【10】高齢者の生活について，次の各問いに答えよ。

(1)　高齢社会と超高齢社会の違いについて，説明せよ。

(2)　日本の認知症について，認知症の原因として最も多いものを次のア～エから1つ選び，記号で答えよ。

ア　脳血管性認知症　　　イ　レビー小体型認知症

ウ　前頭側頭葉型認知症　　エ　アルツハイマー型認知症

(3)　次の図1，2をみて，日本の介護者の特徴について，説明せよ。

図1　同居の主な介護者の性別構成割合

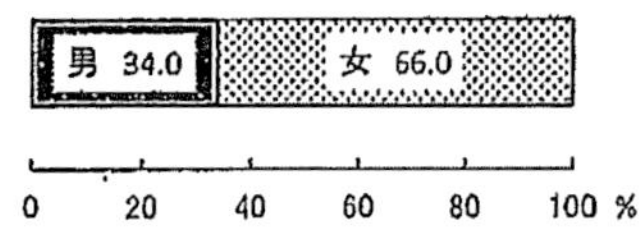

図２　同居の主な介護者の年齢階級別構成割合

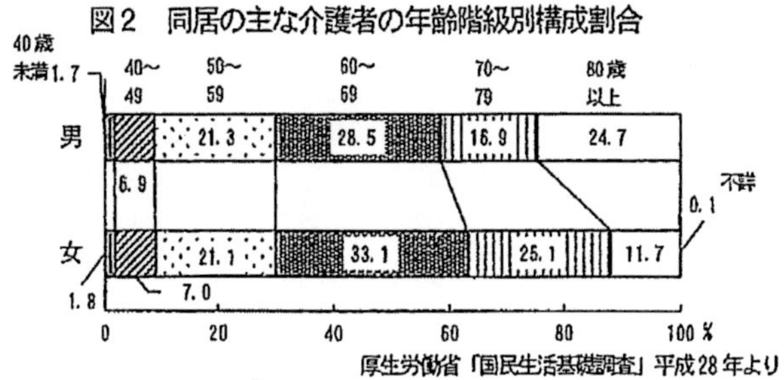

厚生労働省「国民生活基礎調査」平成28年より

(4)「左手に麻痺のある場合の上着の着脱介助」について，最も適切な方法を説明せよ。

(☆☆☆◎◎◎)

【11】次の文は，「高等学校学習指導要領(平成30年3月告示)「第2章　各学科に共通する各教科　第9節　家庭　第2款　各科目　第1　家庭基礎」に記されたものである(一部抜粋)。文中の(　①　)～(　④　)に最も適する語句を答えよ。

> 1　目標
>
> 生活の営みに係る見方・(　①　)を働かせ，実践的・(　②　)な学習活動を通して，様々な人々と(　③　)し，よりよい社会の構築に向けて，(　④　)が協力して主体的に家庭や地域の生活を創造する資質・能力を次のとおり育成することを目指す。

(☆☆◎◎◎◎◎)

解答・解説

【中高共通】

【１】(1)　①　イ　②　オ　③　ケ　④　ア　⑤　キ　⑥　エ　(2)　ア，エ　(3)　①　(解答例)　骨量は20歳頃に最大骨量となり，その後は加齢に伴い，徐々に減少する。

②　(解答例)　食生活…骨量が最も増えるのは思春期の時期であるため，最大骨量を多くするためにカルシウムを多く含む乳製品や小魚などの食品を積極的に摂取する。また，カルシウムの吸収率を高めるビタミンDやビタミンC，マグネシウムを多く含む食品を一緒に摂る。

生活習慣…日光を浴びると，カルシウムの吸収を助けるビタミンDが合成される。このため，天気のよい日にはできるだけ外に出て日光を浴び，身体を動かすようにする。また，骨は睡眠中に分泌されるホルモンの働きによって成長するので，しっかり睡眠を取る。過度なダイエットをしないことにも注意する。

〈解説〉(1)　①　炭素は原子番号6の元素で，さまざまな結晶をつくることができる。　②　人体を構成する元素のうち，無機質(ミネラル)は体重の約5%を占めるにすぎないが，健康を維持するために欠かせない栄養成分となっている。　③　多量ミネラルには，ナトリウム，カリウム，カルシウム，マグネシウム，リン，硫黄，塩素の7種類があり，1日に100mg以上の摂取が必要とされる。　④　微量ミネラルには，鉄，亜鉛，銅，マンガン，ヨウ素，セレン，クロム，モリブデン，コバルトの9種類があり，1日当たりの必要量は100mg以下でよいとされる。　⑤　鉄分が不足すると，貧血やめまい，動悸などが起こりやすくなる。このため，鉄分を多く含むほうれんそう，レバー，ひじき，納豆などを積極的に摂ることが必要となる。　⑥　ナトリウムには，血圧を上昇させる機能がある。このため，塩分を過剰摂取すると，高血圧など生活習慣病のリスクが高くなる。食事摂取基準では，その目標量が12歳以上の男性は食塩相当量8.0g未満，女性は7.0g未満と定められている。 (2) イ マグネシウムには，300種類以上の酵素を活性化する働きがある。 ウ カリウムは細胞の浸透圧を調整するほか，ナトリウム(塩分)を身体の外に出しやすくする作用があるため，高血圧予防に役立つ。 (3) ① 一生のうちで最も多い骨量を「最大骨量」という。人は，年齢とともに新陳代謝が低下するため最大骨量を維持できなくなり，骨量が減少する。特に，女性は閉経後，急激に減少する傾向がある。骨量が少なくなると骨折をしやすくなったり，骨粗しょう症になったりするので，青年期から骨量を減らさない試みが必要となる。 ② 食生活 カルシウムを多く含む食品には，牛乳や乳製品，小魚，干しエビ，小松菜，チンゲン菜，大豆製品などがある。また，ビタミンDやビタミンC，マグネシウムを含む食品を一緒に摂取すると，カルシウムの吸収率を上げることができる。ビタミンDはきのこ類や魚介類，ビタミンCは野菜類や果物類に豊富に含まれている。マグネシウムを多く含む食品としては，大豆類やピーナッツなどがある。食生活では，カルシウムが多い食品を単品で摂取するのではなく，カルシウムの吸収率を上昇させる効果のある食品を，バランスよく食べることが必要となる。 生活習慣 骨量を高めるための生活には，生活習慣も大きく影響する。日光浴は骨量を高め，骨を強くすることに役立つ。これは，紫外線を浴びると体内でビタミンDが生成されることに起因する。また，運動も骨量を高めることにつながる。運動をすると，その刺激によって骨にカルシウムが沈着しやすくなり，血流がよくなることで骨をつくる骨芽細胞が活発になる。なお，過度なダイエットは，骨量を急激に減らす危険性があるため，注意したい。

【2】(1) ア (2) ア (3) ① 鉄 ② ビタミンB_2
(4) ① ウ ② ウ (5) 折れ松葉 (6) (解答例) 茶碗蒸しなどの卵料理は，卵のたんぱく質が熱凝固する性質を利用してつくる。その際，加熱しすぎると材料の中の水分が沸騰し，蒸した生地(鶏卵と煮出し汁を合わせたもの)に細かい泡ができて穴があくことがある。これを「すだち現象」という。

〈解説〉(1)　茶碗蒸しの調理の場合，鶏卵と煮出し汁の量は，おおむね1：4程度がよいとされる。設問の材料表には鶏卵25gとあるので，それに準じれば煮出し汁Aは選択肢アの100ml(25×4)となる。　(2)　表のアは，イよりエネルギー量が8倍以上(387kcal÷47kcal)も多い。よって，アは卵黄，イは卵白と判断できる。　(3)　①　鶏卵は完全栄養食品とも呼ばれ，卵黄には鉄分も含まれている。　②　鶏卵には，卵黄・卵白ともに，ビタミンB2が含まれている。ビタミンB2は，糖質脂質の代謝を促し，成長促進にも欠かせないため，「発育ビタミン」とも呼ばれている。　(4)　茶碗蒸しは，鶏卵に含まれているたんぱく質が凝固することを利用した料理である。100℃で蒸すと，ス(隙間)の入った状態となる。このため，急速加熱ではない場合，蒸し器の温度は90℃が最適となる。　(5)　折れ松葉は，ゆずの皮を「N」字形になるように切り，その両端の片側をもう一方にひっかけてつくる。ゆずの飾り切りには，ゆずの皮を「人」の字形に切ってつくる松葉などもある。　(6)　卵に含まれているたんぱく質の凝固温度は60℃ほどであるが，だし汁などを含んだ水分は100℃で沸騰する。このため，鶏卵と煮出し汁が混ざった生地を高温で急激に熱すると，鶏卵はすぐに固まるが，生地に含まれる水分は固まった卵の中で行き場を失い，それがス(隙間)の入った状態(すだち現象)となる。

【3】(1)　計算式…912÷2443×100　　答え…37％　　(2)　エ
(3)　ライフサイクルアセスメント(LCA)　　(4)　(解答例)　食料自給率が低い場合の問題点としては，①　食料が安定的に供給されなくなる危険性があること，②　輸入食品の輸送に伴い，二酸化炭素の排出量が増えること，③　輸入食材の安全性に懸念があることなどがある。
(5)　(解答例)　食料自給率を上げるためには，生徒が日ごろ食べているものの生産地を調べて，国内産の食料や食品に対する興味を深めさせたり，地元産の新鮮な食材を使った食べものを調べて，地産地消の必要性を理解させるなどの指導が考えられる。

〈解説〉(1)　カロリーベース総合食料自給率は，1人1日当たり国産供給熱量÷1人1日当たり供給熱量×100(%)で算出される。よって，設問のケース(平成30年度)では，912÷2443×100(%)≒37%となる。なお，食料自給率とは，国全体の食料供給に対する国内生産の割合のこと。この示し方には単純に重量で計算することができる品目別自給率と，食料全体について共通の「ものさし」で計算する総合食料自給率の2種類がある。また，総合食料自給率には，熱量で換算するカロリーベースと金額で換算する生産額ベースがある。 (2) 品目別の食料自給率は，食料需給表に示された品目の国内生産量÷国内消費仕向量×100(%)で算出することができる。それによると，平成30年度の場合，①の米は約97%，②の魚介類は約55%，③の豆類は約7%となっている。 (3) ライフサイクルアセスメント(LCA)の歴史は，1969年，アメリカにおいて，コカコーラの飲料容器に関する環境影響評価が行われたことに始まる。この考え方は，近年，環境負荷をより包括的に把握する手法として，多方面から注目されている。 (4) 食料自給率が低い場合，問題点の1点目として，まず食料不足に陥るリスクを指摘できる。食料の多くを輸入に頼っていると，輸入先で不測の事態などが起きれば，安定的な食料供給ができなくなる。これは，食料安全保障の観点から大きな問題となる。2点目は，食料の輸入が増えれば，その輸送に伴い，二酸化炭素(CO_2)の排出量も増加する。これは，環境保全の観点から重要な問題となる。3点目は，輸入される食料に対する安全性の問題である。これまで，輸入された食料から，残留農薬や添加物等の混入事例が報告されており，消費者の不安が高まっている。
(5) 食料自給率を上げるための指導としては，栄養教諭との連携によって和食給食を提供したり，地場産食材に関する体験活動や授業を行うなどの工夫も考えられる。なお，農林水産省の資料によると，日本の国民が食料自給率向上のために行動しようと思っている取り組みには，「ごはんを中心とした食生活を心がける」「買い物や外食時に国産食材を積極的に選ぶ」「米を原料とするパンやめん等の米粉製品を積極的に選ぶ」などがある。また，食料自給率の向上に向けた国民運動として，2008年度から「フード・アクション・ニッポン」が行われている。

【4】(1)　①　三つ折り縫い(三つ折りミシン)　　②　たてまつり(たてまつり縫い)　　(2)　A　ア　　B　オ　　C　キ　　D　キ

(3)

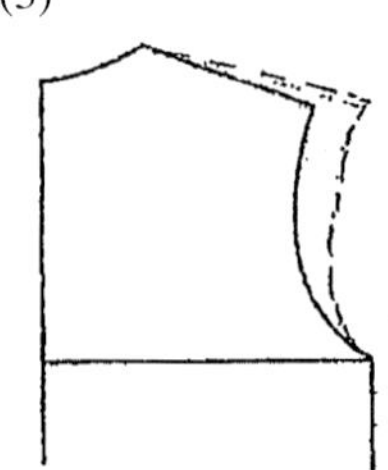

〈解説〉(1)　①　三つ折り縫い(三つ折りミシン)は，布端を三つ折りにし，折り山から浅い縫い代のところを並縫いする。並縫いの代わりに，ミシン縫いをする場合もある。　②　たてまつり(たてまつり縫い)は，布端を三つ折りにしたあと，しつけをかけておくと縫いやすくなる。縫うときは，表側に出る縫い目をできるだけ目立たせないようにする。(2)　①　えりの外まわりの縫いしろは，裏えりを表えりの縫いしろより「0.2」cm少なくして裁つ。こうすれば，表から裏えり側が見えなくなる。　②　2枚のえりを「中表」にして重ね，えりの外まわりの布端をそろえてまち針をうつ。それぞれの布の表と表を内側にして合わせることを中表という。　③　しつけをかけて「裏」えりのしるしどおりにミシンをかける。裏えりは，衣服のえりの裏側につける別布のこと。　(3)　背肩幅を広くしたい場合には，前後の見頃で肩の長さが違ってしまわないように注意する。

【5】(1)　①　ア　　②　ウ　　③　キ　　④　オ　　(2)　(解答例)　軽く，保温性がある　(3)　イ，ウ，エ　　(4)　ウ

〈解説〉(1)　イ　サージは綾織りの洋服地で，学生服などに用いる。エ　ブロードは羊毛でできた目の詰まった織布で，高い強度を持つ。カ　ツイードは，羊毛を手織りで平織り，または綾織りにした粗く厚

い織物である。 (2) 中が空洞になっている繊維は，中空繊維と呼ばれる。このような繊維を用いた衣料素材は，軽量で保温性に優れている。 (3) ア 防虫剤の成分は空気より重いため，上から下に広がる。よって，収納容器の上に置いたほうが効果的となる。 オ アクリルは毛より熱に弱いため，アイロンがけの際には，アクリルを基準に温度設定(低温)をする。 (4) ①の留袖は，基本的に上半身が無地で裾だけ柄が描かれている。これに対し，②の訪問着は，肩や胸といった上半身にも裾にも柄が入っており，礼装としての格は留袖のほうが上になる。また，③の小紋は出かけ着用の着物であるため，正装時には使用しない。

【6】(1) ① イ ② ウ ③ ファミリー・サポート・センター ④ 幼児教育・保育の無償化 (2) 心理的虐待 (3) (解答例) 赤ちゃんとのふれあいや母親へのインタビュー調査から，何が学べたかを話し合う活動を行う。例えば，幼児の発達に着目したグループ，子育て支援の必要性に着目したグループなど，テーマごとにグループを分け，体験から学んだことをどのように生かしていくかについて発表させる。

〈解説〉(1) ① 合計特殊出生率は，1人の女性が生涯に産む子どもの平均的な人数を表し，15～49歳の女性が産んだ子どもの数をもとに，毎年算出される。日本の合計特殊出生率(全国平均)は，2005年には史上最低となる1.26にまで落ち込んだが，2018年には1.42まで回復した。 ② 富山県の合計特殊出生率(2018年)は，全国値を0.1ポイント上回る1.52となっており，この順位は全国23位となっている。 ③ ファミリー・サポート・センターの保育対象年齢は，乳幼児から小学校修了までの子どもまでとなっている。 ④ 幼児教育・保育の無償化によって，幼稚園，保育所，認定こども園等を利用する3歳から5歳までの子どもたちの利用料が無料となった。 (2) 児童相談所の児童虐待相談種別対応件数(2018年度)は，心理的虐待の割合が5割を超えて最も多く，次いで身体的虐待，ネグレクト，性的虐待の順となっている。

(3)　中学校学習指導要領「技術・家庭」では，幼児と触れ合うなどの活動を通して，幼児への関心を深め，かかわり方を工夫できることが求められている。なお，体験に際しては，乳幼児の安全確保，生徒への配慮が必要となる。その配慮とは，生徒の個別の事情に配慮すること，特定の価値観を押し付けたり，プレッシャーを与えたりすることのないよう留意することなどである。

【7】(1)　並べ替え…③→①→②　　特徴…①　エ　　②　ア　③　イ　　(2)　①　エコマテリアル　　②　環境共生住宅　(3)　(解答例)　①　住要求…子どもが独立したので子ども部屋は必要なくなったが，たまに子ども家族が遊びにくるので，泊まれるスペースはほしい。　工夫点…子供部屋の壁をなくすと共に夫婦の寝室を広くし，その横にゲストルームをつくった。　②　住要求…車いすを使用するときに備えて，バリアフリーにしたい。　工夫点…車いすでも入れるように，トイレを広くした。

〈解説〉(1)　イの文で説明される③の接客本位型の住宅には，武家屋敷がある。よって，これが最も古い。近代に入ると，エの文で説明される①の中廊下型の住宅が登場し，主に都市部で普及した。現在は，アの文で説明される，②の公私分離型住宅が主流となっている。なお，ウの文は町屋型住宅についての説明である。　(2)　①　エコマテリアルは，日本の材料研究者の議論の中で生み出された概念で，1991年には，「地球環境に調和し，持続可能な人間社会を達成するための物質・材料」と定義された。　②　環境共生住宅は，3つの環境共生理念に基づいて建てられている。その理念とは，①地球環境の保全，②周辺環境との親和，③健康で快適な居住環境である。　(3)　リフォームのその他の工夫点としては，畳の部屋をなくしてキッチンをL字型にしたこと，車いすが入りやすいように玄関を広くしたなども指摘できる。

【8】(1) ① 契約 ② 親権 ③ 明治 ④ 選挙権 ⑤ 社会 ⑥ 2022 (2) ア (3) (解答例) 日本の女性の労働力率は，学校を卒業して就職したあとの25歳頃にピークを迎え，出産，育児などに専念する30～34歳にかけ減少する。その後，子育てが一段落する45～49歳にかけ再び上昇するため，M字型となっている。

〈解説〉(1) 民法改正に伴う成人年齢の引き下げにより，18歳になれば高校生もクレジットカードなどの契約をできるようになった。このため，家庭科における消費者教育の重要性が増している。 (2) 民法改正に伴って旅券法の一部も改正され，2022年4月1日以降，18歳になれば有効期間が10年のパスポートを申請できるようになった。ただし，飲酒や喫煙，少年法の適用対象から外れること，公営競技に関する年齢制限などは20歳のままである。 (3) 女性の年齢階級別労働率をみると，欧米が台形型曲線であるのに対し，日本はM字型曲線を描いている。これは，出産・育児期にあたる30歳代で就業率が落ち込み，子育てが一段落したあと，再就職する人が増えたことを表している。ただ，最近は15～64歳の働く女性が過去最高を更新しており，日本も台形型曲線に近づきつつあるといえる。

【9】(1) ① ○ ② × ③ × ④ × (2) ① 消費者庁 ② 消費者契約法 ③ 特定商取引法(特定商取引に関する法律) ④ 消費者基本法

〈解説〉(1) ① クーリングオフ制度を行使するにあたり，消費者側には契約を解約する理由を示す必要はない。ただし，法令で定められた期間内に，書面で手続きを行う必要がある。マルチ商法などの連鎖販売契約，業務提供誘引販売の場合は20日以内であれば，契約の解除ができる。 ② 多重債務の債務整理方法には，任意整理もある。
③ JADMAマークは，日本通信販売協会の正会員となった事業者にその使用が認められる。 ④ リボルビング払いとは，毎月あらかじめ一定額を返済していく方式のこと。 (2) ① 消費者庁は，内閣府の外局として設置された。消費者庁の使命とは，「消費者が主役とな

って，安心して安全で豊かに暮らすことができる社会を実現する」ことにある。　②　消費者契約法では，消費者の利益を不当に害するような契約条項を無効と定めている。　③　特定商取引法では，事業者の不適正な勧誘・取引を取り締まるための行為規制，トラブル防止や解決のための民事ルール(クーリング・オフ等)を定めている。
④　消費者基本法は，1968年に制定された消費者保護基本法を大幅に改正した法律である。

【10】(1)　高齢人口比率が14％を超えると高齢社会，21％を超えると超高齢社会。　(2)　エ　(3)　(解答例)　同居の主な介護者は，男性より女性が3割以上多くなっている。また，同居の主な介護者の年齢階級別割合は，男女ともに60歳以上が約70％となっている。このことから，日本の介護は，主に同居している高齢の女性が担っていることがわかる。　(4)　(解答例)　介助者は患側に立ち，健側の手でボタンをはずしてもらう。健側の袖を脱ぎやすくするため，健側の手で患側のえりもとをつかみ，患側の肩の衣服をはずしてもらう。衣服は前身ごろを上にして通す。患側の手，肘，肩の順に確実に袖を通し，衣服を健側に回す。健側上肢の袖を通してからボタンをとめ，着心地を整える。

〈解説〉(1)　高齢人口比率とは，総人口に占める65歳以上の高齢者人口の割合を示す。日本は，2020年9月時点で28.7％と過去最高を更新している。なお，高齢人口比率が7％を超えた場合は，高齢化社会と呼ばれる。　(2)　アルツハイマー型認知症は，脳が少しずつ萎縮し，認知機能が低下していく病気である。これは，認知症患者の約4割を占めるといわれている。　(3)　介護者とは，介護を必要とする人を手助けする人のことをいうが，近年の日本においては，高齢者が高齢者を介護する「老老介護」の増加が問題となっている。　(4)　左手に麻痺のある場合の上着の着脱介助では，「脱健着患」が基本となる。これは，衣服を脱ぐときは健側(麻痺がない側)から，着るときは患側(麻痺がある側)から行うことを指す。なお，介助者には，要介護者のできないところだけを手伝うようにすることが求められている。

【11】(1) ① 考え方 ② 体験的 ③ 協働 ④ 男女

〈解説〉「生活の営みに係る見方・考え方を働かせ」とは，家庭科を学習する上での特質を意味している。「実践的・体験的な学習活動を通して」とは，学習を通して理解を深めたり実践力を身に付けたりするには，科学的な理解や技能を知識とつなげ，生活の中で活用する力を育てることの必要性を示している。「様々な人々と協働し」とは，様々な人々の生活を理解し，共に協力し合うことを意味している。「よりよい社会の構築に向けて，男女が協力して～」とは，男女が相互に協力し，共に支え合う家族や社会の一員として，主体的に家庭や地域の生活を創造する資質・能力を育成することを示している。

2020年度　実施問題

【中高共通】

【1】食生活について，以下の各問いに答えよ。

(1) 栄養摂取の現状と課題について，各問いに答えよ。

① 「平成29年国民健康・栄養調査結果の概要」によると，65歳以上の低栄養傾向の者の割合が16.4％であった。高齢者が低栄養になりやすい理由を，高齢期の特徴を踏まえて説明せよ。

② 身長160cm，体重55kgの人のBMIを計算せよ。解答には計算式も記入すること。また，小数第2位を四捨五入し，小数第1位まで求めよ。

③ メタボリックシンドロームについて説明した次の文の(　ア　)～(　オ　)に最も適する語句又は数値を，下の語群のA～Jから1つずつ選び，記号で答えよ。ただし，同一の記号には同一の語句又は数値が入るものとする。

・メタボリックシンドロームとは，(　ア　)肥満に高血圧・高血糖・(　イ　)代謝異常が組み合わさり，心臓病や脳卒中などの(　ウ　)性疾患をまねきやすい病態である。
・日本では，(　エ　)周囲径が男性(　オ　)cm女性90cmを超え，高血圧・高血糖・(　イ　)代謝異常の3つのうち2つに当てはまるとメタボリックシンドロームと診断される。

語群

A　皮下　　B　ウエスト　　C　脂質　　D　バスト
E　動脈硬化　　F　生活習慣　　G　内臓　　H　糖質
I　85　　J　96

(2) 次の文は，「食生活指針」(平成12年3月策定，平成28年6月に改定)の一部である。文中の(　①　)～(　④　)に最も適する語句を答えよ。

・適度な運動とバランスのよい食事で，(　①　)体重の維持を。
・食塩は控えめに，(　②　)は質と量を考えて。
・日本の食文化や地域の産物を活かし，(　③　)の味の継承を。
・食料(　④　)を大切に，無駄や廃棄の少ない食生活を。

(3)　次の表は，たんぱく質の種類と特徴，主なものの名称を示したものである。表中の(　①　)～(　③　)に最も適する語句を，下の語群のア～コから1つずつ選び，記号で答えよ。

種類	特徴	主なものの名称
（　①　）	水にとけず、アルコールにとける	小麦のグリアジン
リンたんぱく質	たんぱく質にリン酸が結合したもの	乳汁の（　②　）
色素たんぱく質	たんぱく質に色素が結合したもの	筋肉の（　③　）

語群
ア　アルブミン　　イ　カゼイン　　ウ　コラーゲン
エ　ケラチン　　オ　グルテリン　　カ　ミオグロビン
キ　グロブリン　　ク　ミオシン　　ケ　ヘモグロビン
コ　プロラミン

(4)　次の西洋料理に関する記述で，(　①　)，(　②　)に最も適する語句を，①は下の語群Ⅰ，②は下の語群Ⅱのア～エからそれぞれ1つずつ選び，記号で答えよ。

(　①　)は，地域ごとの郷土料理に特徴があり，特色ある料理は(　②　)やパエリアである。

語群Ⅰ
ア　イタリア料理　　イ　ドイツ料理　　ウ　スペイン料理
エ　ロシア料理
語群Ⅱ
ア　ガスパチョ　　イ　ボルシチ　　ウ　ソーセージ
エ　ピッツァ

(☆☆☆◎◎◎)

【2】食品と調理について，以下の各問いに答えよ。

(1) 次の①，②に関する記述について，最も適するものをア～エからそれぞれ1つずつ選び，記号で答えよ。

① 卵の熱凝固性について

ア 食塩は，茶碗蒸しの凝固を抑制する。

イ 卵黄は卵白よりも凝固温度が高い。

ウ 酢は，おとし卵の凝固を抑制する。

エ 牛乳は，カスタードプディングの凝固を促進する。

② 乾燥豆の調理について

ア 大豆は，たっぷりの水を加えて，すぐに加熱を始める。

イ 豆類に含まれるサポニンは，煮る際のふきこぼれの原因物質である。

ウ 黒大豆は，水に酢を加えて煮ると色よく煮上がる。

エ 赤飯には，胴割れしやすい「ささげ」を用いることが多い。

(2) 魚の「たら」は，でんぶをつくるのに適しているのはなぜか，白身魚に多く含まれるたんぱく質の種類と性質に触れながら，説明せよ。

(3) 卵をゆですぎると，卵黄のまわりが暗緑色になるのはなぜか，説明せよ。

(4) すまし汁(4人分)の塩味の$\frac{2}{3}$を塩でつけるとする。1人分のだし汁の量は150mlである。4人分の塩の分量〔g〕を求めよ。ただし，汁の塩分濃度は0.8%とし，だし汁は1ml＝1gとして計算すること。

(5) さけのムニエルと粉ふきいもの調理について，あとの①～③の各問いに答えよ。

さけのムニエルの材料(材料は1人分)		粉ふきいもの材料(材料は1人分)	
さけ	80g	ウじゃがいも	60g
塩	1.5g	塩	0.6g
こしょう	少々	こしょう	少々
ア小麦粉	3g	パセリ	適量
油	7.5ml		
イバター	10g		
レモン汁	5ml		

① ア小麦粉をさけにまぶすことの効果を，「糊化」という語句を用いて説明せよ。

② 油だけでなく，イバターを用いるのはなぜか，説明せよ。

③ ウじゃがいもが粉をふくのはなぜか，じゃがいもの調理上の性質に触れながら説明せよ。

(☆☆☆◎◎◎)

【3】家族・家庭と社会について，以下の各問いに答えよ。

(1) 配偶者などからの暴力を防ぐために，2001年に施行された法律の名称を答えよ。

(2) 次の文中の(①)～(④)に最も適する語句を，あとの語群のア～カから1つずつ選び，記号で答えよ。

> 内閣府は，「仕事と生活の調和が実現した社会」を「国民一人ひとりがやりがいや充実感を感じながら働き，(①)上の責任を果たすとともに，(②)や地域生活などにおいても，子育て期，中高年期といった人生の各段階に応じて多様な生き方が選択・実現できる社会」であると定義している。具体的には，
> ・就労による経済的自立が可能な社会
> ・健康で豊かな生活のための(③)が確保できる社会
> ・多様な(④)・生き方が選択できる社会
> の側面がある。

語群　ア　家庭　　イ　住まい　　ウ　仕事　　エ　収入
　　　オ　時間　　カ　働き方

(☆☆☆◎◎◎)

【4】子供の発達と保育について，以下の各問いに答えよ。

(1)　次の文中の(　①　)，(　②　)に最も適する語句を，〔　　〕内のア～ウからそれぞれ1つずつ選び，記号で答えよ。また，(　③　)に適する語句を答えよ。

・乳児期の1年間は，人間の一生の中でも成長が大きい。個人差はあるが，体重は出生時の約3倍，身長は(　①　)〔ア　約1.5倍　　イ　約2倍　　ウ　約2.5倍〕になる。 ・児童虐待のない社会の実現を目指す取り組みには，(　②　)〔ア　パープル　　イ　ピンク　　ウ　オレンジ〕リボン運動がある。 ・保育士は，(　③　)法に基づく国家資格である。

(2)　次の文は，新生児の何という原始反射を説明したものか，名称を答えよ。

からだを持ち上げて急に下げると，両手をさっと広げる運動。大きな音に反応して，同じ反射が出ることもある。

(☆☆☆◎◎◎)

【5】ホームプロジェクトの指導について，以下の各問いに答えよ。

(1)　ホームプロジェクトの意義について，説明せよ,

(2)　次の授業の場面で,「テーマを決めることができない」という生徒の姿が見られた。どのような指導の工夫が考えられるか，説明せよ。

時期	高等学校第1学年　夏休み前
科目	家庭基礎
内容	ホームプロジェクトの進め方

(☆☆☆◎◎◎)

【6】衣生活について，以下の各問いに答えよ。

(1) 次のア～オのうち，「洗濯に用いる漂白剤の特徴」の説明として適するものを3つ選び，記号で答えよ。

ア　染料の一種である。

イ　塩素系は，色落ちの恐れがある。

ウ　紫外線を吸収して目に見える青紫の光に変える。

エ　汚れやしみの色素を分解する。

オ　酸化型と還元型がある。

(2) 次の表は，洋服の正礼装についてまとめたものである。表中の(①)～(③)に最も適する語句を下の語群のア～カからそれぞれ1つずつ選び，記号で答えよ。

	昼	夜
男性	(①)	燕尾服
女性	(②)	(③)

語群　ア　ブラックスーツ　　イ　モーニングコート

ウ　アフタヌーンドレス　　エ　ダークスーツ

オ　イブニングドレス　　カ　カクテルドレス

(3) 日本の服飾に関わる伝統工芸と，その地域の組み合わせとして，最も適するものを次のア～エから1つ選び，記号で答えよ。

ア　こぎん　――　東京都

イ　藤布　――　山梨県

ウ　有松絞り　――　愛知県

エ　紅花染め　――　沖縄県

(☆☆☆◎◎◎)

【７】洋服の製作について，以下の各問いに答えよ。

(1)　ジャケットには裏地がついているものがある。裏地の役割について，2点説明せよ。

(2)　裏地は，縦方向の縫製についてはでき上がり線の数mmほど縫い代側を縫うが，その理由を説明せよ。

(3)　次図のポケットの名称について，最も適するものを下の語群のア～エから1つ選び，記号で答えよ。

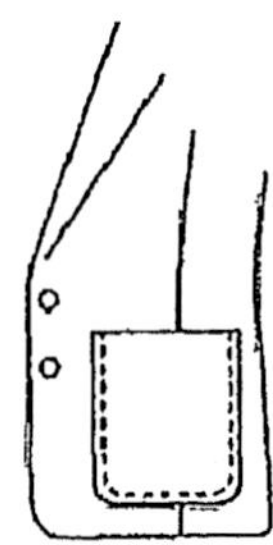

語群　ア　フラップポケット　　イ　玉縁ポケット
　　　ウ　箱ポケット　　　　　エ　パッチポケット

(4)　ジャケットの仮縫いの試着で，そでに次図のようなハの字のしわが出た。その原因を説明せよ。また，補正方法を以下に図示せよ。

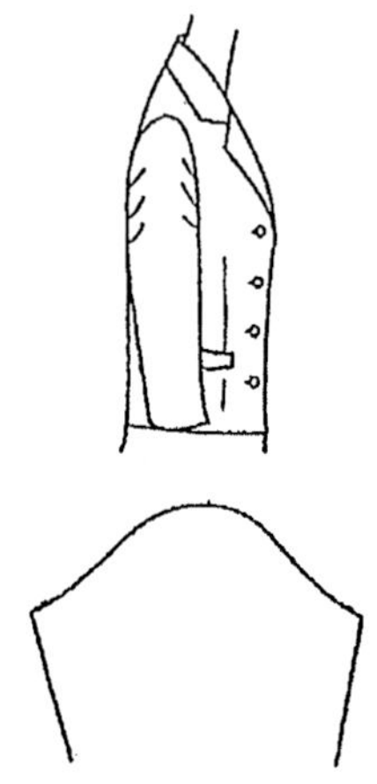

(☆☆☆◎◎◎)

【8】消費生活と環境について，以下の各問いに答えよ。

(1)　次の①，②は何を説明したものか，最も適する語句を答えよ。

①　消費者問題についての情報提供，調査研究，商品テストなどを行う独立行政法人

②　恋愛感情を利用し，それにつけ込んで，アクセサリー等の高額な商品を買わせる悪徳商法

(2)　1982年に国際消費者機構が提唱した消費者の5つの責任のうち，「主張し行動する責任」「環境への配慮責任」「連帯する責任」以外の2つを答えよ。

(3)　ある商品を購入したところ，次のマークが表示されていた。このマークの名称を答えよ。また，意味することを説明せよ。

(4)　次の図は2015年9月の国連サミットで採択された目標を示す17のアイコンである。この目標の名称を答えよ。

(☆☆☆☆◎◎◎)

【9】「高等学校学習指導要領」について，以下の各問いに答えよ。

(1)　次の文は，「高等学校学習指導要領(平成30年3月告示)」「第2章　各学科に共通する各教科　第9節　家庭　第2款　各科目　第1　家

庭基礎　2　内容　C」に記されたもの(一部抜粋)である。文中の(　①　)～(　⑦　)に最も適する語句を答えよ。

C　持続可能な消費生活・環境
(2)　消費行動と意思決定
ア　消費者の(　①　)と責任を(　②　)して行動できるよう消費生活の現状と課題，消費行動における意思決定や(　③　)の重要性，消費者(　④　)の仕組みについて理解するとともに，生活情報を適切に収集・整理できること。
イ　(　⑤　)した消費者として，生活情報を(　⑥　)し，適切な意思決定に基づいて行動することや責任ある消費について(　⑦　)し，工夫すること。

(2)　2020年度以降の高等学校入学生の「家庭基礎」の履修学年の規定を，「成年年齢」という語句を用いて，80字～100字で説明せよ。

(☆☆☆☆◎◎◎)

解答・解説

【中高共通】

【1】(1)　①　(解答例)　生活環境，年齢に伴う機能の低下，食欲不振，食事摂取量の減少，偏った食事などが考えられる。高齢者夫婦や一人暮らしで食事を簡単にすませてしまう傾向もみられるから。
②　計算式…$55\div(1.6)^2$　解答…21.5　③　ア　G　イ　C　ウ　E　エ　B　オ　I　(2)　①　適正　②　脂肪　③　郷土　④　資源　(3)　①　コ　②　イ　③　カ　(4)　①　ウ　②　ア

〈解説〉(1)　①　低栄養とは，健康な体を維持するのに必要な栄養素が足りない状態をいう。高齢者は，加齢により食欲が低下したり，料理や買い物が面倒になり，食事を簡単にすませることが増えるため，低栄養状態になるおそれがある。低栄養により認知機能の低下，免疫力や体力の低下，筋肉量の低下等を起こしやすい。 ② BMIとは体格指数のことである。BMI〔Kg/m²〕の算定式は$\frac{\text{体重〔Kg〕}}{\text{身長〔m〕}\times\text{身長〔m〕}}$である。日本の基準では25以上，WHOでは30以上を肥満としている。 ③ ア 肥満のタイプには内臓脂肪型肥満(おなかの内臓の周りに脂肪がたまるタイプ)と皮下脂肪型肥満(皮膚の下にある組織に脂肪がたまるタイプ)があり，メタボリックシンドロームは内臓脂肪症候群といわれている。 イ 脂質代謝異常とは，血液中の脂質の値に(コレステロールや中性脂肪など)異常がある状態をいう。 エ，オ 内臓脂肪蓄積(内臓脂肪面積100cm²以上)のマーカーとして，ウエスト周囲計が男性85cm，女性90cm以上が「要注意」とされている。 (2) 食生活指針は，設問の4項目の他に次のものがある。「食事を楽しみましょう」，「1日の食事のリズムから，健やかな生活リズムを」，「主食，主菜，副菜を基本に食事のバランスを」，「ごはんなどの穀類をしっかりと」，「野菜・果物，牛乳・乳製品，豆類，魚なども組み合わせて」，『食』に関する理解を深め，食生活を見直してみましょう」。 (3) たんぱく質の構成成分に注目して分類すると次のようになる。単純たんぱく質(アルブミン，グロブリン，グルテリン，プロラミン，硬たんぱく質)，複合たんぱく質(リンたんぱく質，核たんぱく質，糖たんぱく質，色素たんぱく質，リポたんぱく質)，誘導たんぱく質(ゼラチン)である。性質や主な所在を習得しよう。 (4) ② 「ガスパチョ」とは，冷製野菜スープ。

【2】(1) ① エ ② イ (2) (解答例) 白身魚はコラーゲンが多く，生では固いが加熱すると肉が柔らかくほぐれやすくなるから。 (3) (解答例) 卵白の中に含まれるシスチンというイオウを含んだアミノ酸が，長く加熱されると分解して硫化水素を出し，これが卵黄の鉄分と反応して硫化鉄をつくるから。 (4) 3.2g (5) ① (解答

例)　小麦粉をまぶすと，魚からしみ出してくる水分を小麦粉が吸収し，加熱により糊化することでのり状の薄い膜ができて固まるため，うま味成分を保持するとともに，香ばしい香りとうま味が加わる。
②　(解答例)　小麦粉がバターで加熱されると，魚のアミノ酸と小麦粉の糖分が反応し，香ばしい香りが出るため。　③　(解答例)　じゃがいもの主成分であるでんぷんは，加熱すると細胞と細胞の間にあるペクチンが柔らかくなり細胞どうしが離れやすくなることで，でんぷんが浮き上がり粉をふきやすくなるから。

〈解説〉(1)　①　アについて，食塩は，茶碗蒸しの凝固を「促進する」が正しい。イについて，卵黄(70℃)は卵白(80℃)より卵の凝固温度は「低い」が正しい。ウについて，正しくは，酢はおとし卵の凝固を「促進する」。　②　アについて，大豆はたっぷりの水に「一晩漬けて置き，加熱する」が正しい。ウについて，「酢を加えて」が間違い。黒大豆は，さびくぎや専用の鉄材を入れて煮ると色よく煮上がる。鉄成分が黒豆のアントシアニンと反応し，美しい黒色になる。エについて，「胴割れしやすい」が誤りで，「ささげ」は，小豆と比べ煮ても皮が破れにくいとされている。　(2)　白身魚に含まれる筋原線維タンパクは，筋繊維が太く，もろく，崩れやすい。でんぶは，白身魚の煮崩れしやすい性質を利用したものである。　(3)　卵白の中には，シスチンやメチオニンが含まれている。これは硫化水素を発生しやすい含硫アミノ酸である。卵を加熱するとこのアミノ酸が分解して硫化水素を発生させ，それが卵黄中の鉄分と反応して黒変し，卵黄中のカロチノイド色素と混合し暗緑色になる。　(4)　$150\text{ml} \times 4 \times 0.008 \times \frac{2}{3} = 3.2\text{g}$ となる。　(5)　①　加熱によって，のり状の薄い膜ができ(糊化)，魚のうまみがにげにくい。　②バターだけだと味は良いがこげやすいので油を少し混ぜる。　③　粉ふきいもにするじゃがいもは，細胞の中に十分煮えたでんぷんの粒が多く含まれるほどおいしくできる。新じゃがいもは中に含まれるでんぷんが十分熟成していないためおいしくできないとされる。

【3】(1)　配偶者からの暴力の防止及び被害者の保護等に関する法律
(2)　①　ウ　　②　ア　　③　オ　　④　カ
〈解説〉(1)　通称DV防止法という。配偶者間だけではなく事実婚のパートナー，離婚後の元配偶者，同居する恋人間等の男女間も対象としている。　(2)「仕事と生活の調和」は「ワーク・ライフ・バランス」と呼ばれている。日本では少子化対策・男女共同参画のみならず労働時間政策，非正規労働者政策等働き方の全般的な改革に関わるものである。2007年には「仕事と生活の調和(ワーク・ライフ・バランス)憲章」が策定された。

【4】(1)　①　ア　　②　ウ　　③　児童福祉　　(2)　モロー反射
〈解説〉(1)　①　身長は4～5歳頃，出生時の2倍になる。　②　栃木県小山市において父子家庭の二人の兄弟が，父親の同居人から度重なる暴行を受け最後は殺害されたという事件を受け，2005年にある団体が子ども虐待防止を目指してオレンジリボン運動を開始した。厚生労働省が毎年11月を児童虐待防止推進月間に定めている。　③　保育士は児童福祉法第18条第4項において「保育士の名称を用いて，専門的知識及び技術をもつて，児童の保育及び児童の保護者に対する保育に関する指導を行うことを業とする者をいう」と位置付けられている。
(2)　原始反射は生後すぐにみられるが，月齢が進むにつれて次第に消えていく。他に唇に触れた物に吸いつこうとする吸てつ反射，手に触れると握りしめる把握反射等がある。

【5】(1)　(解答例)　ホームプロジェクトを実践することによって，家庭科の学習で習得した知識と技能を一層定着し，総合化することができ，問題解決能力と実践的態度を育てることができる。
(2)　(解答例)　学習内容の観点から，自分の生活で気になること，困っていること，改善した方がよいことを考えさせる。家族との話し合いの中からテーマを見つけることも一つである。また教師側から過去の例などを提示してみるのも良い。

〈解説〉(1)　ホームプロジェクトは，学習を進めるうえで，自己の家庭生活の中から課題を見いだし，課題解決を目指して主体的に計画を立てて実践する問題解決的な学習活動である。共通教科としての家庭科においては，いずれの科目においても，「ホームプロジェクトと学校家庭クラブ活動」を履修させ，その充実を図ることと示されている。
(2)　学習内容を自己の家庭生活といつも結びつけて考え，常に問題意識を持ち，題目を選択しておけるようにすることである。

【6】(1)　イ，エ，オ　(2)　①　イ　②　ウ　③　オ　(3)　ウ
〈解説〉(1)　漂白は，洗濯では落としきれない黄ばみ・黒ずみを取り除くことを目的にしている。酸化型漂白剤には塩素系と酸素系があるが，塩素系は漂白力が強く染料を脱色するので白物に使い，色柄物には酸素系を使う。酸化型漂白剤が，色素に酸素を作用させて無色に変えるのに対し，還元型漂白剤は，色素から酸素を取り去って無色に変える。アの「染料の一種である」や，ウの「紫外線を吸収…」するのは，蛍光増白剤である。　(2)　礼装には，「正礼装」「準礼装」「略礼装」があり，設問の「正礼装」は最も格が高い。　(3)　アの「こぎん」は，青森県弘前市を中心につくられている。藍染めの麻布に木綿の白糸で一針一針刺して，さまざまな文様を描く。イの「藤布」は，特に北陸から山陰にかけての地方と山間部で製織されてきた。藤の皮の繊維から作った糸で織った平織の織物。エの「紅花染め」は，山形県の染め物で，文字通り紅花の色素を用いている。

【7】(1)　(解答例)　・表布のシルエットをきれいにみせる。　・すべりをよくして着やすくする。　(2)　(解答例)　裏地は表布ほどのびないので，きせをかけて表布の横方向ののび分に対してゆとりを入れる必要があるから。　(3)　エ　(4)　原因…(解答例)　そで山の高さが不足してできるしわである。
図…(解答例)

〈解説〉(1)　裏地の役割としては，他にも，着用による型くずれを少なくする，吸湿性や放湿性，保温性を高める，表地の傷みを防ぐ，組織の粗い布や，透ける布の透過を防ぐ，などがある。　(2)　方法としてはでき上がり線より0.2～0.4cm外側を縫い，縫い代をでき上がり線どおりに片返してきせとする。きせとは縫い代を割らずに一方に縫い代を折ることをいう。裏地は印より縫い代側を縫い，印どおりに折ってきせをかけるとゆとりができ，体の動きによって引っ張られても縫い目がほつれにくい。　(3)　アのフラップポケットはフタのついたポケット，イの玉縁ポケットはポケット口をバイヤス仕立ての共生地で処理する方法である。ウの箱ポケットは，ポケット位置に切り込みを入れ，へり飾りの当て布を縫いつけたポケット。　(4)　そで山の位置がわるいためにしわが出ることもある。その場合，そで山の位置を移動して地の目を身ごろに合わせて補正する。

【8】(1)　①　国民生活センター　②　デート商法　(2)　(解答例)　・批判的意識を持つ責任　・社会的弱者への配慮責任　(3)　名称…カーボンフットプリント・マーク　意味すること…(解答例)　原材料をつくる，製品をつくる，流通，使う，捨てるの5項目それぞれのCO_2排出量を合計したものが120gである。　(4)　持続可能な開発目標

〈解説〉(1)　①　「国民生活センター」は，「消費者基本法」に基づき，国や全国の消費生活センター等と連携して，消費者問題の中核的機関として，その役割を果たしている。　②　悪徳商法には，他にアポイントメント商法，キャッチセールス商法，マルチ商法，睡眠商法等がある。最近はインターネット関連の被害も多いのでそれらについても

理解しておくと良い。　(2)「消費者の8つの権利」も提唱されている。「安全への権利」「生活のニーズが保障される権利」「情報を与えられる権利」「選択をする権利」「意見が反映される権利」「補償を受ける権利」「消費者教育を受ける権利」「健全な環境を享受する権利」である。　(3) カーボンフットプリント(CFP)は，商品のCO_2量を「見える化」したものである。商品のライフサイクル全体における温室効果ガス排出量をCO_2量に換算して算定し，マークで表示したもので，商品購入の際の参考になる。　(4)「持続可能な開発目標」は，通称「グローバル・ゴールズ」といい，貧困に終止符を打ち地球を保護し，すべての人が平和と豊かさを享受できるようにすることを目指す普遍的行動の呼びかけである。

【9】(1) ① 権利　② 自覚　③ 契約　④ 保護　⑤ 自立　⑥ 活用　⑦ 考察　(2) (解答例) 民法改正による2022年からの成年年齢引き下げに伴い，すでに移行措置で指導することとされる新学習指導要領の契約の重要性及び消費者保護の仕組みに関する規定の事項に加え，家庭基礎を第2学年までに履修させる。(100字)

〈解説〉(1) 平成30年告示の「高等学校学習指導要領」の「各学科に共通する各教科　家庭」は「家庭基礎」(2単位)と「家庭総合」(4単位)となった。「家庭基礎」の内容は設問のCの他に「A　人の一生と家族・家庭及び福祉」「B　衣食住の生活の自立と設計」「D　ホームプロジェクトと学校家庭クラブ活動」である。「家庭総合」と比較し内容を十分に習得することである。また，併せて学習指導要領解説も熟読しておくことである。　(2)「家庭基礎」は「原則として，同一年次で履修させること」とされていたが，平成30年の民法改正による成年年齢の18歳への引き下げに伴い，2020年度以降の入学生が成年になる前に消費者教育に関する内容を学習するよう，第2学年までに家庭科の消費生活に関わる内容を履修する必要性を踏まえ，「その際，原則として入学年次及びその次の年次の2か年のうちに履修させること。」と規定が加えられた。

2019年度　実施問題

【中高共通】

【1】炭水化物について，以下の各問いに答えよ。

(1)　文中の(　①　)～(　⑥　)に最も適する語句を下の語群のア～スから1つずつ選び，記号で答えよ。

> 人間の体内に摂取された炭水化物は，だ液，すい液，小腸の粘膜などに含まれる(　①　)の作用を受けて，ぶどう糖などの(　②　)にまで分解され，小腸粘膜から血液中に入る。吸収されたぶどう糖は，門脈を経て(　③　)に運ばれる。
>
> ぶどう糖が体内でエネルギー源として利用される場合には，解糖系とよばれる経路に入り，(　④　)に分解される。(　④　)は通常アセチルCoAとなり，(　⑤　)サイクルとよばれる代謝経路に入り，すべて(　⑥　)と水になり体外に排出される。

語群

ア　すい臓	イ　肝臓	ウ　腎臓
エ　グリコーゲン	オ　消化酵素	カ　ATP
キ　TCA	ク　ピルビン酸	ケ　アミノ酸
コ　単糖類	サ　乳酸	シ　二酸化炭素
ス　窒素		

(2)　次の食物繊維の働きに関する記述について，最も適するものを次のア～エから1つ選び，記号で答えよ。

ア　排尿を促進する。

イ　血中コレステロール濃度の上昇を抑制する。

ウ　食後の血糖値上昇を促進する。

エ　体重減少を抑制する。

(3)　次の①～③の各文について，それぞれ正しいものには○，間違っているものには×を記せ。

① アミロペクチンは，枝分かれ状に結合しているでんぷんである。

② でんぷんは，多数のぶどう糖で構成されている。

③ 転化糖とは，麦芽糖を分解したものである。

(☆☆☆☆◎◎◎)

【2】天ぷらと酢の物の調理について，以下の各問いに答えよ。(材料はそれぞれ1人分)

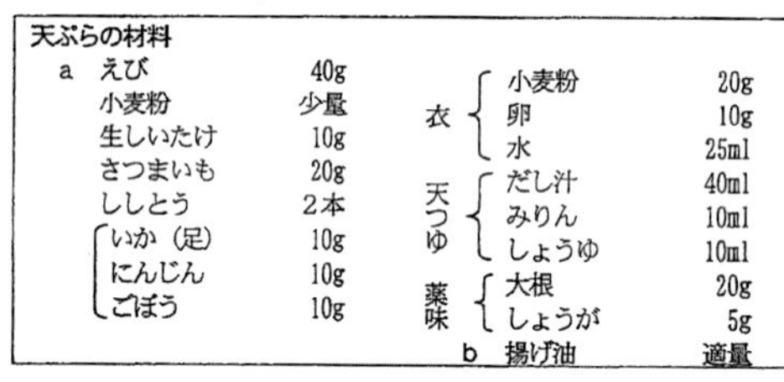

天ぷらの材料

a	えび	40g	衣	小麦粉	20g
	小麦粉	少量		卵	10g
	生しいたけ	10g		水	25ml
	さつまいも	20g	天つゆ	だし汁	40ml
	ししとう	2本		みりん	10ml
	いか(足)	10g		しょうゆ	10ml
	にんじん	10g	薬味	大根	20g
	ごぼう	10g		しょうが	5g
			b	揚げ油	適量

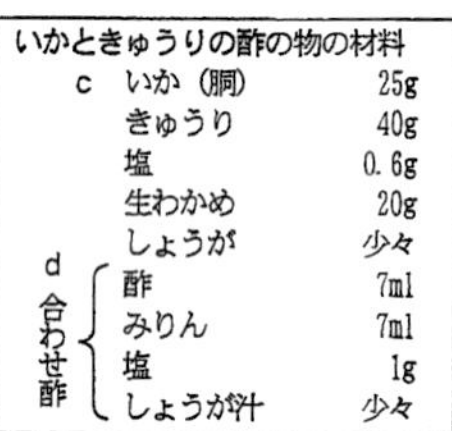

いかときゅうりの酢の物の材料

c	いか(胴)	25g
	きゅうり	40g
	塩	0.6g
	生わかめ	20g
	しょうが	少々
d 合わせ酢	酢	7ml
	みりん	7ml
	塩	1g
	しょうが汁	少々

(1) a　えびの天ぷらの調理について，次の文中の(　①　)～(　③　)に最も適するものを〔　　〕内のア～ウからそれぞれ1つ選び，記号で答えよ。

・衣は(　①　)〔ア　薄力粉　　イ　中力粉　　ウ　強力粉〕を用いる。
・衣に用いる水は，(　②　)〔ア　冷たい水　　イ　ぬるま湯　ウ　食塩の入った水〕で粘りが出ないようにまぜる。
・揚げ油の温度は(　③　)〔ア　100～150℃　　イ　160℃～170℃　　ウ　180℃～190℃〕が適している。

(2) b　揚げ油に使用する油は何回か使用するうちに劣化するが，劣化を防ぐためにはどのように保存すればよいか，2点簡潔に説明せよ。

(3) c　いかに切り込みを入れて加熱する方法として，最も適するものを次のア～エから1つ選び，記号で答えよ。

ア　水からゆでる。

イ　さっと熱湯にとおす。

ウ　熱湯で10分ぐらいゆでる。

エ　油で炒める。

(4) d　合わせ酢を食べる直前にかける理由として，最も適するものを次のア～エから1つ選び，記号で答えよ。

ア　材料の凝固を防ぐため。

イ　材料からでる水分による味の変化を防ぐため。

ウ　盛りつけのくずれを防ぐため。

エ　合わせ酢の化学的変化を防ぐため。

(5) 酢の物の代わりに白和えをつくるとする。和え衣の材料として，最も適するものの組み合わせを次のア～エから1つ選び，記号で答えよ。

ア　豆腐　　白ごま　　塩　　砂糖

イ　塩　　砂糖　　酢　　だいこん

ウ　白みそ　　砂糖　　酢

エ　白ごま　　砂糖　　しょうゆ

(☆☆☆◎◎◎)

【3】日本料理の特徴に関する次の文を読んで，以下の各問いに答えよ。

・新鮮な魚介類が豊富にとれるので，生で食べる A刺身，寿司，酢の物などの料理が発達した。

・調味料として，B しょうゆ，みそ，みりんを使う。また，だしの材料として，C かつおぶし，昆布などを用い，淡泊ななかにも，繊細で風味豊かな味をつくりあげている。

(1) 下線部Aについて，次の問いに答えよ。

① 「こぶじめ」とはどのような下処理の方法か，具体的に説明せよ。

② 下の語群のア～エのうち，刺身の「つま」として適するものを2つ選び，記号で答えよ。

語群　ア　わさび　　イ　紅たで　　ウ　青じその葉

　　　エ　赤とうがらし

(2)　下線部Bについて,「こいくち」と「うすくち」の違いを,「塩分」と「色」という言葉を用いて説明せよ。

(3)　下線部Cを用いただし汁に関して,「だし汁のみ」と「だし汗＋少量の食塩」を飲み比べる実験を行う。この実験では，味の相互作用のうちどのような効果を学ぶことができるか，具体的に説明せよ。

(4)　次の文章は，日本料理の何という献立を説明したものか，名称を答えよ。

日本料理の基礎であり，最も正式な献立である。室町時代にはじまり，江戸時代に内容が充実して形式が整えられた。現在では，冠婚葬祭の料理などになごりをとどめている。

(5)　日本の行事と関連の深い行事食の組み合わせとして，最も適するものを次のア～エから1つ選び，記号で答えよ。

ア　端午の節句　おはぎ　　イ　上巳の節句　菱もち

ウ　重陽の節句　千歳飴　　エ　節分　七草がゆ

(☆☆☆☆◎◎◎)

【4】食品の安全について，以下の各問いに答えよ。

(1)　細菌性食中毒と主な原因食品の組み合わせとして，最も適するものを次のア～エから1つ選び，記号で答えよ。

ア　黄色ブドウ球菌　　おにぎり

イ　サルモネラ属菌　　ふぐ

ウ　カンピロバクター　　じゃがいもの芽

エ　腸炎ビブリオ　　煮魚

(2)　冬場に二枚貝の生食が原因と疑われる事例が多い，ウイルス性の食中毒の名称を答えよ。

(3)　食品を製造する際に，工程上で危害を起こす要因を分析し，それを最も効率よく管理できる部分を連続的に管理し，安全を確保する手法を何というか，アルファベット5文字で答えよ。

(4)　消費者が，小売店などで食品の生産から小売までの履歴情報を追跡できるシステムを何というか，名称を答えよ。

(5) 食品からのリスクをゼロにはできないが，リスクを減らして健康な食生活を送るには，消費者はどのようなことを心がければよいか，「選び方」「食べ方」の2つの視点から答えよ。

(☆☆☆◎◎◎)

【5】住生活について，以下の各問いに答えよ。

(1) 次の①～③の文は何を説明したものか，下の語群のア～オから最も適するものをそれぞれ1つずつ選び，記号で答えよ。

① 建物内部の部屋の配置やドア・窓の位置などを示すもの。

② 建物の中を人が移動するときに通る経路。

③ 人体の寸法を基に，手足の動きを加えた空間の大きさ。

語群　ア　動作寸法　イ　平面表示記号　ウ　動線
　　　エ　間取り　オ　ゾーニング

(2) 次の図A，図Bの平面図において，図Aの開口部の浴室やトイレへの出入りをする際のデメリットを，図Bの開口部と比較して説明せよ。

A

B

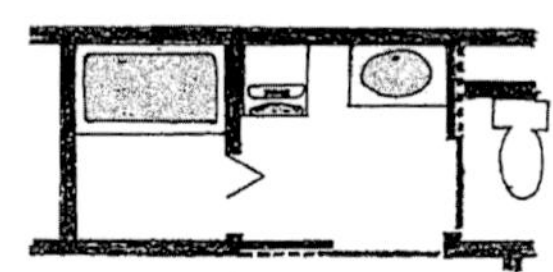

(3) 自然災害による被害の軽減や防災対策に使用する目的で，被災想定区域や避難場所・避難経路などの防災関係施設の位置などを表示した地図を何というか，答えよ。

(4) 住居の「免震構造」の特徴について，簡潔に説明せよ。

(5) 持続可能な社会における住居の例として「スケルトン・インフィル方式」があるが，この特徴について「スケルトン」と「インフィル」という言葉を用いて説明せよ。

(☆☆☆☆◎◎◎)

【6】衣生活について，以下の各問いに答えよ。

(1)　次の文は，女物ひとえ長着のそでの縫い方を説明したものである。文中の(　①　)～(　③　)に最も適する語句を〔　　〕内のア～ウから1つ選び，記号で答えよ。

> ・そで下の縫い方は，(　①　)〔ア　三つ折りぐけ　　イ　耳ぐけ　　ウ　袋縫い〕である。
> ・そでつけ後のふりの始末は，(　②　)〔ア　耳ぐけ　イ　かくしじつけ　　ウ　袋縫い〕という。
> ・そでつけのきせの分量は，(　③　)〔ア　0.2cm　イ　0.6cm　　ウ　0.8cm〕である。

(2)　次の文の(　①　)～(　⑤　)に最も適する語句を，下の語群のア～キから1つずつ選び，記号で答えよ。また，(　A　)に最も適するものを〔　　〕内のa～cから1つ選び，記号で答えよ。

> ・女性の和服の着装では，えりの後を背中の方に落として着る(　①　)という着方をすることがある。そのためには，(　②　)を肩山の位置より(　③　)側へずらしておかなければならない。このずらし分を(　④　)という。
> ・女物ひとえ長着は，着たけより身たけを(　A　)〔a　5cm～10cm　　b　25cm～30cm　　c　45cm～50cm〕長くとってその分は腰のところで折って着装するが，そのことを(　⑤　)という。

語群　ア　前身ごろ　　イ　後ろ身ごろ　　ウ　そでつけ
　　　エ　えり肩あき　オ　抜衣紋　　　カ　くりこし
　　　キ　おはしょり

(3)　吸湿性と吸水性の違いを説明せよ。

(4)　次の図はフランス刺繍のステッチを示したものである。このステッチの名称を答えよ。

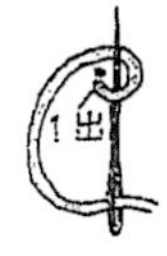

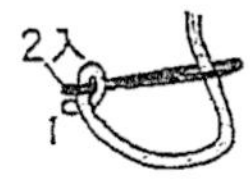

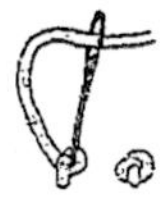

(5)　ファッションデザインの表現方法で，一続きの平面の布地をそのまま使い，ボディ又はマネキンに直接布を巻き付け，ドレスピンで留めていくことを何というか，カタカナで答えよ。

(6)　アパレルの型紙をつくる専門職で，デザイナーの描いたデザイン画に基づいて服をつくるための型紙を作成する職業を何というか，答えよ。

(7)　ファストファッションとはどのようなファッションのことか，答えよ。また，このファッション製品が普及することによるマイナス面について，指摘せよ。

(☆☆☆☆◎◎◎)

【7】家計の収入と支出の構成について示した次の図を見て，以下の各問いに答えよ。

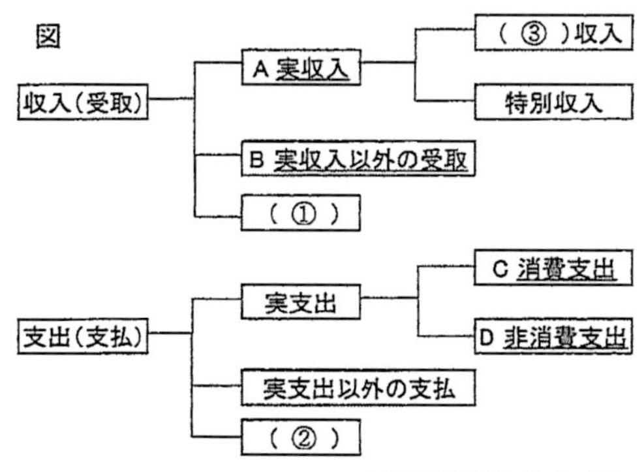

E「家計調査年報」による

(1)　図中の(　①　)～(　③　)に最も適する語句を，次の語群のア～カから1つずつ選び，記号で答えよ。

語群　　ア　繰越金　　イ　預貯金　　ウ　一般　　エ　繰入金

オ　財産購入　　カ　経常

(2)　下線部Aから下線部Dを差し引いた額で，いわゆる手取り収入のことを何というか答えよ。

(3)　次の文は，下線部Bを説明したものである。次の(　Ⅰ　)～(　Ⅲ　)に適する語句を答えよ。

預貯金引き出し，財産売却，保険金，借入金など，手元に(　Ⅰ　)が入るが，一方で(　Ⅱ　)の減少あるいは(　Ⅲ　)の増加を生じるものである。

(4)　次のⅠ～Ⅳについて，下線部Cに含まれるものには○，含まれないものには×をそれぞれ記せ。

Ⅰ　教育費

Ⅱ　保険料

Ⅲ　個人住民税

Ⅳ　保健医療費

(5)　下線部Eの調査を実施している省庁名を答えよ。

(6)　「住居及び家計を共にしている人の集まり」を何というか，答えよ。

(7)　消費支出に占める食料費の割合であり，生活水準の高低を表す一つの指標となるものを何というか，答えよ。

(☆☆☆◎◎◎)

【8】消費生活について，以下の各問いに答えよ。

(1)　文中の(　①　)～(　⑤　)に最も適する語句を下の語群のア～オから1つずつ選び，記号で答えよ。

契約は，法律上の(　①　)と(　②　)が発生する約束であり，(　③　)を(　④　)するという双方の意思表示の(　⑤　)によって成立する。

語群　　ア　義務　　イ　権利　　ウ　承諾　　エ　合致

オ　申込み

(2)　次の文は，民法第5条の条文の一部分である。文中の(　Ⅰ　)，(　Ⅱ　)にあてはまる語句を答えよ。

未成年者が法律行為をするには，その(　Ⅰ　)の(　Ⅱ　)を得なければならない。

(3)　民法では，未成年者を保護するために未成年者取消しの制度を設けているが，未成年者取消しができない場合の具体例を1つ答えよ。

(☆☆☆☆◎◎◎)

【9】子供の生活と福祉に関する次の文を読んで，以下の各問いに答えよ。

2012年に子ども・子育て関連3法が成立し，A「子ども子育て(　①　)新制度」が2015年から本格実施された。これにより，地域の実情に応じて(　②　)こども園の普及を進めるとともに，新たに(　③　)型保育を新設した。

(1)　文中の①～③に最も適する語句を答えよ。

(2)　下線部Aについて，施設等を利用する場合は，どこで認定を受ければよいか，次のア～エのうち最も適するものを1つ選び，記号で答えよ。

ア　施設　　イ　国　　ウ　都道府県　　エ　市町村

(3)　都市部を中心に問題となっている「待機児童」について，具体的に説明せよ。

(☆☆☆◎◎◎)

【10】高齢者の福祉について，以下の各問いに答えよ。

(1)　老化による「目」と「耳」の機能の変化を，それぞれ説明せよ。

(2)　「いったん正常に発達した知的機能が持続的に低下し，日常生活に支障をきたす状態」を何というか，答えよ。

(3)　新しい知識を吸収する能力は年齢とともに低下するが，過去に習得した知識や経験をもとにして対処する能力はあまり低下しないといわれている。このことを踏まえ，高齢期の発達課題と生活の心構えについて，簡潔に説明せよ。

(☆☆☆◎◎◎)

【11】次の文は，高等学校学習指導要領(平成21年3月告示)　「第2章　各学科に共通する各教科　第9節　家庭　第2款　各科目　第1　家庭基礎　2　内容　(1)」に記されたもの(一部抜粋)である。文中の(　①　)～(　⑦　)に最も適する語句を答えよ。

> (1)　人の一生と家族・家庭及び福祉
>
> ウ　高齢期の生活
>
> 高齢期の(　①　)と生活及び高齢社会の現状と(　②　)について理解させ，高齢者の(　③　)生活を支えるために家族や(　④　)及び(　⑤　)の果たす役割について認識させる。
>
> エ　共生社会と福祉
>
> 生涯を通して家族・家庭の生活を支える福祉や(　⑥　)について理解させ，家族や(　④　)及び(　⑤　)の一員としての自覚をもって共に(　⑦　)生活することの重要性について認識させる。

(☆☆☆◎◎◎)

解答・解説

【中高共通】

【1】①　オ　　②　コ　　③　イ　　④　ク　　⑤　キ　　⑥　シ

(2)　イ　　(3)　①　○　　②　○　　③　×

〈解説〉(1)　炭水化物の代謝について補足すると，肝臓に取り込まれたぶどう糖の一部は，そのまま血液中に入り，各組織でエネルギー源として利用される。また，肝臓および筋肉で，ぶどう糖の一部はグリコーゲンとして蓄えられ，血糖値が下がったときやエネルギーが必要なとき，再びぶどう糖に分解され利用される。ぶどう糖の分解過程では，ぶどう糖がリン酸化合物となって代謝され，ピルビン酸になる解糖経路と，クエン酸回路の2つの分解経路があり，最終的には二酸化炭素と水になる。なお，血糖値が低くなり，グリコーゲンもなくなったあと，乳酸やアミノ酸からぶどう糖が合成されることを糖新生という。
(2) 食物繊維は，不溶性食物繊維と水溶性食物繊維がある。水溶性食物繊維には，小腸での栄養素の吸収の速度を緩やかにし，食後の血糖値の上昇を抑える効果がある。不溶性食物繊維には，水分を吸収して便の容積を増やすため，大腸が刺激されて排便がスムーズになる。また，有害物質を便と一緒に体の外に排出することから，大腸がんのリスクを減らすことができる。このほか，食物繊維は低カロリーで肥満の予防にもなるので，糖尿病・脂質異常症・高血圧・動脈硬化など，さまざまな生活習慣病の予防に効果がある。 (3) 転化糖は，「しょ糖」を果糖やぶどう糖に加水分解した甘味料である。

【2】(1) ① ア ② ア ③ ウ (2) (略) (3) イ
(4) イ (5) ア

〈解説〉(1) 天ぷらがベチャつくのは，小麦粉のタンパク質が結合してできるグルテンの働きによる。小麦粉のタンパク質含有量は，薄力粉8％以下，中力粉9～11％，強力粉12％以上とされる。よって，天ぷらの衣には，小麦粉のなかでタンパク質が一番少ない薄力粉を使う。また，衣に用いる水は冷水を使う。油と衣に温度差があるほど，カラッと揚げることができる。えびのようなタンパク質を含む天ぷらは，180～190℃の高温で素早く揚げる。ただし，野菜の天ぷらは160～170℃でじっくり揚げる。 (2) 油の劣化を防ぐには，①揚げカスなど不純物が混ざっていない状態で保存する。②外の空気と接触しないよう，密閉保存する。③冷蔵庫ではなく，冷暗所で保存するなどの方法がある。冷蔵庫に入れるとよくないのは，冷えすぎると油が空気を吸い込むためである。また，天ぷらの油などは，古い油に新しい油を混ぜて使う「さし油」をしてもよい。 (3) いかを料理に応じた大きさに切り，縦2～3mm幅に浅く切れ目を入れる。それを素早く熱湯にとおすと，花のように開く。これを花切りという。なお，いかは，加熱しすぎると固くなるので，注意が必要である。 (4) 和え物は，浸透圧の作用で材料から水分が出てしまう。そのため，合わせ酢は食べる直前にかける。洋食のサラダなども同じく，食べる直前にドレッシングをかける。なお，合わせ酢には，酢と醤油だけの二杯酢，これに砂糖，またはみりんを加えた三杯酢，三杯酢より砂糖の量を多くした甘酢などがある。 (5) 白和えは，豆腐と炒った白ごまをすり鉢ですり，砂糖や塩で調味した衣であえた料理である。衣の色が白いので，白和えという。

【3】(1) ① (略) ② イ，ウ (2) (略) (3) (略) (4) 本膳料理 (5) イ

〈解説〉(1) ① こぶじめは，鯛などの刺身を昆布にはさみ，昆布よりも大きめのラップで包み，昆布のうま味と風味を材料につける。昆布のうま味を魚に早く移すためには，バットや皿などの重石を昆布に乗せ，冷蔵庫に入れて寝かせる。なお，こぶじめは，富山の郷土食として全国的に知られている。 ② 刺身のつまには，魚の生臭い匂いを消す作用だけでなく，見た目を美しくすることによって食欲をそそる働きがある。つまは，あしらいとして添えるもので，刺身に添えて飾る飾りづまと刺身の下に敷く敷きづまがある。なお，紅たでは，ピリッとした辛みがあるのが特徴で，殺菌作用・抗菌作用に優れるとされる。 (2) しょうゆは，種類によって，「こいくち」「うすくち」「たまり」「さいしこみ」「しろ」に分類される。こいくちの塩分は約16%で，香りと色，味のバランスに優れている。一方，うすくちの塩分は18～19%で，こいくちより約2%ほど高い。なお，うすくちとは色が淡いという意味で，食塩分が薄いことではないので注意したい。

(3)　だし汁に少量の塩分が合わさることで，だし汁のうま味がより際立つようになる。このようなうま味＋塩味，甘味＋塩味などの相互作用を対比効果という。これは，2種類以上の異なる味を混合したとき，一方または両方の味が強められる現象である。スイカに塩をかける(甘味＋塩味)と，より甘味を強く感じるのも，この一例。なお，味の合わせ技としては，このほか「抑制効果」「相乗効果」「変調効果」がある。(4)　本膳料理は，一人ひとりに膳が配置される料理である。膳は，本膳 (一の膳) から五の膳まであり，食器も特定のものを用いる。献立には様々な種類があるが，二汁五菜が一般的となっている。なお，日本の料理形式としては，このほか精進料理，会席料理，懐石料理などがある。　(5)　ア　男の子の成長を願う端午の節句(5月5日)には，おはぎではなく粽を食べる。　イ　上巳の節句(3月3日)は，女の子の成長を願うもので，桃の節句などともいう。　ウ　重陽の節句(9月9日)は，長命を願うもので，千歳飴ではなく，栗ご飯などを食す。　エ　節分(2月4日頃の立春の前日)には，七草がゆではなく，豆や恵方巻を食べる。

【4】(1)　ア　(2)　ノロウイルス　(3)　HACCP　(4)　トレーサビリティ　(5)　(略)

〈解説〉(1)　サルモネラ菌は，鶏卵や鶏肉に多い。ふぐの毒は，テトロドトキシン。カンピラバクターは，肉の生食や加熱不足などにより発症する。じゃがいもの芽の毒は，ソラニン。腸炎ビブリオは，生の魚介類に多い。　(2)　ノロウイルスは，人の小腸粘膜で増殖するウイルスで，主に11月から3月にかけて胃腸炎を起こす。カキなどの二枚貝だけでなく，感染者の嘔吐物や便にも大量に含まれているため，二次感染を起こしやすい。また，感染力が強いため，保育所や高齢者施設などでは，集団発生を引き起こしやすい。　(3)　HACCP(ハサップ)は食品等事業者自らが，食中毒菌汚染や異物混入等の危害要因(ハザード)を把握した上で，製品の安全性を確保しようする衛生管理の手法である。HACCPを導入した施設では，必要な教育・訓練を受けた従業員により，定められた手順や方法が遵守されることが不可欠となる。
(4)　トレーサビリティは，トレース(Trace＝追跡)とアビリティ(Ability＝能力)を組み合わせた造語で，「追跡可能性」のこと。2003年に発生した狂牛病をきっかけに，牛肉は2004年12月から法律で表示が義務づけられた。他の農水産物でも，全国的に導入が進んでいる。
(5)　健康な食生活を送るためには，栄養バランスのとれた食事が欠かせない。食事の栄養素は，バランスよく摂取することで効果的に働くことから，まず3色の食材を選んで揃えることを心がけたい。3色の食材とは，糖質中心の黄，タンパク質中心の赤，野菜・きのこ・海藻などの緑である。そして，食べ方としては，ごはんなど穀類の主食を基本に，肉や魚・卵・大豆などタンパク質主体の主菜，野菜・きのこ・海藻などの副菜，そして汁物を組み合わせた和定食が理想的となる。さらに，一日の必要摂取量を意識して，カロリーを摂りすぎない工夫をすれば万全となる。

【5】(1)　①　エ　②　ウ　③　ア　(2)　(略)　(3)　ハザードマップ　(4)　(略)　(5)　(略)
〈解説〉(1)　①　平面記号や家具設備表示記号等を用いて，間取りを縮尺で表現したものが平面図である。間取り図ともいわれる。　②　建物を設計する際には，利用者の行動パターンを予測し，より動きやすく，移動距離が長くなりすぎないよう計画を練ることが求められる。このように，動線を特に考慮することを動線計画という。　③　設計とは寸法を決めることであり，そのためには，人体寸法が最も基礎的なデータとなる。人体寸法には，静的なもの(静止した人体寸法)と動的なもの(身体の各部の移動や行為に必要な寸法)がある。なお，動作寸法の例としては，下図のようなものがある。

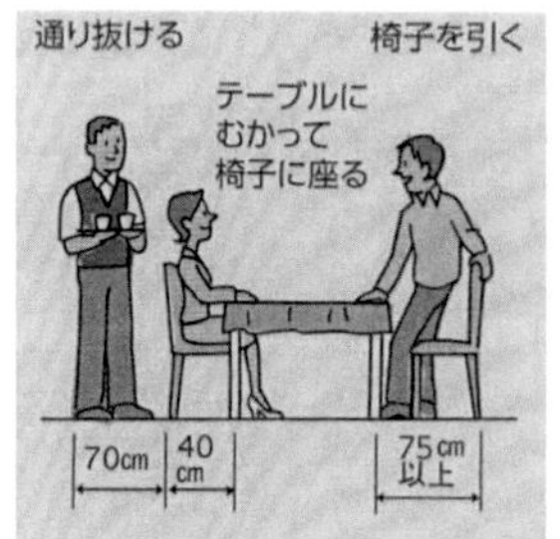

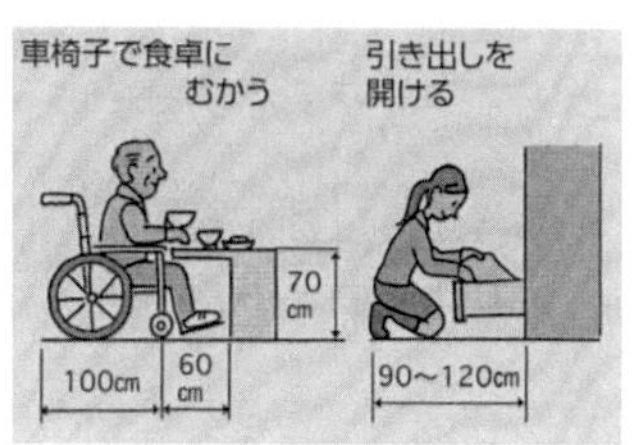

(2) 平面図表示記号(JIS)を理解したい。浴室への出入り口，トイレの出入りは，ともに片開き扉であるため，それぞれの出入りの際，邪魔になることが想定される。その点，片引き戸，および引き込み戸であれば，行動の妨げにはならない。 (3) ハザードマップは，日本では1990年代頃より，防災面でのソフト対策として作成が進められてきた。しかし，2011年の東日本大震災などを受け，国や地方自治体では，人命を最優先に確保する避難対策としてハザードマップの見直しが行われている。 (4) 免震構造は，建物と地盤の間に積層ゴムなどの装置を介入することにより，建物自体の揺れを軽減し，壊れにくくすることができる。このほか，地震による揺れの対策として，耐震構造と制震構造がある。前者は，太く頑丈な柱・梁で，建物自体が地震に耐え得る強度で造られたもの。後者は，免震構造と同じく新しい構造形式で，建物にエネルギーを吸収するダンパーを設置している。 (5) スケルトン・インフィル方式とは，建物のスケルトン(柱・梁・床などの構造躯体)とインフィル(住居の内装・設備など)を分離した工法のこと。耐久性が高いスケルトンと，柔軟性が求められるインフィルを分けることで，家族のライフスタイルに合わせ，間取り・設備などの変更やリフォームが容易になる。

【6】(1) ① ウ ② ア ③ ア (2) ① オ ② エ ③ イ ④ カ ⑤ キ A b (3) (略) (4) フレンチノットステッチ (5) ピンワーク (6) パタンナー (7) (略)

〈解説〉(1)　①　そで下の袋縫いは，最初に布を外表にして0.5cmの縫いしろで中縫いをし，そのあと中表にして印のところを縫うやり方である。　②　耳ぐけはくけの1つ。布の耳を裏に折り，針目を表に一目，裏に二目出してくける。　③「きせ」は，布地を折り返すとき，縫い線のとおりに折らず，余裕を持たせて折る。その余裕の部分をいう。
(2)　抜衣紋は，後えりを引き下げて，えり足が現れ出るように着る。ただし，仕立てのとき，くりこしを加減しないと十分に衣紋を抜くことができない。実際のくりこしのつけ方は，下図のようになる。

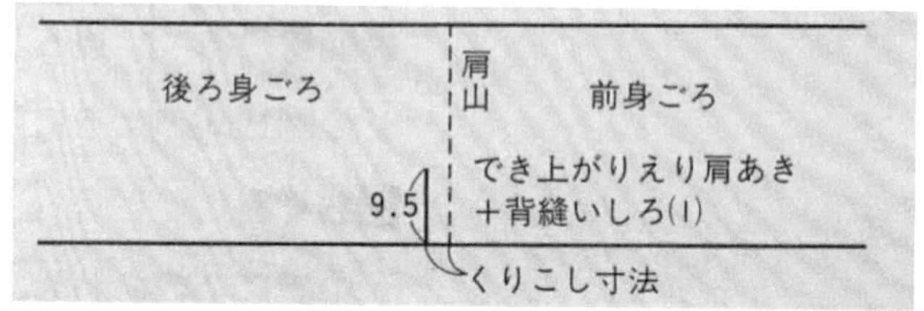

女物ひとえ長着の場合，身たけは，おおよそ身長分である。着たけは，首の付け根から，足のくるぶしの高さまでを後ろ中心ではかる。
(3)　吸湿性は，人体の表面から出る水分などの湿気を繊維が吸収する性質で，天然繊維や再生繊維は大きく，合成繊維は小さい。吸水性は，液体の水分を吸収する性質で，一般に吸湿性が大きいものは吸水性も大きい。　(4)　フレンチノットステッチは，糸で小さな結び玉をつくる刺繍の刺し方のこと。フレンチナッツステッチともいう。花の芯や動物の目，木の実などの小さな丸を表現できる。このほか，フランス刺繍の刺し方には，サテンステッチ，ケーブルステッチ，リーフステッチ，アウトラインステッチ，チェーンステッチなどがある。
(5)　ピンワークは，ショーウインドーにディスプレー(展示)するときなどに用いるほか，空間演出などにも使う。　(6)　パタンナーは，布地やボタンのサイズ指定，納品チェック等も行う。最近，パタンメイキングはCAD(キャド)で行うケースが多く，コンピュータの操作能力も求められる。　(7)　ファストファッションとは，流行を採り入れた衣料品を大量生産し，低価格で販売する業態のこと。安くて早いファストフードになぞらえて，2000年代の半ば頃から，このように呼ばれるようになった。ファストファッションは，H&M(スウェーデン)，ZARA(スペイン)，ユニクロ(日本)などの大手グローバルチェーンが台頭し，売り上げを伸ばしている。消費者の節約志向も追い風となり，安くてオシャレな衣類は，消費者に広く受け入れられているが，環境への負荷など問題点も指摘されている。ファストファッションは，低価格ゆえに買っては捨ての消費行動に陥りやすい。企業側も，売り上げを伸ばすために，消費欲を刺激する新商品を短いサイクルで発売する。その結果，膨大な量の衣料品が廃棄され，環境問題に大きな影響を与えている。

【7】(1) ① エ　② ア　③ カ　(2) 可処分所得
(3) Ⅰ 現金　Ⅱ 資産　Ⅲ 負債　(4) Ⅰ ○
Ⅱ ×　Ⅲ ×　Ⅳ ○　(5) 総務省　(6) 世帯
(7) エンゲル係数

〈解説〉(1) ① 繰入金とは，前月から持ち越した世帯の手持ち現金のこと。 ② 繰越金とは，当月末における世帯の手持ち現金のこと。 ③ 経常収入とは，定期性あるいは再現性のある収入で，「勤め先収入」「事業・内職収入」などが相当する。 (2) Aの実収入は，経常利益と特別収入の合計。特別収入は，経常収入以外の収入で，受贈金等のこと。Dの非消費支出は，税金や社会保険料のこと。可処分所得は，実収入－非消費支出で算出され，ここからCの消費支出を差し引いたものが家計の貯蓄となる。 (3) 実収入以外の収入には，分割払いや一括払いでの購入額も含む。 (4) Ⅱの保険料，Ⅲの個人住民税は，非消費支出である。 (5) 家計調査年報は，総務省統計局が国民生活の実態を知るために調査を行っている。 (6) 国勢調査では，世帯を「一般世帯」と「施設等の世帯」に分け，2010年より一般世帯を「親族のみの世帯」「非親族を含む世帯」「単独世帯(一人暮らし)」に分類している。 (7) エンゲル係数は，生活水準を表す目安の1つで，1857年にドイツの社会統計学者，エンゲルが発表した。日本の場合，

2017年度のエンゲル係数は約25％(総世帯)となっている。一般に，エンゲル係数が低いほど生活水準が高く，エンゲル係数が高いほど生活水準が低いとされる。これを，エンゲルの法則という。

【8】(1)　①　ア　②　イ　③　オ　④　ウ　⑤　エ

(2)　Ⅰ　法定代理人　Ⅱ　同意　(3)　(略)

〈解説〉(1)　契約とは，買い手と売り手の当事者同士で結ぶ約束のこと。意思表示の合致(合意)によって成立する法律行為であり，通常は申込みと承諾によって成立する。社会生活は，主にこの契約によって成り立っている。　(2)　民法では，未成年者は，判断力がまだ十分に備わっていないとされ，不利な内容の契約を結ぶことがないよう，保護されている。未成年者は，原則として単独で法律行為ができず，法定代理人(親権者または未成年後見人。一般的には親)の同意があって，初めて完全に有効な法律行為を行うことができる。ただし，未成年者が単に権利を得たり，義務を免れるだけの法律行為(一方的に未成年者が得する行為)については，法定代理人の同意を必要としない。

(3)　未成年者取消しができないケースとしては，①親権者の同意を得て行った契約，②小遣いや仕送りなどの範囲内で行った契約，③結婚している未成年者が行った契約，④営業している未成年者が，その営業に関して行った契約，⑤「成年者である」「親の同意を得ている」などと偽った場合などがある。

【9】(1)　①　支援　②　認定　③　地域　(2)　エ　(3)　(略)

〈解説〉(1)「子ども・子育て支援新制度」は，「子どもが主人公(チルドレン・ファースト)」の考え方をベースに，子ども・子育て関連3法を改正して実施された。具体的な施策としては，①認定こども園・幼稚園・保育所を通じた共通の給付と小規模保育等への給付の創設，②認定こども園制度の改善，③地域の実情に応じた子ども・子育て支援の充実等が行われている。なお，認定こども園には，幼保連携型，幼稚園型，保育所型，地方裁量型がある。また，地域型保育には，小規模保育，家庭的保育，居宅訪問型保育，事業所内保育の4つの保育事業がある。 (2) 子ども・子育て支援新制度により，施設等を利用する場合は，住居のある市町村から認定を受ける必要がある。なお，利用できる施設は，認定区分(1号認定・2号認定・3号認定)によって決められる。 (3) 待機児童とは，子育て中の保護者が保育所等に入所申請をしていながら入所できず，入所待ちをしている(待機)状態の児童のことをいう。なお，厚生労働省の調査によると，2018年10月1日時点で，全国の待機児童数は55,433人(前年比7,695人の増加)となった。

【10】(1) (略) (2) 認知症 (3) (略)

〈解説〉(1) 老化による目の病気には，白内障，緑内障，加齢黄斑変性がある。このうち，白内障では，「水晶体の老化」といわれる老人性白内障が増えている。また，老化による耳の病気には，老人性難聴がある。これは，加齢とともに音を聞き取る内耳の感覚細胞や神経細胞が減少することによる。老人性難聴では，高いほうの音から聞き取りにくくなる。 (2) 認知症は，脳の病気などが原因で知能の低下や記憶の障害，場所や時間がわからなくなるなどの症状を起こす状態をいう。日本では，アルツハイマー型認知症，脳梗塞の後遺症である脳血管性認知症が多い。 (3) 新しい情報を獲得し，状況にすばやく対応する能力を流動性知能という。これに対し，知識や経験によって培われた能力を結晶性知能という。前者は加齢とともに低下するが，後者は維持されやすいとされる。高齢期は心身の衰え，知能の低下が大きな課題となる。しかし，人間性の向上(誠実さや人との関わりにおける調和性など)は加齢とともに増加し，知能の年齢による衰えを補うことができる。

【11】① 特徴 ② 課題 ③ 自立 ④ 地域 ⑤ 社会 ⑥ 社会的支援 ⑦ 支え合って

〈解説〉「高齢期の生活」については，人の一生を見通す中で高齢期をとらえ，加齢に伴う心身の変化や特徴を理解させる。また，高齢期になっても，だれもが安心して自立的な生活を送ることができる高齢社会を築くために，個人や家族，地域及び社会の果たす役割について考えさせる。指導に当たっては，学校家庭クラブ活動等との関連を図り，地域の実態に応じて，実際に地域の高齢者を訪問したり，学校に招いたり，福祉施設等を訪問したりするなどして，高齢者との触れ合いや交流などの実践的・体験的な学習活動を取り入れるようにする。「共生社会と福祉」については，幼児期から高齢期までの人の一生を見通して，家庭や地域の生活課題を主体的に解決し，よりよい生活を創造するためには，各ライフステージにどのような福祉や社会的支援が必要かについて理解させること。また，ともに支え合って生きる社会を成立させるための課題について考えさせることが重要となる。

2018年度　実施問題

【中高共通】

【1】ビタミンに関する次の文を読んで，以下の各問いに答えよ。

> ビタミンには，脂溶性ビタミンと(　①　)ビタミンがあり，生理機能を調整する働きがある。脂溶性ビタミンは，(　②　)と一緒に摂ると吸収がよい。食品の成分には，体内に入ってからビタミンとして作用する物質に変わるものがあり，それらを(　③　)という。
>
> ビタミンB_1は，体内では，(　④　)の代謝に関与し，(　⑤　)の構成成分として欠かせない。

(1)　文中の(　①　)～(　⑤　)に最も適する語句を次の語群のア～コから1つずつ選び，記号で答えよ。

語群　ア　可溶性　　イ　油脂
　　　ウ　炭水化物　　エ　プロビタミン
　　　オ　トコフェロール　　カ　たんぱく質
　　　キ　魚　　ク　水溶性
　　　ケ　レチノール　　コ　補酵素

(2)　次のビタミンに関する記述について，最も適するものを次のア～エから1つ選び，記号で答えよ。

ア　ビタミンAは，欠乏すると夜尿症を発症する。
イ　ビタミンDは，カルシウムの吸収を高める。
ウ　ビタミンEは，酸化作用を示す。
エ　ビタミンKは，血液凝固に関与しない。

(3)　次の①，②に最も適するものをあとの語群のア～エから1つずつ選び，記号で答えよ。

①　不足すると貧血を発症するビタミン

② コラーゲンの形成に関与するビタミン

語群　ア　ビタミンB_2　　イ　ビタミンC　　ウ　ナイアシン

エ　ビタミンB_{12}

(☆☆☆◎◎◎)

【2】いりどりの調理について，以下の各問いに答えよ。

いりどりの材料(1人分)

a	鶏肉	40g	c	干ししいたけ	5g		煮出し汁	75ml
	にんじん	25g	d	こんにゃく	25g		砂糖	5g
	ごぼう	20g		サラダ油	5ml		みりん	3.8ml
b	れんこん	20g		さやいんげん	10g	e	食塩	1.5g
							しょうゆ	9ml

(1) a　いりどりには鶏肉のどの部位が一般的に用いられるか，最も適する部位を次の図の①～③から1つ選び，記号で答えよ。

(2) b　5人分のいりどりを作るとき，れんこんの購入量は何g以上必要か計算せよ。(ただし，れんこんの廃棄率は20%とする。)

(3) b　れんこんのあく抜きの方法として，最も適するものを次の①～③から1つ選び，記号で答えよ。

① 酢水につける。

② 米のとぎ汁につける。

③ 小麦粉を加えてゆでる。

(4) c　干ししいたけの戻し汁に多く含まれるうま味成分の名称として，最も適するものを次の①～④から1つ選び，記号で答えよ。

① グルタミン酸　　② グアニル酸　　③ イノシン酸

④ コハク酸

(5) d　こんにゃくの主原料と，多く含まれている食物繊維の名称を答えよ。

(6) 緑黄色野菜について説明した次の文中の(　　)に最も適する数字を答えよ。

緑黄色野菜は，原則として可食部100gあたりのカロテン含有量が(　　)μg以上含まれる野菜をいう。

(7) e 食塩1.5gは，小さじ(5ml)何杯か答えよ。

(8) 煮物について説明した次の①～⑤の文のうち，正しいものの組み合わせを下のア～エから1つ選び，記号で答えよ。

① 食品の繊維にそって切ったものは，煮くずれしにくい。
② 食品の形が小さく，表面積が大きいほど調味料の浸透は速い。
③ 炒め煮とは，油で炒めてから調味したものである。
④ 含め煮とは，砂糖としょうゆで調味して煮詰めたものである。
⑤ 火加減は最初は弱く，煮立ってから強くしたほうがよい。

組み合わせ　ア ①②③　　イ ①②④　　ウ ①③⑤
　　　　　　エ ②③④

(☆☆☆◎◎◎)

【3】食生活について，以下の各問いに答えよ。

(1) 食品ロス率は次のように計算されるが，〔A〕に適する語句を答えよ。(農林水産省「食品ロス統計調査(世帯調査)」による)
(〔A〕重量＋直接廃棄重量＋過剰除去重量)÷食品使用量×100(%)

(2) 次の①～④の郷土料理と都道府県名の組み合わせのうち，誤っているものを1つ選び，記号で答えよ。

① おやき　長野県　　　② 卓袱(しっぽく)料理　岩手県
③ 讃岐うどん　香川県　　④ ほうとう　山梨県

(3) 乾式加熱の例を列挙した次の①～④のうち，正しいものの組み合わせを1つ選び，記号で答えよ。

① 炒め物　揚げ物　焼き物
② 煮物　焼き物　揚げ物
③ 蒸し物　焼き物　炒め物

④　ゆで物　炒め物　蒸し物

(4)　学校家庭クラブ活動を通して地域における食育推進活動を行うときの，指導方法の工夫について説明せよ。

(☆☆☆☆◎◎◎)

【4】食品の表示に関する次の文を読んで，以下の各問いに答えよ。

> 従来，食品の表示は，(　①　)法，JAS法，健康増進法の3法によって規定されていたが，消費者には複雑で分かりにくかった。そこで，(　②　)法の基本理念を踏まえ，表示義務付けの目的を統一・拡大するために，3法の規定を統合した(　③　)法が制定され，平成27年4月から施行された。
>
> これにより，Aアレルギー表示が原則として(　④　)表示になり，加工食品の栄養(　⑤　)表示が義務化された。また，新たにB機能性表示制度が創設された。

(1)　文中の(　①　)～(　⑤　)に最も適する語句を次の語群のア～コから1つずつ選び，記号で答えよ。

語群			
	ア　機能	イ　食育基本	ウ　個別
	エ　品質保持	オ　成分	カ　食品表示
	キ　食品衛生	ク　一括	ケ　消費者基本
	コ　製造物責任		

(2)　下線部Aについて，表示が義務づけられている7品目のうち，えび，かに，卵，乳以外の3品目を答えよ。

(3)　下線部Bについて，「特定保健用食品」と「機能性表示食品」との違いを説明せよ。

(4)　次の①～③の各文は，賞味期限について述べたものである。それぞれ正しいものには○，誤っているものには×を記せ。

①　品質が急速に劣化しやすい食品に表示されている。

②　製造日から賞味期限までの期間が3か月を越えるものは「年月」で表示することも認められている。

③　賞味期限を過ぎた食品であっても，すぐに食べられなくなるわけではない。

(☆☆☆☆◎◎◎)

【5】洋服の製作について，以下の各問いに答えよ。

(1)　次の図の①～④のえりの名称として最も適するものを，下の語群のア～クから1つずつ選び，記号で答えよ。

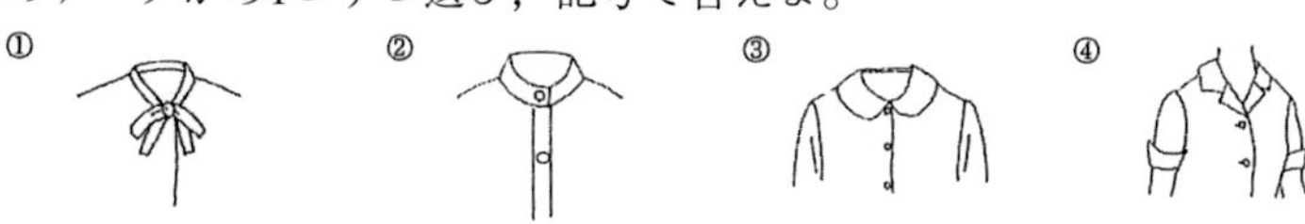

語群　ア　セーラーカラー　　イ　ウイングカラー
　　　ウ　フラットカラー　　エ　ポロカラー
　　　オ　スタンドカラー　　カ　ショールカラー
　　　キ　ボーカラー　　　　ク　オープンカラー

(2)　綿100％の生地を使用してブラウスを製作するときの，地直しを行う目的とその方法を，それぞれ簡潔に説明せよ。

(3)　バイアステープを作るときのはぎ方を図示して説明せよ。ただし，一枚ずつはぐ場合とし，布目の方向も矢印で記入せよ。

(4)　次の図のブラウスのそでの型紙について，下の各問いに答えよ。

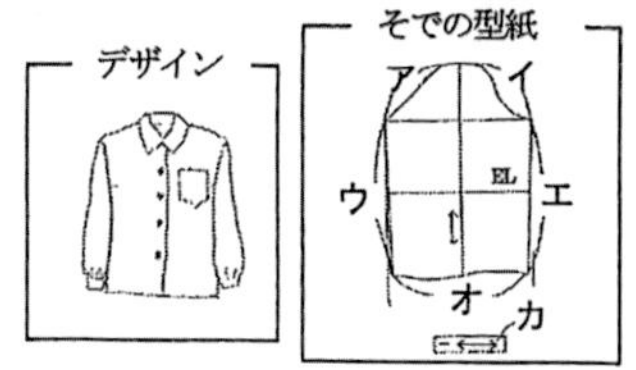

①　前身ごろのアームホールにあわせる部分として，ア～オから最も適するものを1つ選び，記号で答えよ。

②　カの部分の名称を答えよ。

(5)　ブロードのブラウスを製作する場合のミシン針・ミシン糸の組み合わせとして最も適するものを，次のア～エから1つ選び，記号で答えよ。

	ア	イ	ウ	エ
ミシン針	9番	11番	11番ニット用	14番
ミシン糸	ポリエステル糸40番	ポリエステル糸60番	ポリエステル糸80番	ポリエステル糸80番

(☆☆☆☆◎◎◎)

【6】衣生活について，以下の各問いに答えよ。

(1)　次の図の①～③の柄の名称として最も適するものを，下の語群のア～キから1つずつ選び，記号で答えよ。

①

②

③

語群　ア　市松　　イ　矢絣　　ウ　鹿の子
　　　エ　ヘンリボーン　　オ　麻の葉　　カ　七宝つなぎ
　　　キ　青海波

(2)　次の文が説明しているファッションを何というか。

> 自然にやさしい素材を使ったり天然染料を使ったりして，素材の選択から製造工程・流通に至るまで，環境保全や社会的に公正な取引に基づいた衣服の製造・販売をいう。

(3)　レインコート等に用いられる透湿防水加工について，透湿防水加工布の原理を踏まえながら，その目的と加工方法を簡潔に説明せよ。

(☆☆☆☆◎◎◎)

【7】社会保障に関する次の文を読んで，あとの各問いに答えよ。

> 社会保障には，主に働く人がお金を出し合って病気や失業に備える社会保険と，国や自治体がサービスを提供する社会福祉がある。社会保険は5つから成っている。疾病や出産に対して医療サービスを提供する(　①　)，(　②　)歳以上の国民が保険料を負担し，介護サービスを提供する$_A$<u>介護保険</u>，主に失業に際して給付を行う(　③　)，業務上の事故における労働災害や通勤災

害を補償する(　④　), B公的年金制度である。

(1)　上の文中の(　①　)～(　④　)に最も適する語句又は数字を答えよ。

(2)　下線部Aに関して，次の問いに答えよ。

①　地域の高齢者の総合相談，権利擁護や地域の支援体制づくり，介護予防の必要な援助などを行い，高齢者の保健医療の向上及び福祉の増進を包括的に支援することを目的として，市町村が設置主体である施設を何というか，答えよ。

②　要介護認定において，「要介護」「非該当」以外にはどのような判定があるか答えよ。

(3)　下線部Bに関して，次の問いに答えよ。

①　会社等に勤務している人が国民年金に加えて加入し，報酬比例年金の給付を受ける年金を何というか，答えよ。

②　国民年金の説明について，次のア～エから最も適するものを1つ選び，記号で答えよ。

ア　日本国内に住む20歳以上60歳未満の全ての者が加入する。

イ　保険料は給与に比例して定率である。

ウ　収入のない学生も必ず保険料を収めなければならない。

エ　老齢基礎年金の支給開始年齢は原則として60歳である。

(☆☆☆☆◎◎◎)

【8】住生活について，以下の各問いに答えよ。

(1)　次の文中の(　①　)～(　④　)に最も適する語句を〔　　〕内のア～ウから1つ選び，記号で答えよ。

・自ら居住する住宅を建設しようとするものが組合を結成し，共同して事業計画を定め，土地の取得，建物の設計，工事の発注その他の業務をおこない，住宅をつくり，管理していく方式を，(　①　)〔ア　コーポラティブハウス
イ　コレクティブハウス　　ウ　シェアハウス〕という。

・世帯人数に応じて，健康で文化的な住生活を営むために必要不可欠な住宅の面積に関する水準を(　②　)〔ア　誘導居住面積水準　　イ　最低居住面積水準　　ウ　住宅性能表示基準〕という。
・冬場の入浴による急激な温度変化により，血圧の急激な上昇や下降が引き起されることを(　③　)〔ア　表面フラッシュ現象　　イ　シックハウス症候群　　ウ　ヒートショック〕という。
・室内外の飾りや調度を季節や用途にふさわしく整備し配置することを，(　④　)〔ア　間取り　　イ　リノベーション　　ウ　しつらい〕という。

(2)　次の①～③の文について，それぞれ正しいものには○，誤っているものには×を記せ。

①　畳の縦横比は1：3である。

②　建ぺい率は，延べ面積÷敷地面積×100で求められる。

③　屋外が寒くなり，住まいの内表面の温度が低くなると，室内空気中の水蒸気が水滴になり，押し入れの壁や窓ガラスなどにつくことがあるが，これを結露という。

(☆☆☆☆◎◎◎)

【9】子供の生活と福祉について，以下の各問いに答えよ。

(1)　乳幼児の身体の発育に関する次の文中の(　①　)～(　③　)に最も適する語句又は数字を〔　　〕内のア～ウからそれぞれ1つ選び，記号で答えよ。また，下線部Aは何年毎に実施されているか，答えよ。

・乳幼児の身体発育の基準には，一般的には(　①　)〔ア　文部科学省　　イ　経済産業省　　ウ　厚生労働省〕が$_{A}$<u>全国調査</u>している乳幼児身体発育値が使われる。
・乳児期早期は，胃の入り口の(　②　)〔ア　噴門　　イ　幽

門　ウ　小わん〕が未発達なため，食べたものを吐きやすい。
・乳幼児の成長に伴い骨は完成する。骨は軟骨にリン酸カルシウムが付着してかたくなることでつくられるが，これを（　③　）〔ア　とう骨　イ　化骨　ウ　脊柱〕という。

(2)　次図は新生児の頭頂部からみた頭蓋骨を示したものである。

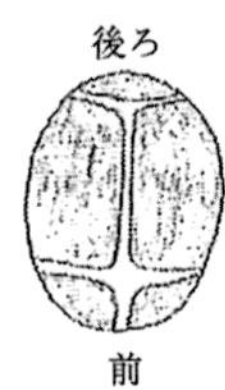

①　大泉門の位置に○印を記せ。
②　大泉門が閉じるのはいつ頃か，次のア～エから最も適するものを1つ選び，記号で答えよ。
ア　1か月　イ　3～6か月　ウ　1歳～1歳6か月
エ　2歳6か月～3歳

(3)　次の①～③の文は，児童福祉法第7条に基づく児童福祉施設について説明したものである。それぞれ何について説明しているか答えよ。
①　障害児を保護者のもとから通わせて，日常生活における基本的動作の指導，独立自活に必要な知識技能の付与又は集団生活への適応のための訓練や，必要な場合は治療も行うことを目的とする施設。
②　乳児を除く保護者のいない児童，虐待されている児童その他環境上養護を要する児童を入所させて，これを養護し，あわせて退所した者に対する相談その他の自立のための援助を行うことを目的とする施設。
③　児童遊園，児童館等児童に健全な遊びを与えて，その健康を増進し，又は情操を豊かにすることを目的とする施設。

(☆☆☆☆◎◎◎)

【10】次の文は，高等学校学習指導要領(平成21年3月告示)「第2章　各学科に共通する各教科　第9節　家庭　第2款　各科目　第2　家庭総合　2　内容　(4)」に記されたもの(一部抜粋)である。文中の(　①　)～(　⑦　)に最も適する語句を答えよ。

> (4)　生活の科学と環境
> 　生涯を見通したライフステージごとの(　①　)の生活を(　②　)に理解させ，先人の知恵や(　③　)に関心をもたせるとともに，(　④　)な社会を目指して(　⑤　)や環境に配慮し，適切な(　⑥　)に基づいた消費生活を(　⑦　)に営むことができるようにする。

(☆☆☆◎◎◎)

解答・解説

【中高共通】

【1】(1)　①　ク　　②　イ　　③　エ　　④　ウ　　⑤　コ
(2)　イ　　(3)　①　エ　　②　イ

〈解説〉(1)　ビタミンは，人が健全に成長し，健康を維持する働きをする。他の栄養素がうまく働くための促進効用もある。ビタミンの多くは体内で合成できないので，食物から摂取する。脂溶性ビタミン(A・E・D・K等)は，水に溶けにくく，油(脂)に溶けやすい。このため，油と一緒に調理して摂取することで吸収力が高まる。水溶性ビタミン(C・B_1・B_2・葉酸等)は，水に溶けやすく熱に弱い。このため，水洗いをしすぎたり，加熱処理による損失が大きい。プロビタミンには，カロテンのように体内でビタミンAとなるものもある。炭水化物が分解すると最終的には二酸化炭素と水になるが，ビタミンB_1は，その中間産物であるピルビン酸の分解に欠かせない働きをする。　(2)　アのビタミンAの欠乏症は，「夜尿症」ではなく「夜盲症」が正しい。ウのビタミンEは「酸化作用を示す」のではなく，体内の脂質の「酸化を防ぐ」作用がある。エのビタミンKは，血液の凝固に関与する。

(3) ビタミンB_{12} は，水溶性ビタミンで多く含む食品は，魚介類(しじみ，あさり，かき等)・レバー・肉・卵・チーズなどである。ビタミンCは抗酸化作用があり，鉄の吸収や免疫を高める働きもする。

【2】(1) ③ (2) 125g (3) ① (4) ② (5) 主原料…こんにゃくいも 食物繊維…グルコマンナン (6) 600

(7) $\frac{1}{4}$(杯) (8) ア

〈解説〉(1) 鶏肉の部位で①は「手羽」，②は「ささみ」，③は「もも」。②の周囲の楕円形部分は「胸」である。 (2) れんこんの可食部は1人分20 gなので，100 g必要となる(20 g ×5人分)。従って，求める量の計算式は，可食部÷{(100－廃棄率)÷100}であり，100÷{(100－廃棄率)÷100}＝125 gである。 (3) あくは，渋味やえぐみのことであるが，れんこんの場合はムチンというポリフェノールが多いので，変色を防止することが目的になる。 (4) 干ししいたけは，水または40℃以下のぬるま湯につけて出汁をとる。なお，グルタミン酸はこんぶ，イノシン酸はかつおぶし，コハク酸は貝類のうま味成分である。

(5) こんにゃくいもはサトイモ科の植物で，成長するには3年かかる。食物繊維は，不溶性(セルロース・ペクチン質…未熟・キチンなど)と水溶性(ペクチン質…完熟・アルギン酸など)に分類できる。グリコマンナンは水溶性である。 (6) 緑黄色野菜以外の野菜は淡色野菜と呼ぶが，色によって区別しているのではない。オクラ，かぼちゃ，ほうれん草，にんじん等は600μ g以上のカロテンを含むが，それ未満でも1回の摂取量が多いトマト，ピーマン，さやいんげん等も緑黄色野菜として扱う。 (7) 小さじ1杯の食塩は6 gである。従って1.5÷6＝0.25で，$\frac{1}{4}$杯となる。 (8) 含め煮は，煮汁の味をたっぷりと材料にしみ込ませるように，時間をかけて煮る調理法。火を消した後も煮汁に浸しておく。火加減は煮汁が沸騰するまで強火にし，その後は中火か弱火にする。

【3】(1)　食べ残し　　(2)　②　　(3)　①　　(4)　解答省略

〈解説〉(1)　食べ残し重量＋直接廃棄重量＋過剰除去重量の合計が，食品ロス率である。日本の食品ロス量は，食品関連事業者と一般家庭がほぼ同じで，年間約632万トン。これは，世界全体の食料援助量の約2倍に相当する。　(2)　卓袱料理は，長崎県の郷土料理で中国料理が日本化したものである。配膳や食べ方は中国風で，椀物以外は大皿に盛って供される。岩手県はわんこそばやひっつみが有名。　(3)　乾式加熱は，「焼く」「炒める」など水を使わない料理法のこと。それに対し，「ゆでる」「煮る」「蒸す」は水を使った料理法で，湿式加熱という。(4)　学校家庭クラブ活動は，学校や地域の課題を見つけ取り組むこと。設問では「地域」と明示してある。まず，地域での食育推進活動がどのようなことを実施しているか，よく調べてみることが大切。それをさらに，中・高校生の立場で工夫・研究できないかなどと，検討してみるのも1つの方法である。また一歩進んで，新たな発想・創意で課題を見つけ取り組むのもよい。そして，活動内容について地域の感想を聞き，さらに発展させることが大切である。

【4】(1)　①　キ　　②　ケ　　③　カ　　④　ウ　　⑤　オ
(2)　小麦　そば　落花生　　(3)　解答省略　　(4)　①　×
②　○　　③　○

〈解説〉(1)　食品衛生法は，飲食による衛生上の危害発生の防止，JAS法は品質に関する適正な表示，健康増進法は国民の栄養の改善や健康の増進を目的とした。これらの一元化な制度の創設を目指したのが，食品表示法である。栄養成分表示は，エネルギー，たんぱく質，脂質，炭水化物，ナトリウムの5つで，ナトリウムは原則として食塩相当量に換算して表示する。　(2)　アレルギー表示については，7品目の表示の義務化のほかに，表示推奨品目として大豆，牛肉，豚肉など20品目がある。　(3)　保健機能食品制度では，特定保健用食品(個別許可型)，栄養機能食品(規格基準型)，機能性表示食品(届け出型)の3つに分けられる。特定保健用食品は，特定の保健の効果(コレステロールを正常に保つなど)が科学的に証明されているもの。表示については，国の許可が必要である。機能性表示食品は，事業者の責任で消費者庁に届けた食品。科学的根拠をもとに，商品パッケージに機能性を表示する。　(4)　賞味期限と消費期限は，1995年に表示が義務づけられた。賞味期限は劣化が比較的遅い食品，消費期限は劣化が早い商品に対する表示である。

【5】(1)　①　キ　②　オ　③　ウ　④　ク　(2)　解答省略

(3)

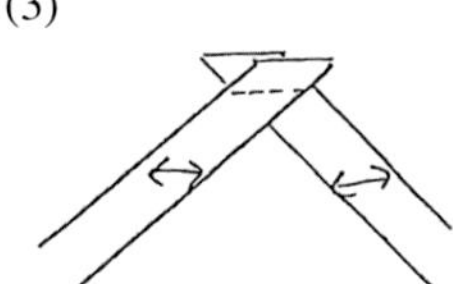

説明…解答省略

(4)　①　イ　②　カフス　(5)　イ

〈解説〉(1)　ボーカラーは，首に沿った衿とそれに続く長い衿を，フロントで蝶結びに結ぶ衿である。スタンドカラーは，折り返しのない衿(立ち衿)。フラットカラーは，その通り平らな衿のこと。オープンカラーは，首まわりが開いた衿。設問以外のえりは，下記の通りである。

(2)　地直しとは，縫製後の型くずれや仕上がり寸法の安定をはかるために，裁断前に霧吹きやアイロンを用いて，布目を正す処理のことをいう。綿は霧吹きで湿らせ，アイロンをかける。縮みやすい場合は水に浸し，生乾きでアイロンをかける。　(3)　バイアステープとは，織

物の布目に対して斜めに裁ったテープ状のものをいう。はぐときも，斜めが保たれることに留意する。　(4)　①　そでの型紙のアとイが，前身ごろのアームホール(袖ぐり)につける部分である。カーブのくぼみの多い方が前身ごろに付く。　②　カフスはそで口につける。そでの型紙オの部分を縫い縮めたり，タックやダーツでカの幅と合わせる。(5)　ミシン針は番号が大きい程太く，ミシン糸は番号が大きい程細い。

【6】(1)　①　オ　　②　イ　　③　キ　　(2)　エシカル(ファッション)
(3)　解答省略

〈解説〉(1)　①の麻の葉は，正六角形内で6個の菱形の頂点が，一点で接するように構成された格子模様。②の矢絣は，和服などに使われる矢羽根を繰り返した模様。③の青海波は，三重に重ねた半円を波のように繰り返した模様である。他の柄の名称は次の通り。

市松

鹿の子

ヘリンボーン

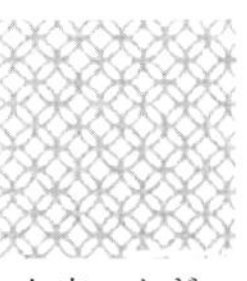
七宝つなぎ

(2)　エシカルとは，「倫理的な」「道徳上の」といった意味。エシカルファッションは，2010年頃から注目度が上がり，ファッション業界でよく知られている。素材の選定はオーガニックコットン，リサイクルコットン等を使用し，素材の購入は発展途上国から買い付ける。商品の製造は天然染料を使用し，商品の流通はフェアトレード(公正取引)を行う。　(3)　透湿防水とは，水は防ぐが汗などの湿気は通す性質のこと。登山で汗をかいた時などでも，体温調整がうまくいくことを目的に開発された。水滴が水蒸気(水分子)よりも，大きいことを利用している。水滴よりも小さく，水蒸気よりも大きな微細な穴を多数あける。さらに，はっ水加工を施し，水滴を通りにくくする。

【7】(1)　①　医療保険　　②　40　　③　雇用保険　　④　労働者災害保障保険(労災保険)　(2)　①　地域包括支援センター　　②　要支

援　(3)　①　厚生年金　②　ア

〈解説〉(1)　社会保障はすべての国民に対し，国が人間として最低限度の生活水準を確保させる制度である。所得保障と医療保障が2本柱。社会保険に対し，社会福祉は児童手当などの児童福祉，高齢者福祉，障害者福祉など様々な制度がある。　(2)　①　地域包括支援センターは，2005年の介護保険制度の改正に伴い制定された。センターには，保健師，主任ケアマネジャー，社会福祉士が置かれ，相互連携しながら業務にあたる。　②　要介護認定により，要介護は1～5，要支援は1～2，非該当者(自立)に分類される。他に要支援・要介護のおそれのある者，一般高齢者とある。　(3)　①　日本の年金制度は，家にたとえて「3階建て」と言われる。1階部分は，全国民共通の年金制度である「国民年金」。2階部分は，会社員，公務員の年金制度である「厚生年金」。3階部分は，会社独自の年金制度である「企業年金」，および公務員独自の上乗せ制度である「年金払い退職給付」。なお，2016年から共済年金は厚生年金に統合された。　②　国民年金の保険料は，基本的には定額。学生は，「学生納付特例制度」がある。老齢基礎年金の支給開始は，原則65歳以上である。

【8】(1)　①　ア　②　イ　③　ウ　④　ウ　(2)　①　×　②　×　③　○

〈解説〉(1)　コレクティブハウスは，仲間や親しい人々が，共同で生活するための住居。食堂などの共用空間を持つが，各戸にトイレや寝室などの独立した住居スペースがある。シェアハウスは，自分の個室でプライバシーを確保しながら，リビングやキッチン，浴室などを共有する。2006年からの10か年計画である住生活基本計画では，「最低居住面積水準」と「誘導居住面積水準」を定めている。住宅性能表示基準とは，住宅の品質確保の促進等に関する法律に基づく制度で，外からは判断しにくい性能について評価するもの。表面フラッシュ現象は，わずかな炎の着火で短時間に衣類の表面を火が走る現象をいう。シックハウス症候群は，新築の住まいなどから出るホルムアルデヒド等の化学物質が原因とされ，目の痛みや頭痛等の症状をいう。間取りは，住宅内に部屋の配置を計画すること。リノベーションは，部分的な修繕を含むリフォームに対し，物件の価値を高めるための改修である。(2)　畳は縦横比が1：2で，縦は通常90cm。建ぺい率は，建築面積の敷地面積に対する割合をいう。延べ面積の敷地面積に対する割合は，容積率である。

【9】(1)　①　ウ　　②　ア　　③　イ　　A　10(年毎)

(2)　①

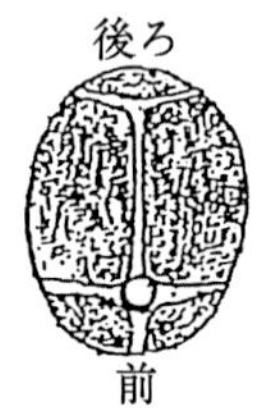

②　ウ　　(3)　①　児童発達支援センター　　②　児童養護施設

③　児童厚生施設

〈解説〉(1)　乳幼児身体発育値には，一般調査と病院調査がある。生年月日，体重，身長，胸囲，頭囲は共通の調査事項。乳児の胃の幽門とは，出口の部分を指し，袋の部分の湾曲が大きい方が「大わん」，小さい方を「小わん」という。胃の容量は1歳で約300ml，2歳で約500ml，成人で約1300～1400mlである。骨には骨独特の骨年齢がある。普通手首の骨のレントゲンを撮り，発育状態を調べるが，通常はその人の年齢と一致する。　(2)　頭蓋骨の各部の名称は次図の通りである。大泉門は骨がないので，手で触れると柔らかく感じる。小泉門は，生後まもなく閉じる。

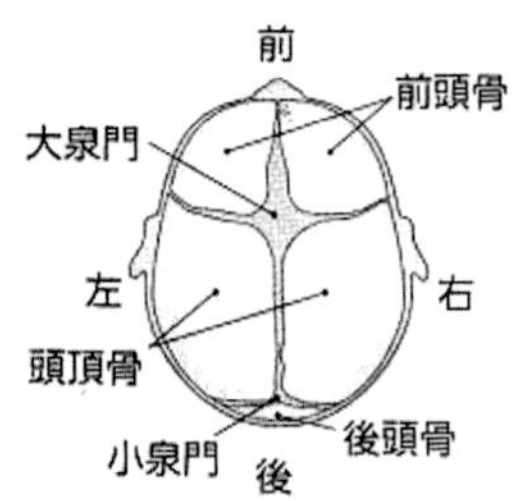

(3) 児童福祉施設は，国・都道府県・市町村・社会福祉法人等が設置できる。児童発達支援センターは，支援の内容により，福祉型と医療型に分かれる。児童養護施設は，厚生労働省の調査によると，2016年10月末現在，全国で603の施設があり，約27300人の児童が入所している。同じく児童厚生施設は，全国で4600の児童館がある。

【10】① 衣食住　② 科学的　③ 文化　④ 持続可能
⑤ 資源　⑥ 意思決定　⑦ 主体的

〈解説〉この文の続きは，(ア)「食生活の科学と文化」，(イ)「衣生活の科学と文化」，(ウ)「住生活の科学と文化」，(エ)「持続可能な社会を目指したライフスタイルの確立」について記されている。また，「家庭総合」の内容はほかに，(1)「人の一生と家族・家庭」，(2)「子どもや高齢者とのかかわりと福祉」，(3)「生活における経済の計画と消費」，(5)「生涯の生活設計」，(6)「ホームプロジェクトと学校家庭クラブ活動」がある。それぞれについて熟読し，意図を理解しておくことが望ましい。

2017年度　実施問題

【中高共通】

【１】「家族の献立作成」に関する次の文を読んで，以下の各問いに答えよ。

> 幼児期は，成長発育のために，たんぱく質，無機質，ビタミンなどを多量に必要とするが，(　①　)〔ア　乳歯　　イ　消化器　　ウ　循環器〕の発達がまだ不十分であり，3回の食事以外に(　②　)〔ア　離乳食　　イ　間食　　ウ　母乳〕によって栄養を補う必要がある。
>
> 壮年期は，不規則な生活になりやすいので，栄養のバランスに注意し，(　③　)〔ア　骨折　　イ　生活習慣病　　ウ　脱水〕予防のため，A脂質の中でも飽和脂肪酸の取りすぎに注意する。

(1)　文中の(　①　)～(　③　)に最も適する語句を，それぞれ〔　　〕内のア～ウから1つずつ選び，記号で答えよ。

(2)　次表は，4つの食品群別摂取量の目安を示したものである。ただし，香川芳子案とし，身体活動レベルは普通(Ⅱ)とする。以下の各問いに答えよ。

(1人1日あたり，単位g)

年齢・性別＼食品群		乳・乳製品	卵	魚介・肉	(ア)	(イ)	いも	果物	穀類	油脂	砂糖
16歳	男	(ウ)	50	160	100	350	100	200	(エ)	30	10
	女	330	50	120	80	350	100	200	320	(オ)	10

(注)　エネルギー量は，「日本人の食事摂取基準(2015年版)」の参考表・推定エネルギー必要量の約95%の割合で構成してある。

①　表中の(　ア　)，(　イ　)に最も適する語句を，それぞれ答えよ。

②　表中の(　ウ　)～(　オ　)に適する数値の組み合わせとして正しいものを，次のa～cから1つ選び，記号で答えよ。

a　ウ　400　　エ　450　　オ　20
b　ウ　430　　エ　470　　オ　25
c　ウ　400　　エ　420　　オ　25

(3)　次の文は下線部Aについて説明したものである。以下の各問いに答えよ。

> 脂質には，中性脂肪，リン脂質などがあり，食品中の脂質の大半は(　ア　)である。(　ア　)は，(　イ　)と脂肪酸が結合したもので，(　ウ　)という消化酵素で分解されて，(　エ　)から吸収される。
>
> 脂肪酸には，飽和脂肪酸と不飽和脂肪酸(一価及び多価不飽和脂肪酸)があり，多価不飽和脂肪酸のリノール酸やリノレン酸などは体内で作れないため，(　オ　)脂肪酸とも呼ばれる。
>
> 飽和脂肪酸は，血中(　カ　)を増加させる，一方，(　キ　)油に多く含まれるイコサペンタエン酸やドコサヘキサエン酸などの不飽和脂肪酸には，血中(　カ　)を減らす働きがある。

①　文中の(　ア　)～(　キ　)に最も適するものを，次の〔語群〕の中のa～lから1つずつ選び，記号で答えよ。

〔語群〕

a　胆汁酸	b　グリセリン	c　リパーゼ
d　ホルモン	e　必須	f　小腸
g　魚	h　コレステロール	i　ペプシン
j　植物	k　中性脂肪	l　胃

②　次のア～ウの各文は，不飽和脂肪酸について述べたものである。それぞれ正しいものには○，誤っているものには×を記せ。

ア　天然の不飽和脂肪酸のほとんどはトランス型である。

イ　硬化油は植物油に炭素を添加して不飽和脂肪酸を飽和脂肪酸に変えて硬化したものである。

ウ　トランス脂肪酸を多量に摂取すると，心疾患のリスクが高まるといわれている。

(☆☆☆◎◎◎)

【２】ハンバーグステーキの調理について，下の各問いに答えよ。

ハンバーグの材料	つけあわせの材料
a　あいびき肉 b　玉ねぎ 　　食パン 　　牛乳 c　卵 d　塩 e　香辛料	f　にんじん 　　さやいんげん

(1)　a　あいびき肉とはどのような肉か，説明せよ。

(2)　b　ハンバーグステーキにおける玉ねぎは，一般的に細かく切って用いるが，この切り方の名称を答えよ。

(3)　c　卵100g中のたんぱく質の量は12.3gであった。卵12g中のたんぱく質の量を求めよ。ただし，小数第2位を四捨五入し，小数第1位まで求めよ。

(4)　d　ハンバーグステーキにおける塩の役割を「粘性」という言葉を用いて説明せよ。

(5)　e　香辛料として，にくずくの完熟した種子のはい乳を乾燥させたものを使うこととする。この名称を答えよ。

(6)　ハンバーグステーキをフライパンで焼くときの火加減の要領について説明せよ。

(7)　f　つけあわせとしてにんじんを輪切りにし，水，調味料，バターを加え汁気が無くなるまで煮る料理をつくりたい。この料理の名称を答えよ。

(☆☆☆◎◎◎)

【３】調理の基本に関する次の各文について，正しいものには○，誤っているものには×を記せ。

(1)　かき玉汁の溶き卵を入れるのは「汁が煮立っているとき」がよい。

(2)　「下味」とは，材料をあらかじめゆでることである。

(3)　材料をまな板に置き，塩をふって転がすことを，「板ずり」という。

(4) 揚げたものの油分を湯をかけて抜くことを「さらす」という。

(5) 食品の廃棄率とは，全重量分の可食部重量の割合のことである。

(☆☆☆◎◎◎)

【4】衣生活について，次の各問いに答えよ。

(1) じんべいの製作について，次の各問いに答えよ。

① 次図はじんべいのできあがり図を示したものである。図中のア～ウの各部の名称として最も適するものを，下の〔語群〕の中のa～eから1つずつ選び，記号で答えよ。

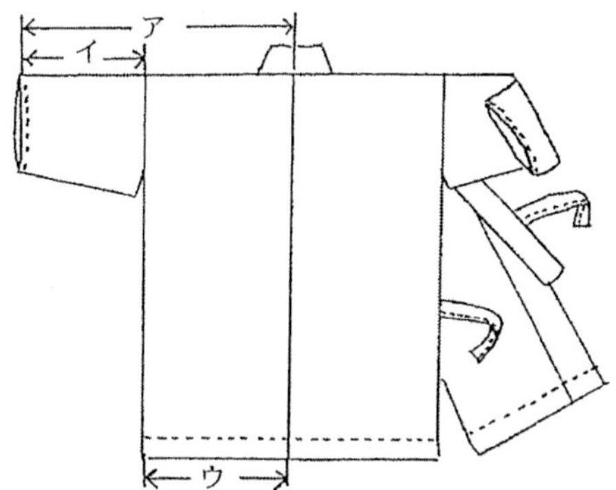

〔語群〕 a 背たけ　b ゆき　c 後ろ幅　d 前幅　e そで幅

② 90cmの洋服地(無地)で製作する場合，用布の見積もり方として最も適する計算方法を，次のア～ウから1つ選び，記号で答えよ。また，着たけ76cm，そで付け寸法27cmの体型の場合，何cm以上の長さの布地が必要か，求めよ。

ア (着たけ＋3)×2＋そで付け寸法

イ 着たけ×2＋そで付け寸法×2

ウ (着たけ＋3)×2＋(そで付け寸法＋2)×2

③ 洋服地を用いてじんべいを製作する場合，夏の日常着としてより適している布地を，次の〔語群〕の中のア～キから3つ選び，

記号で答えよ。

〔語群〕　ア　サージ　　　　　イ　シーチング
　　　　　ウ　コーデュロイ　　エ　オーガンジー
　　　　　オ　ブロード　　　　カ　ギンガム
　　　　　キ　サテン

(2)　和裁の縫い方のうち，次の①～③の縫い方の名称をそれぞれ答えよ。

①　②　③

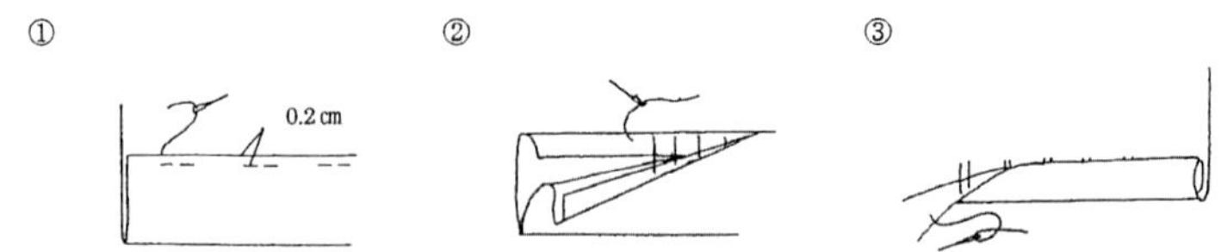

(3)　繊維製品の取扱い表示について，次の各問いに答えよ。

①　次の文中の(　ア　)～(　エ　)に最も適するものを，下の〔語群〕の中のa～fから1つずつ選び，記号で答えよ。

近年，衣類等の生産や流通は海外との取引が一般的になり，また家庭で使用する洗濯機や洗剤類は多様化し，商業クリーニングの技術も進化するなど繊維製品を取り巻く環境は大きく変化した。平成26年10月，(　ア　)はJIS L 0001として，新しい「取扱い表示記号」を制定した。これに伴い，(　イ　)は衣料品の「取扱い表示」に関する繊維製品(　ウ　)表示規程を改正し，平成28年12月から施行することとした。新しい「取扱い表示記号」は，(　エ　)3758と同じ記号を用いるため，国内外での表示が統一されることによって，消費者にとっては，利便性が高まることが期待されている。

〔語群〕　a　性能　　b　経済産業省　　c　JAS　　d　消費者庁
　　　　　e　品質　　f　ISO

②　次のア～エは①のJISによる取扱い表示について述べたものであ

る。述べている表示として，最も適するものを下のa～hから1つずつ選び，記号で答えよ。

ア　液温は40℃を限度とし，手洗いによる洗濯ができる。

イ　日陰の平干しがよい。

ウ　石油系溶剤によるドライクリーニングができる。

エ　酸素系漂白剤の使用はできるが，塩素系漂白剤は使用禁止。

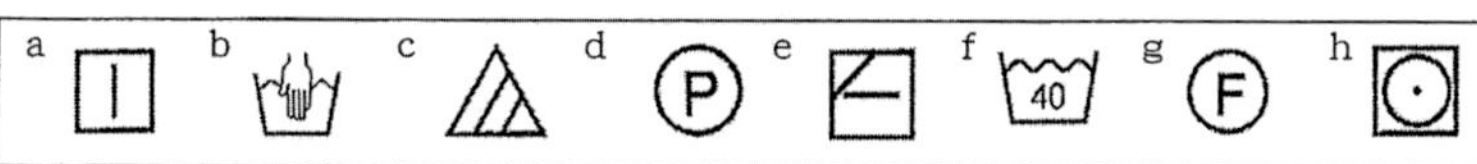

(4)　色について，次の各問いに答えよ。

①　次の文中の(　A　)～(　F　)に最も適する語句をそれぞれの〔　　〕内のア，イから1つずつ選び，記号で答えよ。

> ・色料3原色とは，マゼンダ，イエロー，(　A　)〔ア　シアンブルー　　イ　パープリッシュブルー〕であり，混色すると(　B　)〔ア　暗く　　イ　明るく〕なる。
>
> ・色の三属性とは，色相，明度，(　C　)〔ア　色調　イ　彩度〕であり，白みが多いと，(　D　)〔ア　低　イ　高〕明度になる。あかときみどりのような組み合わせを，(　E　)〔ア　対照　　イ　類似〕色相の配色という。
>
> ・同一色相を使いながらトーンだけを変える配色法を，トーン・(　F　)〔ア　イン　　イ　オン〕・トーン配色という。

②　実用配色体系(P.C.C.S)の表示で，「V8」の「V」とは何を表しているか，答えよ。

③　赤・黄・緑・紫の4色を基準に並べて環にしたものを何というか，答えよ。

(☆☆☆◎◎◎)

【5】ライフステージにおける主な発達課題に関する次の表を見て，以下の各問いに答えよ。

ライフステージ	発達課題（例）
A 乳幼児期	・B 言語を習得する ・C 基本的生活習慣を学ぶ ・D いろいろな遊びを体験する
E 児童期	・基礎学力を習得する ・家族の一員として自分の役割を分担協力する
F 青年期	・自己を見つめ、自分らしさを模索し、確立する ・職業観を形成する ・結婚観を形成し、親となるための準備をする
壮年期	・職業上の責任を果たす ・G パートナーとの人間関係を形成する ・子供を産み育てる
H 高齢期	・生涯現役として、多様な分野で活躍する ・周囲の人々とつながり、生きがいを持つ

(1)　下線部Aのうち，乳児期は何歳ごろまでか，答えよ。

(2)　下線部Bの過程で，一語文が現れ始めるのは一般的にいつ頃か，最も適するものを次のア～ウから1つ選び，記号で答えよ。

ア　5～6カ月　　イ　1歳～1歳半　　ウ　2歳半～3歳

(3)　下線部Cのうち，主なものとして5つ挙げられるが，食事，着脱衣，清潔以外の2つを答えよ。

(4)　下線部Cに対して，ルールを守るなど，社会の一員として身に付けるべき習慣を何というか，答えよ。

(5)　下線部Dについて，次の①～③の文は何を説明したものか，最も適するものを下の〔語群〕の中のア～カから1つずつ選び，記号で答えよ。

①　乳児期に多く見られる目，耳，触覚を使って楽しむ遊び

②　隣同士で同じ遊びを別々にすること

③　自然発生的に生まれ，年長児から年少児へ，大人から子どもへと受け継がれてきた遊び

〔語群〕　ア　ごっこ遊び　　イ　平行遊び　　ウ　模倣遊び
　　　　　エ　感覚遊び　　オ　伝承遊び　　カ　傍観遊び

(6)　下線部Eに関して，「放課後児童クラブ」はどのような子どもが利用するものか，説明せよ。

(7) 下線部Fの時期の発達課題のうち，次の①～③の説明内容と最も関係が深いものを，下の〔語群〕の中のア～オから1つずつ選び，記号で答えよ。

① 衣食住にわたる身の回りの家事や健康管理を実行できるようになること

② 社会人になった時，自分で収入を得て，その収支を管理すること

③ 自分自身で意思決定し，行動する力を身につけること

〔語群〕 ア 生活的自立　イ 精神的自立
ウ 経済的自立　エ 性的自立
オ 社会的自立

(8) 下線部Gに関して，次の各問いに答えよ。

① 次の文は結婚に関する法律の条文である。文中の(ア)～(オ)に適する語句をそれぞれ答えよ。

> a 婚姻は，(ア)の合意のみに基いて成立し，夫婦が(イ)の権利を有することを基本として，相互の(ウ)により維持されなければならない。
>
> b 男は，18歳に，女は，(エ)にならなければ，婚姻をすることができない。
>
> c 未成年の子が婚姻をするには，(オ)の同意を得なければならない。

② 上記bは，何という法律の条文か，法律の名称を答えよ。

(9) 下線部Hに関して，次の各問いに答えよ。

① 日常的に介護を必要としないで，自立した生活ができる生存期間を何というか，答えよ。

② 後期高齢者とは何歳以上を表しているか，答えよ。

③ 家庭内における不慮の事故死者の割合を示したあとの図中のaに最も適するものを，次のア～エから1つ選び，記号で答えよ。

ア 転倒・転落　イ 火災　ウ 窒息　エ 溺死・湖水

家庭内における不慮の事故死者

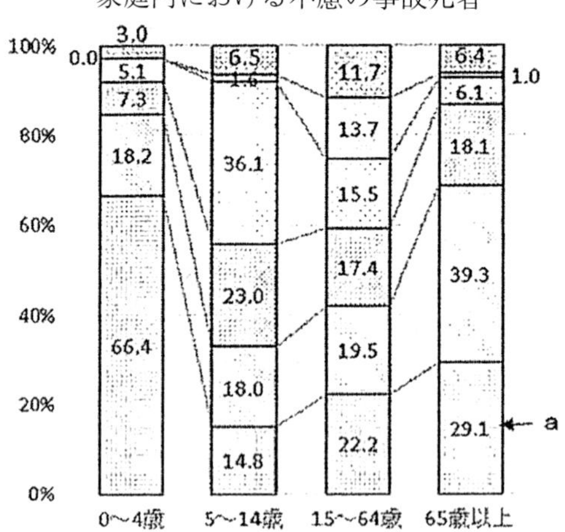

(厚生労働省「平成24年人口動態統計」)

(10)　ライフステージ上におけるリスクへの対応について，次の①～③の事柄は，「自助」「共助」「公助」のどれにあてはまるか，それぞれ答えよ。

① 子どもが病気になったら，仕事を休んで看病する。

② 高齢期の病気や介護に備えて，介護保険料を支払い，必要に応じて利用する。

③ 高齢期の病気や介護に備えて，日頃から健康づくりをする。

(☆☆☆◎◎◎)

【6】次の文は，高等学校学習指導要領(平成21年3月告示)第2章　各学科に共通する各教科　第9節　家庭　第3款　各科目にわたる指導計画の作成と内容の取扱いに記された内容(一部抜粋)である。文中の(　①　)～(　⑦　)に最も適する語句を答えよ。

・生徒が自分の(　①　)に結び付けて学習できるよう，問題解決的な学習を充実すること。

・子どもや高齢者など様々な人々と触れ合い，(　②　)とかかわる力を高める活動，衣食住などの生活における様々な事象を(　③　)や概念などを用いて考察する活動，判断が必要な場面を設けて理由や根拠を(　④　)したり適切な解決方法を(　⑤　)したりする活動などを充実すること。
・実験・実習を行うに当たっては，関連する法規等に従い，施設・設備の(　⑥　)に配慮し，学習環境を整備するとともに，火気，用具，材料などの取扱いに注意して(　⑦　)の指導を徹底し，安全と衛生に十分留意するものとする。

(☆☆☆◎◎◎)

解答・解説

【中高共通】

【1】(1)　①　イ　②　イ　③　イ　(2)　①　ア　豆・豆製品　イ　野菜　②　c　(3)　①　ア　k　イ　b　ウ　c　エ　f　オ　e　カ　h　キ　g　②　ア　×　イ　×　ウ　○

〈解説〉(1)　壮年期はおおむね30～40代と考えられる。③は後に脂質とあるので，メタボリックシンドロームを連想すればよい。　(2)　表には記載がないが第1群には乳・乳製品と卵，第2群には魚介・肉，第3群にはいもと果物，第4群には穀類と油脂，砂糖が属している。第2群は「からだや筋肉・血液を作る食品のグループ」，第3群は「体の調子をよくする食品のグループ」だから，アは豆・豆製品，イは野菜が該当する。　(3)　①　h　コレステロールは，ビタミンD，ホルモン，胆汁酸などを合成するために不可欠であるが，過剰摂取は動脈硬化の原因となる。　②　ア　天然の不飽和脂肪酸のほとんどはシス型である。イ　硬化油は植物油に水素を添加して，不飽和脂肪酸を飽和脂肪酸に変えて硬化したものである。

【２】(1)　豚肉と牛肉をあわせてひいたもの　(2)　みじん切り
(3)　1.5g　(4)　食塩に溶けやすいたんぱく質を溶かし，粘性を高め，形をつくりやすくする。　(5)　ナツメグ　(6)　最初は強火で焼き，その後は弱火で焼き上げる。　(7)　グラッセ

〈解説〉(1)　あいびき肉は，牛肉のうま味と豚肉の脂分がほどよい，牛6：豚4の割合がおいしいと考えられている。　(3)　$\frac{12.3}{100}=\frac{x}{12}$を解けばよい。　(4)　塩のたんぱく質溶解作用を利用して，ひき肉に塩を加えてこねることにより粘りを出したり，魚肉練り製品などに弾力性を与えることができる。　(6)　ハンバーグを焼くときの火加減は，最初は表面を固めてうま味を逃がさないように強火にする。その後は弱火でふたをして中まで十分に火を通す。　(7)　グラッセはフランス語でつやをつけるという意味であり，バターや蜜で煮ることでつやを出す。

【３】(1)　○　(2)　×　(3)　○　(4)　×　(5)　×

〈解説〉(2)　下味は，調理する前に味をつけておくことである。
(4)　油揚げや厚揚げなどに湯をかけて油分を抜くことを「油抜き」といい，油臭さがなくなり味のしみこみがよくなる。「さらす」はあく抜きなどの目的で水や塩水などにつけることである。　(5)　廃棄率とは，食品全体に対する廃棄する部分の割合のことである。

【４】(1)　①　ア　b　イ　e　ウ　c　②　見積もり方…ウ
必要な布地…216cm　③　イ，オ，カ　(2)　①　耳ぐけ
②　本ぐけ　③　三つ折りぐけ　(3)　①　ア　b　イ　d
ウ　e　エ　f　②　ア　b　イ　e　ウ　g　エ　c
(4)　①　A　ア　B　ア　C　イ　D　イ　E　ア　F　イ
②　ビビッド(さえた)　③　色相環

〈解説〉(3)　①　家庭用品品質表示法は，消費者が製品の品質を正しく認識し，購入の際に損失を被ることのないように，消費者の利益の保護を目的に，昭和37年に制定された。家庭用品品質表示法は必要に応じて見直しが行われており，これに基づく繊維製品品質表示規定も

ISO(国際標準化機構)に準じたものに改正された。 ② JIS L 0001の取扱い表示は，これまでの22種類から41種類に増え，より細かな表示となった。 (4) ① 混色すると暗くなることを減色法(減法混色)という。 ② P.C.C.Sは，日本色彩研究所によって開発されたカラーシステムである。

【5】(1) 1歳頃 (2) イ (3) 睡眠，排泄 (4) 社会的生活習慣 (5) ① エ ② イ ③ オ (6) 保護者が労働等により昼間家庭にいない小学生 (7) ① ア ② ウ ③ イ (8) ① ア 両性 イ 同等 ウ 協力 エ 16歳 オ 父母 ② 民法 (9) ① 健康寿命 ② 75歳以上 ③ ウ (10) ① 自助 ② 公助 ③ 自助

〈解説〉(1) 児童福祉法では1歳未満を「乳児」，1歳から小学校就学の始期に達するまでの子どもを「幼児」と定義している。

(2) ウ 2～3歳頃になると，二語文や三語文が話せるようになる。

(5) ③ 伝承遊びにはいろいろあるが，大人から子どもへ受け継がれる遊びとしてはベーゴマや竹馬，お手玉などがあげられる。 (6) 放課後児童クラブは授業終了後，児童館等を利用して適切な遊びや生活の場を提供し，健全な育成を図るものである。 (8) aは日本国憲法第24条第1項，bは民法第731条，cは民法第737条第1項である。

(9) ① 厚生労働省によると，わが国の2013年の健康寿命は，男性71.2歳，女性74.2歳である。

【6】① 生活 ② 他者 ③ 言葉 ④ 論述 ⑤ 探究 ⑥ 安全管理 ⑦ 事故防止

〈解説〉第3款の2の一部と3からの出題である。2では，(1)問題解決的学習の充実，(2)言語活動の充実，(3)食育の充実，(4)情報教育の充実，について配慮するよう示されている。一方，3では安全管理と衛生管理の徹底が示されている。

2016年度　実施問題

【中高共通】

【1】次の文は「日本人の食事摂取基準(2015年版)策定検討会」の報告書の概要をまとめたものである。以下の各問いに答えよ。

日本人の食事摂取基準は，(　①　)に基づき(　②　)大臣が定めるものとされ，国民の健康の保持・増進を図る上で摂取することが望ましいエネルギー及び栄養素の量の基準を示すものである。

日本人の食事摂取基準(2015年版)の使用期間は，平成27年度からの(　③　)年間である。今回の改定のポイントとしては，策定目的に，生活習慣病の発症予防とともに，(　④　)予防を加えたことが挙げられる。また，策定の基本事項として，従前は「基準体位」と表現していた身長・体重を，望ましい体位ということではなく日本人の平均的な体位であることから，その表現を「(　⑤　)体位」と改めた。

エネルギーについては，指標にBMIを採用した。さらに，成人期を3つの区分に分け，A<u>目標とするBMIの範囲</u>を提示した。目標とするBMIについては，肥満とともに，特に高齢者では(　⑥　)の予防が重要である。

各栄養素のうち，B<u>たんぱく質</u>の摂取基準の推奨量は，15～17歳の男性では(　⑦　)gである。

(1)　文中の(　①　)～(　⑦　)に最も適する語句や数字を，次の語群の中のア～ソから1つずつ選び，記号で答えよ。

語群						
	ア	健康保険法	イ	低栄養	ウ	健康増進法
	エ	老化	オ	厚生労働	カ	文部科学
	キ	参照	ク	5	ケ	10
	コ	35	サ	50	シ	65
	ス	重症化	セ	低年齢化	ソ	標準

(2) 下線部Aについて，目標とするBMIの範囲(18歳以上)を次表に示した。表中の①，②について，正しいものの組み合わせを下のア～エの中から1つ選び，記号で答えよ。

表：目標とするBMIの範囲(18歳以上)

年齢（歳）	目標とするＢＭＩ
18～49	18.5～24.9
50～69	①
70 以上	②

	ア	イ	ウ	エ
①	18.5～25.9	19.5～24.9	20.0～24.9	21.0～25.9
②	19.5～25.9	20.5～24.9	21.5～24.9	22.5～25.9

(3) BMIの算出方法を，式で表せ。(単位も付すこと)

(4) 下線部Bについて，次の(　ア　)，(　エ　)に最も適する語句を答えよ。また，(　イ　)，(　ウ　)に最も適するものを〔　　〕内のa～cの中から1つ選び，記号で答えよ。

① たんぱく質は，炭素，水素，酸素の他に，約16％の割合で(　ア　)が含まれており，さらに，りん，硫黄，鉄などで構成されている。

② たんぱく質は，1gあたり約(　イ　)〔a　4　　b　9　　c　14〕kcalの熱量を発生する。

③ たんぱく質は，約(　ウ　)〔a　5　　b　10　　c　20〕種類のアミノ酸が多数結合したものである。これらのアミノ酸のうち，体内で合成されないアミノ酸を(　エ　)という。

(5) 下線部Bに関する次の①～③の各文について，正しいものには○，誤っているものには×を記せ。

① 卵白には，アルブミンは含まれているが，グロブリンは含まれていない。

② 牛乳に含まれるカゼインは，リンたんぱく質である

③ たんぱく質は，胃で分泌されるペプシンによって消化され始め，小腸で分泌されるトリプシン・キモトリプシンによってアミノ酸に分解される。

(☆☆☆☆◎◎◎)

【2】親子どんぶりと菊花豆腐の吸い物の調理について，以下の各問いに答えよ。

〈親子どんぶり(1人分)〉
米　・・・・100g　鶏ささみ肉・・・・40g
水・・・・(A)ml　玉ねぎ　・・・・40g
みつば　・・・・5g
卵　・・・・50g
しょうゆ，みりん
煮出し汁

〈菊花豆腐の吸い物(1人分)〉
〔一番だし〕
水・・・・180ml　豆腐・・・・50g(1/6丁)
昆布・・・・2g　春菊・・・・10g
かつお節・・2g　ゆず・・・・少々
塩
薄口しょうゆ

(1)　通常の炊飯をする場合，(　A　)に最も適する数値を，次のa～dの中から1つ選び，記号で答えよ。

a　100　　b　120　　c　150　　d　180

(2)　こんぶとかつお節を用いた一番だし(混合だし)の適切な取り方を，簡潔に説明せよ。

(3)　菊花豆腐の適切な切り方について，図示した上で簡潔に説明せよ。

(4)　この菊花豆腐の吸い物について，豆腐は「わん種」にあたるが，春菊，ゆずはそれぞれ何にあたるか。

(5)　1人あたりのだし汁を150mlとして6人分の吸い物を作る場合について，次の問いに答えよ。

①　汁の塩分を0.8%とすると，6人分の汁の食塩相当量は何gか。

②　①のうち，1/2量を薄口しょうゆ(食塩含有量15%)で調味する場合，

ア　薄口しょうゆは何g必要か。

イ　アは，計量スプーン小さじ(5ml)で何杯か。

(☆☆☆◎◎◎)

【3】衣服の着心地と製作に関して，以下の各問いに答えよ。

(1) セミタイトスカートの製作において仮縫いしたスカートをはいたところ，下図のように，前ヒップラインとすそがつり上がった。

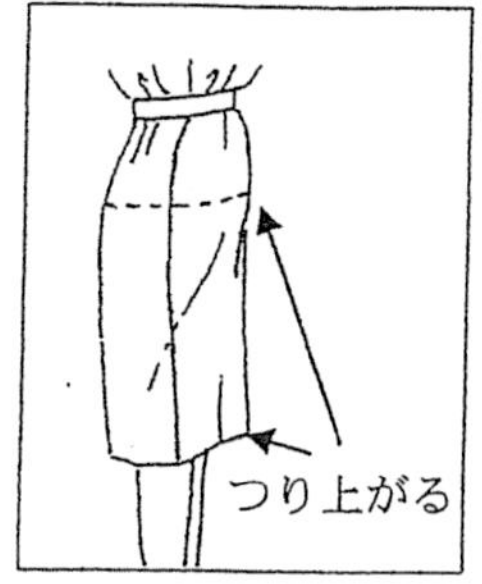

① からだのどの部分の張り・ふくらみが強いためにこのような状態になるのか。簡潔に説明せよ。

② スカート丈を変えずに，すそを水平にするための型紙の補正のしかたを図示せよ。

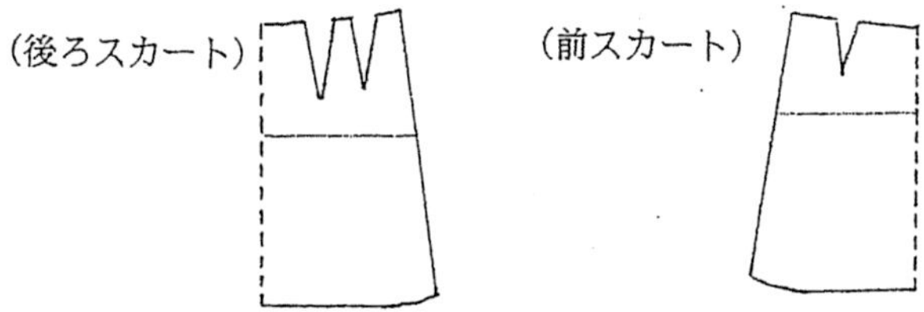

(2) 暑さ寒さにかかわる着心地について，次の各問いに答えよ。

① 人体と衣服の間の空気層の温度・湿度の状態を何というか。

② ①について，次の文中の(ア)，(イ)に適する数値をそれぞれ〔 〕内のa～cの中から1つずつ選び，記号で答えよ。

人間が最も快適に感じるのは，温度が(ア)〔a 22 b 32 c 42〕℃±1℃，湿度が(イ)〔a 30 b 50 c 70〕%±10%の状態とされている。

(3) 柔軟剤のしくみについて述べた次の文中の(ア)～(エ)に適する語句の組み合わせとして正しいものを，あとのa～dの中から1つ選び，記号で答えよ。

柔軟剤の主成分は(　ア　)イオン界面活性剤である。水の中で，(　イ　)の電気を帯びた繊維の表面に(　ウ　)の電気を帯びた界面活性剤の親水基がつくと，(　エ　)が繊維の外側になり，繊維同士の摩擦抵抗を弱めて繊維のすべりがよくなり，やわらかい手ざわりとなる。

a　ア　陽　　イ　プラス　　　ウ　マイナス　　エ　親油基
b　ア　陰　　イ　マイナス　　ウ　プラス　　　エ　親水基
c　ア　陽　　イ　マイナス　　ウ　プラス　　　エ　親油基
d　ア　陰　　イ　プラス　　　ウ　マイナス　　エ　親水基

(4)　下図のような大きめの縞模様のフレアースカートを140cm幅の布地で製作する場合，柄合わせに留意した型紙の配置は，ア，イのどちらが適切か。記号で答えよ。

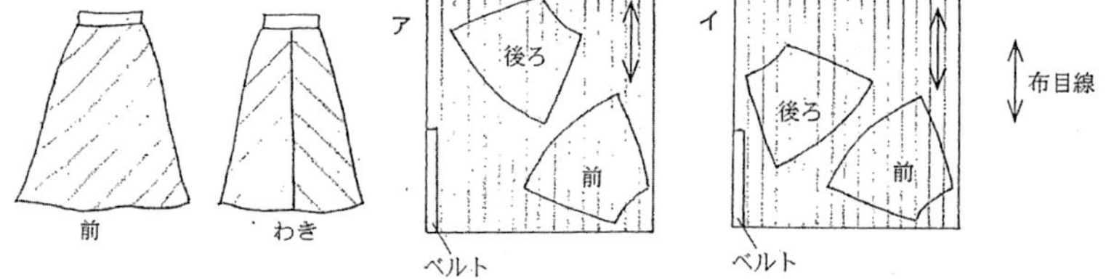

(5)　人体の寸法のうち，次の①，②の正しいはかり方を説明したものを，下のア～オの中から1つずつ選び，それぞれ記号で答えよ。

①　背肩幅　　②　また上たけ

ア　まっすぐに立った状態で，ウエストラインから臀溝までの長さを背部ではかる。

イ　背面で，肩先と腕つけねの一番下との中間の高さで左右の幅をはかる。

ウ　臀溝を軽く押し上げて裾までの長さをはかる。

エ　椅子に腰かけて，ウエストラインから座面までの長さを側面ではかる。

オ　左右の肩先から肩先までを，背中心の首のつけねを通るようにはかる。

(6) 衣服の素材である布について，次の各問いに答えよ。

① 織物の基本組織である三原組織をすべて答えよ。

② 次のア～エの編物のうち，伸縮性は小さいが形崩れしにくく，ほつれにくいものを1つ選び，記号で答えよ。

ア ガーター編　　イ トリコット編　　ウ メリヤス編

エ ゴム編

(☆☆☆☆◎◎◎)

【4】子どもの発達と保育に関して，以下の各問いに答えよ。

(1) 次の①～③は，ある人物の，子どもについての発達観・児童観や功績等を述べたものである。それぞれに関連する適切な人物を，下の語群の中のア～エから1つずつ選び，記号で答えよ。

① 子どもには自然に育つ力があるから，大人は干渉せずに，子どもの成長にあわせて手助けするのがよい。

② 子どもたちの遊びや生活の中に，「発達の最近接領域」があり，他者との相互作用によって，できないことができるようになる。

③ 保育は，子どもの自然な発達に応じなければならないと主張し，世界で初めて，ドイツで幼児教育機関として幼稚園をつくった。

語群　ア ヴィゴツキー　　イ ロバート・オーエン

　　　ウ フレーベル　　　エ ルソー

(2) 下表の幼稚園と保育所の違いについて，(　①　)～(　⑥　)に適する数値や語句を，それぞれ答えよ。

項目	幼稚園	保育所
管轄省庁	(　①　)	(　②　)
規定する法律	(　③　)	(　④　)
対象児	満(　⑤　)歳から小学校就学前まで	0歳から小学校就学前まで
保育時間※	(　⑥　)時間を標準とする	原則8時間

※延長保育や預かり保育を除く。

(3) 企業が子育て支援に関わる行動計画を策定し，その行動計画に定めた目標を達成した場合などに，「子育てサポート企業」として厚生労働大臣の認定を受けることができる。認定を受けた企業は，商品や広告に次の図のようなマークをつけることができる。このマークの名称を答えよ。

(☆☆☆☆◎◎◎)

【5】日本の住まいに関する次の文を読んで，以下の各問いに答えよ。

現在の住まいは，昔から受け継がれ，外国文化の影響を受け，新しい技術や社会の仕組みを受け入れる形で変化してきた。例えば，畳は(　①　)時代の「(　②　)造」に初めて登場し，座敷といわれる和室は室町時代以降の「(　③　)造」の影響を受けている。

椅子とテーブルで食事をする$_{A}$いす座というスタイルは，生活の洋風化とともに戦後に広く普及した。現在多く使われている間取りの$_{B}$nLDKのもととなるDKはC〔ア　1950年　　イ　1960年　ウ　1970年)頃に新しく登場したものである。これらの間取りは，食寝分離，$_{D}$就寝分離の考え方がもとになっている。

時代が変化しても変わらない生活のスタイルもある。日本の気候風土は高温多湿なため，履き物を脱いで床上に上がる上下足分離や，床に座る$_{E}$ゆか座のスタイルが残っている。

ふすまや障子などの$_{F}$引き戸は，スペースを有効に使うことができて便利である。

(1)　文中の(　①　)～(　③　)に適する語句を答えよ。

(2)　下線部AとEについて，それぞれの長所を2つずつ簡単に説明せよ。

(3)　下線部Bについて，LとDが表わすものをそれぞれ英語で答えよ。

(4)　文中のCについて，最も適するものをア～ウの中から1つ選び，記号で答えよ。

(5)　下線部Dについて，簡単に説明せよ。

(6)　下線部Fについて，次のア～エの平面表示記号のうち，「引き戸」であるものはどれか。正しい組み合わせをa～dの中から1つ選び，記号で答えよ。

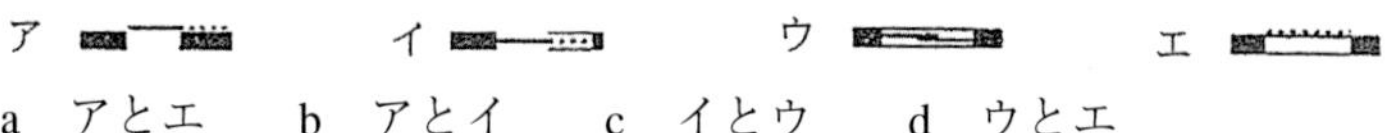

a　アとエ　　b　アとイ　　c　イとウ　　d　ウとエ

(7)　次の図Ⅰは，内側からも外側からも押して開けられる仕様の，両側に折れる「折れ戸」である。この「折れ戸」について，下の各問いに答えよ。

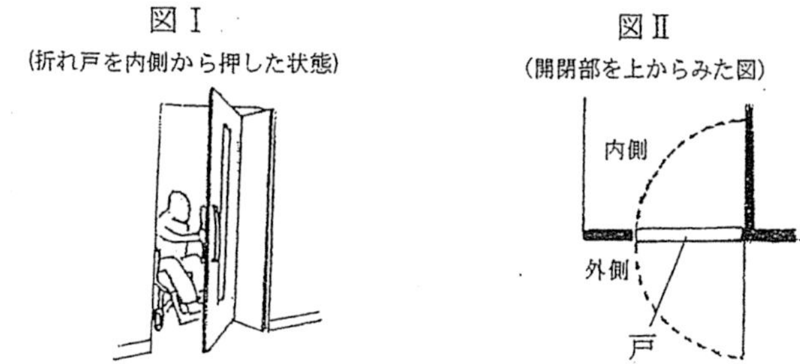

図Ⅰ
(折れ戸を内側から押した状態)

図Ⅱ
(開閉部を上からみた図)

①　図Ⅱに，戸幅(横幅)が同じ「開き戸」の開閉軌跡を点線で示した。「折れ戸」の開閉による軌跡を実線で記入せよ。ただし，「折れ戸」は戸幅に対し2：1の割合で折れ，広い部分が開閉するものとする。

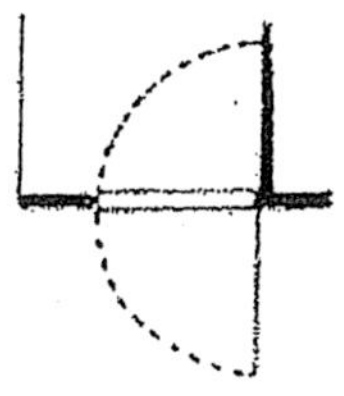

②　「折れ戸」を上枠から戸を吊り下げた上吊り戸にすると，どのような利点があるか。簡潔に説明せよ。

(☆☆☆◎◎◎)

【6】家庭・家族について，以下の各問いに答えよ。

(1)　下のグラフ「一般世帯における家族構成の割合の推移」は，国が5年ごとに実施する調査により作成したものである。グラフ下の「(①)」にあてはまる調査名を答えよ。

(2)　下のグラフの②，③，④にあてはまるものを，次のア～エの中から1つずつ選び，記号で答えよ。

ア　夫婦と子ども　　イ　夫婦のみ　　ウ　単独世帯

エ　成人した兄弟姉妹のみ

(3)　2010年の平均世帯人員数を，次のア～エの中から1つ選び，記号で答えよ。

ア　1.43人　　イ　2.42人　　ウ　3.41人　　エ　4.14人

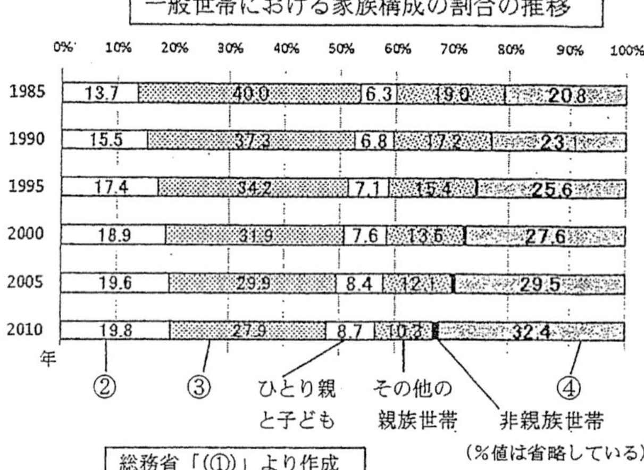

(☆☆☆◎◎◎)

【7】以下の各問いに答えよ。

(1) 次の表は，カードでの支払いや現金の引き出しについての関係を示したものである。①～③に適するカードの種類を，それぞれカタカナで答えよ。

代金を支払う	前払い	①
	即時払い	②
	後払い	クレジットカード
現金を引き出す	自分のお金を引き出す	キャッシュカード
	他人のお金を借りる	③

(2) 2013年国民生活センターによる高齢者の消費者トラブルに関する調査において，60歳以上の認知症等高齢者の相談が最も多い商品・サービスを，次のア～エの中から1つ選び，記号で答えよ。

ア 鮮魚(カニ等)　　イ 健康食品　　ウ ふとん類　　エ 新聞

(3) 認知症や知的障害，精神障害などによって物事を判断する能力が十分ではない人について，本人の権利を守る援助者を選ぶことで，本人を法律的に支援する制度を何というか。

(4) 原材料調達段階から，生産，流通，使用，廃棄・リサイクル段階までの，商品のライフサイクル全体を通して排出されるCO_2相当量を，その商品やサービスに分かりやすく表示する制度を何というか。

(5) 日本において，「消費者市民社会」が定義された法令を，次のア～ウの中から1つ選び，記号で答えよ。

ア 消費者教育推進法　　イ 消費者契約法　　ウ 消費者基本法

(☆☆☆☆◎◎◎)

【8】次の文は，高等学校学習指導要領(平成21年3月告示)第2章　第9節　家庭　第2款　各科目　第1「家庭基礎」において，「ホームプロジェクトと学校家庭クラブ活動」について記されたものである。文中の(　①　)～(　⑤　)に最も適する語句を答えよ。

自己の家庭生活や(　①　)の生活と関連付けて生活上の(　②　)を設定し，解決方法を考え，(　③　)を立てて実践することを通して生活を(　④　)的に探究する方法や(　⑤　)の能力を身に付けさせる。

(☆☆☆☆◎◎◎)

解答・解説

【中高共通】

【1】(1)　①　ウ　②　オ　③　ク　④　ス　⑤　キ
⑥　イ　⑦　シ　(2)　ウ　(3)　BMI＝体重(kg)÷(身長(m))^2
(4)　ア　窒素　イ　a　ウ　c　エ　必須アミノ酸(不可欠アミノ酸)　(5)　①　×　②　○　③　×

〈解説〉(1)(2)(3)　日本人の食事摂取基準は，健康増進法(平成14年)の第16条の2に基づいている。BMIとは体格を表す指数であり，エネルギーの摂取量および消費量のバランス(エネルギー収支バランス)の維持を示す指標である。BMIが25以上は肥満となる。日本人の食事摂取基準は成人期が18～29歳，30～49歳，50～69歳と年齢が区分されている。なお，たんぱく質は推奨量で表してあるが，推奨量とは対象集団のほとんどの人が充足している量をいう。この度の改定で，推定平均必要量，目安量，耐容上限量，目標量も示されているので，それぞれの意味を確認しておくことが大切である。　(4)　たんぱく質，脂質，炭水化物の各栄養素はエネルギー源となるが，窒素を含むのはたんぱく質だけである。1gあたりのエネルギーは，脂質が9kcal，炭水化物は4kcalである。必須アミノ酸は9種類あり，体内で合成されないので食物から摂取しなければならない。　(5)　①　卵白にはグロブリンが含まれ，起泡性に関与する。　③　トリプシン・キモトリプシンは十二指腸で分泌される。

【2】(1)　c　(2)　解答省略　(3)　解答省略
(4)　春菊…つま　ゆず…吸い口　(5)　①　7.2g　②　ア　24g
イ　4杯

〈解説〉(1)　炊飯の場合，米の重量に対し1.5倍の水が必要である。容量の場合は1.2倍である。米は，1カップ200cc＝160gである。
(2)　一番だしとは，新しいこんぶと削り節を使って最初にとるだしをいう。主にすまし汁やあんかけなど，澄んだ汁の料理に使う。二番だしとは，一番だしを取ったあとのこんぶと削り節を使って，二度目に取るだしをいう。煮物やみそ汁に使われる。 (3) 野菜の切り方は，いちょう切りや千切りのような基本的な切り方と，菊花切りのような飾り切りがある。 (4) つまとは，さしみや汁物のあしらいとして添えるもの。主材料を引き立てることから「妻」に由来するとされている。吸い口とは香りのものをいい，季節に合った素材で，他の材料との取り合わせを考えて選ぶ。 (5) ① 150×6×0.008＝7.2 g となる。② ア (7.2÷2)×100÷15＝24 g となる。イ しょうゆは，小さじ1が6 g なので，4杯となる。

【3】(1) ① 腹部の張り，ふくらみが強いため。
② (解答略)
(2) ① 衣服内気候(被服気候) ② ア b イ b (3) c
(4) ア (5) ① オ ② エ (6) ① 平織，斜文織(綾織)，朱子織 ② イ

〈解説〉(1) スカートの補正として出てくるのは，他に臀部のはりが強い場合，「後ろヒップライン，すそがつりあがるので，すそが水平になるよう，後ろウエストで追加する」，大腿部のふくらみが強い場合には「左右につれじわができるので，大腿部に必要なゆとりを脇で平行に出し，ダーツ分量を多くする」等の方法がある。 (2) 人間は，体温と外気温との差が10℃以上になると体温(36.5℃内外)に保てなくなる。そのため被服によって，温度差を調節するのである。一般的には，被服内温度は，身体に近いほど高く，被服内湿度は外気に近いほど高い。その逆もあるが，その時は不快感が大きい。 (3) 柔軟剤は，洗浄効果はないが，柔軟仕上げ効果，抗菌作用等がある。注意点として，過剰に使うと洗濯物の吸水性が低下する，洗剤と同時に入れると効果が薄れる場合がある，汚れが洗濯物に残っていると柔軟剤により洗濯物が黒ずむ，等がある。 (4) 前とわきの柄をよく見て，後ろの柄の置き方を考えてみよう。 (5) 人体の寸法を測ることを採寸という。

男女でも多少異なる箇所がある。各採寸箇所の測り方を習得しておこう。　(6)　①　平織はたて糸と横糸が一本ずつ互い違いに組み合わされる織り方で，ブロードやギンガム等に使用。斜文織は，一本の糸が2本以上の糸をまたいで交差する織り方で，デニムやサージ等に使用。朱子織はたて糸と横糸の交差点をできるだけ少なくする織り方で，サテンやドスキンなどに使用。　②　横編みは，横方向に編んでいくもので，セーター編みに使われるのはこれである。たて編みは縦方向に編んでいくので，横編みよりほつれにくく，伸びにくく腰がある。解答のトリコット編は，そのたて編みの特徴を持ち，下着から外衣まで幅広く活用されている。

【4】(1)　①　エ　　②　ア　　③　ウ　　(2)　①　文部科学省
　②　厚生労働省　　③　学校教育法　　④　児童福祉法
　⑤　3　　⑥　4　　(3)　くるみんマーク(次世代認定マーク)

〈解説〉(1)　①　ジャン＝ジャック・ルソーは18世紀にジュネーブ共和国で生まれ，主にフランスで活躍した哲学者，作家，作曲家である。著書「エミール」の中で子どもの内発性を社会から守ることに主眼を置く教育論を述べた。　②　レフ・ヴィゴツキーは20世紀のロシアの心理学者。　③　フリードリッヒ・フレーベルは18～19世紀の教育学者で，小学校就学前の子どものための教育に従事した。なお，選択肢イのロバート・オーエンも幼児教育の大切さを唱えたが，イギリスの社会改革家・実業家である。　(2)　集団保育施設は，従来は設問に掲げてある幼稚園と保育所のみであったが，幼保の一元化，保護者が就労していないと保育所が利用できないことや，待機児童の解消等の理由で，2006年から認定こども園制度が開始された。これらをあわせて覚えておくとよい。管轄省庁(文部科学省・厚生労働省)，規定する法律(学校教育法・児童福祉法)，対象児(未就学児)，保育時間(一日4時間・8時間)も同様に重要である。　(3)　くるみんマークは，2003年に「次世代育成支援対策推進法から取り組みが始まった。「くるみん」は，“くるむ”を意味し，赤ちゃんを優しく，暖かく包むことを表している。また，企業とその職場ぐるみの少子化問題や子育てに取り組むことも表している。

【5】(1) ① 平安　② 寝殿　③ 書院　(2) A 座位から立位が楽　床面より高く，衛生的 など　E 家具をあまり使わない　部屋の転用が効く など　(3) L…living room，D…Dining room　(4) ア　(5) 親子で別室，きょうだいの男女で別室に，寝室を分ける。 (6) b

(7) ① 解答省略

② 床面のレールが不要で，段差がない。

〈解説〉(1) 日本の家屋における畳，障子，襖，床の間等の歴史についても関連して理解しておくとよい。 (2) いす座とゆか座の特徴についての比較である。欠点を挙げれば，いす子座は家具を使用するので，広い空間が必要となる，空間の用途が固定され，融通があまり利かない，等がある。一方のゆか座は，行動が不活発になりやすい，作業効率が悪い，畳は湿度が高く，ダニやかびが発生しやすい，等がある。(3) Lはリビングルームと呼ばれ，居間のことである。Dはダイニングルームで，食堂である。 (4) 生活の洋風化，すなわち住宅の洋風化も戦後まもなく普及したので，1950年頃となる。 (5) 生活の合理化，衛生化から食寝分離(食事の部屋と寝室を別にする)が，戦後に進んだ民主化による家族制度の変化等から就寝分離が定着していったともいわれている。 (6) アは片引き戸，イは引き込み戸，ウは引き違い窓，エは格子付き窓である。 (7) 図でわかるように，十分な広さがあり，車椅子も通ることができ，床面は何もない状態である。

【6】(1) 国勢調査　(2) ② イ　③ ア　④ ウ　(3) イ

〈解説〉(1) 国勢調査は，我が国の人口・世帯の実態を明らかにすることを目的にした最も重要な統計調査である。この調査は，日本国内に住んでいるすべての人・世帯を対象に5年に一度行われている。

(2) この表の「夫婦のみ」「夫婦と子ども」「ひとり親と子ども」を核

家族世帯という。その他の親族世帯を拡大家族という。核家族世帯と拡大家族世帯を合わせて，親族世帯という。　(3)　平均世帯人員は，1960年頃までは4人台であったが，その後は低下の一途をたどっている。

【７】(1)　①　プリペイドカード　②　デビットカード　③　ローンカード　(2)　イ　(3)　成年後見制度　(4)　カーボンフットプリント　(5)　ア

〈解説〉(1)　前払いでは，プリペイドカードの他に商品券もある。デビットカードは，商品の代金が，利用者指定の金融機関の口座から即時引き落とされるものである。また，近年普及しているプリペイド型電子マネーは，現金を持たなくとも交通機関や商品の購入など，広範囲な用途において現金の代わりに利用できる。　(2)　高齢者の相談件数は，2003年～2008年までは，ふとん類が最も多く，ついで健康食品であった。その後2013年度には，3万件を超え，前年度の2倍となった。しかし，2013年に消費者庁による業務停止命令などにより，徐々に減少している。　(3)　成年後見制度は2000年に設けられた。裁判所の審判によって成年後見人が選ばれる法定後見と，本人の判断能力があるうちに後見人を選んでおく任意後見がある。　(4)　カーボンフットプリントは「炭素の足跡」を意味しており，温室効果ガス排出量(重量)をCO_2に換算して表す。人間活動が環境に与える負荷を，資源の再生産や廃棄物の浄化に必要な面積として表すのがエコロジカル・フットプリントである。　(5)　消費者教育推進法は，2012年に成立した。「消費者が消費者市民社会を構成する一員として…」と明記してある。消費者契約法は，2000年に，消費者取引の包括的な法律として制定。消費者基本法は，1968年に制定した消費者保護基本法を2004年に改名施行されたもの。

【8】① 地域　② 課題　⑤ 計画　④ 科学　⑤ 問題解決

〈解説〉この設問では「家庭基礎」と明記してあるが，共通教科「家庭」の他の2科目である「家庭総合」「生活デザイン」のいずれにおいても同じ文章が明記してあるので，確認すること。また，高等学校学習指導要領解説の「内容の構成及び取扱い」に詳細な指導方法について記載してあるので，これもよく学習しておくことが大切である。さらに，専門教科「家庭」での扱いについても必須である。「教育課程の編成・実施に当たって配慮すべき事項」に記してある内容を確認しよう。

2015年度　実施問題

【中高共通】

【1】食生活と調理に関する次の文を読んで，以下の各問いに答えよ。

平成25年12月，「和食；日本人の伝統的な食文化」がユネスコ無形文化遺産に登録され，農林水産省が作成した「和食」紹介リーフレットには，以下のような「和食」の特徴が4つ示されている(一部省略)。

・日本の国土は(　①　)に長く，海，里と表情豊かな自然が広がっているため，各地で地域に根差したA多様な食材が用いられています。また，素材の味わいを活かすB調理技術・調理道具が発達しています。

・一汁(　②　)を基本とする日本の食事スタイルはC理想的な栄養バランスと言われています。また，「(　③　)」を上手に使うことによって(　④　)油脂の少ない食生活を実現しており，日本人の長寿，肥満防止に役立っています。

・食事の場で，自然の美しさや四季の移ろいを表現することも特徴のひとつです。

・日本の食文化は，(　⑤　)と密接に関わって育まれてきました。自然の恵みである「食」を分け合い，食の時間を共にすることで，家族や地域の絆を深めてきました。

(1)　文中の(　①　)～(　⑤　)に最も適する語句を次の語群の中のア～コから1つずつ選び，記号で答えよ。

語群				
	ア　植物性	イ　うま味	ウ　三菜	エ　年中行事
	オ　東西	カ　宗教	キ　動物性	ク　一菜
	ケ　南北	コ　苦味		

(2)　下線部Aの1つとして，角寒天があるが，その扱い方について適切なものを，次のア～エの中から2つ選び，記号で答えよ。

ア　角寒天は，水洗いしてからちぎり，30分以上浸水させる。

イ　浸水した寒天は水気を絞り，分量の水に入れて火にかけ，沸騰させないように火加減に注意して煮溶かす。

ウ　砂糖は，加熱の最初から入れて，早めに煮溶かすようにする。

エ　寒天液は，容器ごと氷水に漬けると早く固まる。

(3)　下線部Bについて，煮物に用いる落としぶたの効果を2つ答えよ。

(4)　下線部Cについて，栄養バランスを判断する指標の1つにPFC比率がある。次の各問いに答えよ。

①　CはCarbohydrateを表わしているが，Pが表わすものを英語で答えよ。

②　栄養バランスに優れ，好ましいPFC比率といわれる「日本型食生活」は，日本のいつ頃の食生活を指しているか。次のア～エの中から1つ選び，記号で答えよ。

ア　1940年頃　　イ　1960年頃　　ウ　1980年頃

エ　2010年頃

(5)　炭水化物に関する次の文を読んで，以下の各問いに答えよ。

炭水化物は，消化酵素により消化される(　ア　)と，消化されないA食物繊維に分けられる。このうち(　ア　)は，1gあたり(　イ　)kcalのエネルギーを発生し，全摂取エネルギーのウ(a　20%以上30%未満　b　50%以上70%未満　c　70%以上90%未満)が目標量とされる重要なエネルギー源である。炭水化物は単糖類から構成される。単糖類のうち炭素数6個の六炭糖には，Bぶどう糖，果糖，(　エ　)などがあり，分子式はいずれも(　オ　)で表わされる。単糖類が2～10個程度結合したものを総称して少糖類といい，このうち結合数が2個のものをC二糖類という。

多糖類のうち，穀類やいも類に含まれるでんぷんは，生のままでは消化が悪いが，水を加えて(　カ　)すると(　キ　)して消化が良くなる。この状態のでんぷんを(　ク　)でんぷんという。また，でんぷんは，ぶどう糖の結合のしかたでD2つに分けられる。

①　文中の(　ア　)，(　イ　)，(　エ　)，(　カ　)～(　ク　)に最も適する語句や数字を答えよ。また，ウは最も適するものを(　　)

内のa～cの中から1つ選び，記号で答えよ。(　オ　)には適する分子式を答えよ。

② 下線部Aには，水溶性と不溶性がある。次のア～オの中から水溶性のものを2つ選び，記号で答えよ。

ア　アルギン酸　　イ　ヘミセルロース　　ウ　リグニン

エ　キチン　　　　オ　グルコマンナン

③ 下線部Bに関する次の各文について，正しいものには○，誤っているものには×を記せ。

ア　人間の血液中のぶどう糖濃度は，通常の血液100ml中に200mgぐらいである。

イ　過剰に摂取されて余ったぶどう糖は，脂肪組織で中性脂肪に変換され，貯蔵脂肪として蓄えらえる。

ウ　ぶどう糖は，単糖類の中で最も甘味度が高い。

④ 下線部Cのうち，石焼き芋のように低温で長時間加熱することによりさつまいもの甘みが増すのは，βアミラーゼによりでんぷんが分解し，ある二糖類が増えるためである。その名称を答えよ。

⑤ 下線部Dのうち，もち米にはほとんど含まれないものの名称を答えよ。

(6) 甘味・塩味・酸味などや渋味・辛味など，味覚は舌のどの組織で知覚されるか。その名称を答えよ。

(7) 次の①～⑥の各文について，正しいものには○，誤っているものには×を記せ。

① フリージングする場合は，ほうれん草やブロッコリーなどの野菜はブランチングしてから冷凍するとよい。

② 消費者庁は消費者の安心安全にかかわる問題を広く所轄しており，特定保健用食品の表示の許可も行っている。

③ ウイルス性食中毒は冬に発生することが多いが，細菌性食中毒は入梅する6～7月が最も多い。

④ ホワイトルーを作るとき，小麦粉20gに対するバターの量は30gが適切である。

⑤　鉢肴は，お通し・つき出しともよばれ，料理の品数には入れない。

⑥　第2次食育推進基本計画(2011年～2015年度)では，「食育に関心を持っている国民の割合」の目標値は90％以上である。

(☆☆☆☆◎◎◎◎)

【2】衣服の製作と衣服素材について，以下の各問いに答えよ。

(1)　化学繊維について，①～④の各文が表すものを下の語群の中のア～クから1つずつ選び，記号で答えよ。

①　コットンリンターを原料とした繊維で，成分はセルロースである。やわらかい感触と絹のような光沢がある。また，肌触りが良いため，肌着・裏地としても使われる。

②　合成繊維の中で，一番生産量が多く，ペットボトルの原料と同じである。

③　一般にスパンデックスと呼ばれている繊維で，ゴムに似た伸縮性があり，他の繊維と混ぜて，肌着・靴下・水着などに使われている。

④　毛に似たかさ高感を持ち，軽くて保温性が大きい。熱には弱いが，水や日光の影響，虫害は受けない。

語群　ア　ポリウレタン　　イ　キュプラ　　ウ　アクリル
エ　プロミックス　　オ　ナイロン　　カ　レーヨン
キ　ポリエステル　　ク　アセテート

(2)　糸に関する次のA，Bの文について，文中の(　①　)，(　②　)に適する語句を答えよ。また，③～⑤については最も適するものをそれぞれ(　　)内のa，bから1つずつ選び，記号で答えよ。

A　糸の太さの表示には，(　①　)を基準にした番手と，(　②　)を基準にしたデニールが使用されている。手縫い糸やミシン糸は番手で示されており，数が大きいほど糸は③(a　太い　　b　細い)。また，タイツの糸などはデニールで示されており，数が大きいほど糸は④(a　太い　　b 細い　)。

B　手縫い糸とミシン糸は，よりの方向が違う。

ミシン糸は⑤(a　Sより　　b　Zより)である。

(3)　ブラウスの仮縫いをして試着したら，下図のようなたすきじわがでた。この場合の型紙の補正のしかたを図示せよ。

(4)　バイアステープを使ってブラウスのえりつけをする場合，前身ごろ，えり，バイアステープが正しく配置されているものを次の(ア)～(エ)の中から1つ選び，記号で答えよ。(布の重なりは平面的に表し，縫いしろの切りこみやえりつけどまりは省略する。)

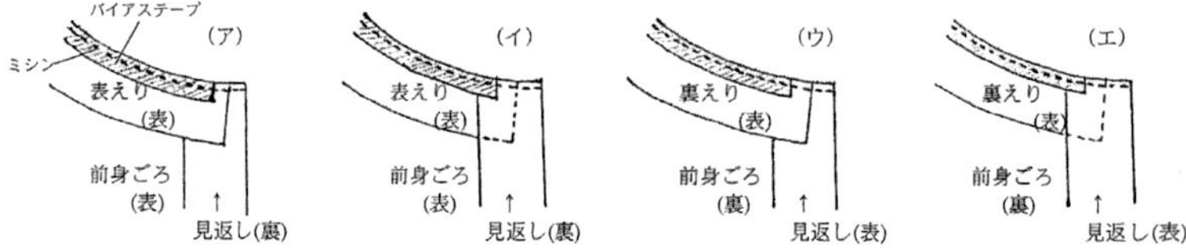

(5)　衣服に関する用語や名称について，次の①～⑤の各文が表すものを，それぞれ答えよ。

①　布が自然に垂れ下がる状態のこと。

②　既製服サイズ表示で，成人男性の体型区分を表わすもので，チェストとウエストの差のこと。

③　18世紀のフランスの貴族の女性が，スカートを膨らますために着ていた下着のこと。

④　毛繊維の縮充性を利用したもので，織らずに繊維のからみ合いだけで布状にしたもの。

⑤　布表面の毛羽が摩擦によってもつれ，さらに布中の繊維も引き出されてからみ合うために起こる現象。

(6)　アパレル産業におけるCADについて，パターンメーキングでは，基本となる型紙を作成し縫い目などを自動的につけることができる。次の①，②が表す機能は何というか。カタカナで答えよ。

①　作成した基本パターンをもとに，サイズ展開したり，デザイン

を部分的に変更したりする。

② 布を無駄なく使えるよう，パーツを最も効率よく配置する。

(☆☆☆☆◎◎◎)

【3】子どもの生活と福祉について，以下の各問いに答えよ。

(1) 次の①～③は，子どもに多い感染症である。それぞれの特徴の説明として適切なものを下のア～エの中から1つずつ選び，記号で答えよ。

① 麻疹　② 水痘　③ 溶連菌感染症

ア のどの痛みや高熱，発疹があらわれる。かぜのような症状だが，舌に赤いぶつぶつができる(いちご舌)。

イ 突然，高熱が出るが，かぜの症状はみられない。解熱時に発疹が出る。

ウ 軽度の発熱とともに発疹が広がり，紅斑，水疱，膿み，かさぶたと変化し，強いかゆみがある。

エ 咳や鼻水とともに高熱が出る。一度解熱してから発疹とともに再び熱が上がる。

(2) おもちゃの安全性を示すマークはいくつかあるが，次のア～エのうち，製品安全協会が安全を保証するものにつけられるマークはどれか。1つ選んで記号で答えよ。

ア 
イ 

ウ 

エ 

(3) イギリスの精神科医ボウルビィは，子どもの精神的な健康と発達には特定の人との情緒的な結びつきが重要であることを指摘しているが，このことを何というか。

(4) 次の①～④は，子どもの福祉に関する法律や条約等である。制定年や，日本での批准年の古い順に正しく並べたものを，あとのア～エの中から1つ選び，記号で答えよ。

① 児童憲章

② 児童虐待の防止等に関する法律
③ 児童の権利に関する条約(子どもの権利条約)
④ 児童福祉法
ア ①→④→②→③　イ ①→④→③→②
ウ ④→①→②→③　エ ④→①→③→②

(☆☆☆☆◎◎◎)

【4】住まいと環境について，以下の各問いに答えよ。

(1) 次の①～④は，住まいについて述べたものである。それぞれの下線部が正しければ○，間違っていれば最も適切な語句を答えよ。

① 家の外に張り出した屋根付きのスペースのことを<u>バルコニー</u>という。

② 江戸時代に確立した「田の字型住宅(住居)」は，西日本の農家に広く見られた典型的な間取りであり，<u>南側</u>に接客用の部屋を作り，家族はその反対の方角に面した部屋で過ごすことが多かった。

③ 建築基準法では，敷地面積に対する建築面積の割合を<u>建ぺい率</u>という。

④ 住まいの中を人やものが移動するときの軌跡を<u>自由線</u>といい，これが単純で短い方が機能性は高い。

(2) 冬季における窓ガラスや押し入れの結露は，かびの発生やダニの繁殖，建材の腐食などの原因にもなる。結露するしくみを簡単に説明せよ。

(3) 冷暖房では，暖かい空気は上部に，冷たい空気は下部にとどまり，上下に温度差ができるため，室内の気流を循環させ，その温度差を小さくするとよいことが知られている。次のア，イは，暖房中の一室を横から見たものであるが，室内の上部と下部の温度差が小さくなると考えられるのは暖房器をどちらに置いた場合か。ア，イの記号で答えよ。また，そう答えた理由を，室内の温気と冷気の気流の様子を図示した上で簡単に説明せよ。

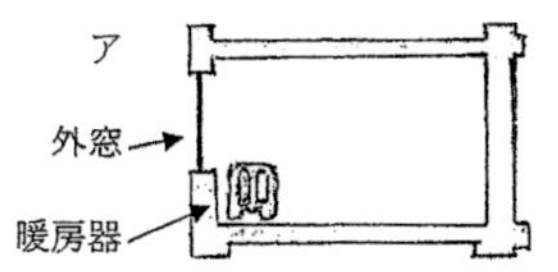

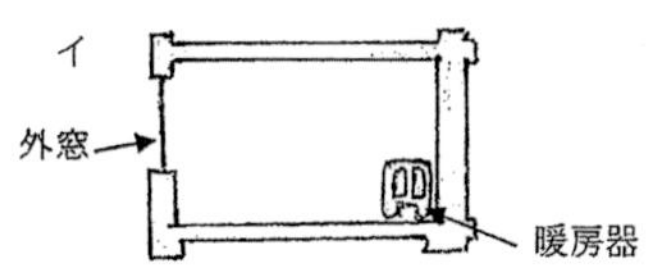

（図中の暖房器の温気は、主に上方に出るものとする。）

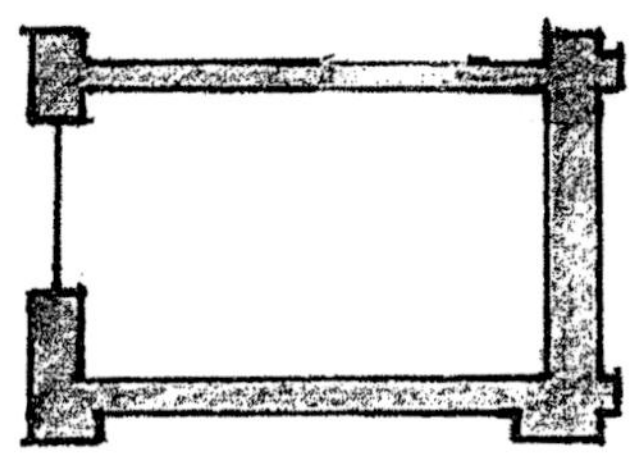

(☆☆☆☆◎◎◎)

【5】家庭・家族と自分らしい生き方について，以下の各問いに答えよ。

(1) 次のグラフのa～cにあてはまるものを，下のア～ウの中から1つずつ選び，記号で答えよ。

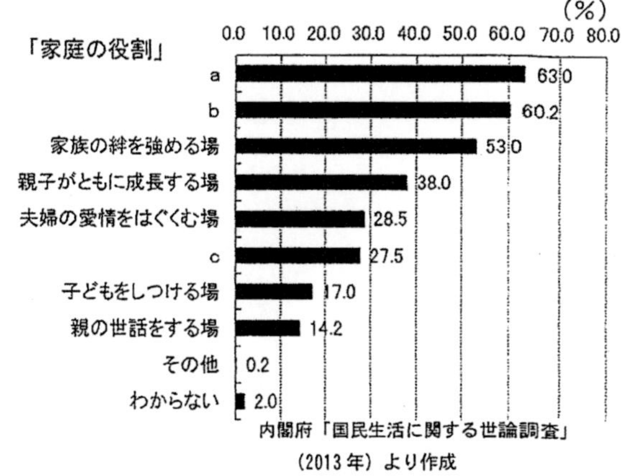

ア 子どもを生み，育てる場　　イ 休息・やすらぎの場

ウ 家族の団らんの場

(2) 「家庭の機能の外部化」とは何か。具体例をあげて説明せよ。

(3)　次の①～③の各文が表すものを，それぞれカタカナで答えよ。

①　報酬を伴う仕事ではなく，家事や育児など家庭で行われる仕事や，地域住民が自発的に行うさまざまな仕事。

②　認知症の高齢者や知的障害者・精神障害者が，共同生活住居において家庭的な環境で日常生活のサポートを受けながら，少人数で共同生活を営む場所。

③　入学・卒業，就職，結婚，子の誕生，定年など，人生の節目となるできごと。

(4)　平成25年12月，民法の一部を改正する法律が成立し施行された。次の家族の場合の遺産相続について，下の各問いに答えよ。

平成26年4月，夫が死亡し，3,000万円の遺産を，妻，子どもで，法律で定められた相続分を分けることになった(夫の両親は既に他界している)。子どもは長女と次女(ともに嫡出子)，長女の夫(養子縁組による養子)，非嫡出子の男性1人の，合計4人である。

①　妻の相続分はいくらか。金額を答えよ。

②　長女の夫と，非嫡出子の男性の相続分は，それぞれいくらか。金額を答えよ。

(5)　子どもや高齢者も含めて，障害のある人もない人も，すべての人が普通に生活できるようにする考えを何というか。また，この考えを最初に提唱したのはどこの国か。国名をア～エの中から1つ選び，記号で答えよ。

ア　イギリス　　イ　アメリカ　　ウ　フランス

エ　デンマーク

(6)　シニア体験を終えた後のグループ活動で，ある班の生徒たちが，「高齢者は大変だ。」「こんな大変な思いは，自分はしたくない。」「年はとりたくない。」と感想を述べ合って，話し合いを終えようとしている。体の不自由な人たちの気持ちや立場を考える話し合いへと続くよう，この班へどのような声かけをすればよいか。具体的な話し言葉で記せ。

(☆☆☆☆◎◎◎)

【6】学習指導要領について，以下の各問いに答えよ。

(1) 次の文は，高等学校学習指導要領(平成21年3月告示)第3章　第5節　家庭　第2款　第1　生活産業基礎　1　目標　2　内容　に記されたもの(一部抜粋)である。文中の(　①　)~(　⑥　)に適する語句を答えよ。

1　目標

衣食住，(　①　)などに関する生活産業や関連する(　②　)への関心を高め，必要な知識と技術を進んで習得し活用する意欲と態度を育てる。

2　内容

(1)　生活の変化と生活産業

ア　(　③　)構造の変化

イ　社会の変化と価値観の多様化

ウ　生活産業の発展

(2)　生活の変化に対応した商品・サービスの提供

ア　消費者(　④　)の把握

イ　(　⑤　)・サービスの開発及び販売・提供

ウ　関連法規

(3)　生活産業と職業

ア　食生活関連分野

イ　衣生活関連分野

ウ　住生活関連分野

エ　(　①　)関連分野

(4)　職業生活と(　⑥　)

(2) 高等学校の家庭に関する各学科において，専門教科「家庭」のうち，原則としてすべての生徒に履修させる科目が2つある。「生活産業基礎」と，もう1つは何か。科目名を答えよ。

(☆☆☆◎◎◎)

解答・解説

【中高共通】

【1】(1)　①　ケ　②　ウ　③　イ　④　キ　⑤　エ

(2)　ア，エ　(3)　・少ない煮汁が材料によくかぶり，味がしみ込みやすくなる。　・材料が踊らず，煮くずれを防ぐ。

(4)　①　Protein　②　ウ　(5)　①　ア　糖質　イ　4　ウ　b　エ　ガラクトース　オ　$C_6H_{12}O_6$　カ　加熱　キ　糊化(α化)　ク　α　②　ア，オ　③　ア　×　イ　○　ウ　×

④　麦芽糖(マルトース)　⑤　アミロース　(6)　味蕾

(7)　①　○　②　○　③　×　④　×　⑤　×　⑥　○

〈解説〉(1)　ユネスコ無形文化遺産とは，芸能や伝統工芸技術などの形のない文化財を指し，土地の歴史や生活風習等と密接に関わっているものである。「和食：日本人の伝統的な食文化」について特徴として，多様で新鮮な食材とその持ち味の尊重，栄養のバランスに優れた健康的な食生活，自然の美しさや季節の移ろいの表現，正月などの年中行事との密接なかかわりの4つがあげられる。　(2)　角寒天の取扱いについて，イの加熱温度は100℃，ウの砂糖は寒天が十分に溶けてから入れる，が正しい。　(3)　落としぶたとは，材料の上にかぶせて使うふたのことをいう。煮汁の急激な蒸発もおさえられ経済的でもあり，素材の匂いがこもったりするのを防ぐ効果もある。落としぶたがないときは，アルミホイル，キッチンペーパー等も代用として使える。(4)　PFC比率とは，エネルギー構成比率のことで，1日の摂取エネルギーに占める3栄養素のエネルギー比率を示す。Pはたんぱく質，Cは炭水化物，Fは脂質である。日本型食生活は，一汁三菜が基本であるが，1980年頃から脂質の増加がみられたため，日本型食生活と称し見直された。　(5)　①　炭水化物は糖質(エネルギーになる)と食物繊維(エネルギーにならない)に分かれること，PFC比率の炭水化物の比率，糖質の種類は単糖類・二糖類・多糖類であること等に注意したい。

② 食物繊維は不溶性(セルロース，ヘミセルロース，不溶性ペクチン，リグニン，キチン等)と水溶性(水溶性ペクチン，ガム，アルギン酸，ガラクタン，グルコマンナン等)に分類できる。 ③ ア 血液中のぶどう糖濃度のことを血糖値という。通常の血液(正常値で空腹時)では，110mg未満である。 ウ 甘味度はぶどう糖(0.60～0.70)より，果糖(1,20～1,50)のほうが高い。 ④ さつまいもにはアミラーゼという酵素が含まれており，でんぷん自体は甘くないが，加熱するとこの酵素がはたらいてでんぷんを分解して麦芽糖に変えるのである。アミラーゼが活発に働くのが65～75℃である。 ⑤ もち米はアミロペクチン100％で，これが多いと粘りが出る。これに対し，うるち米はアミロペクチン80％，アミロース20％である。 (6) 食べ物の味には基本味(甘味，塩味，酸味，苦味，うま味)とそれ以外の味(渋味，辛味)がある。味覚は食べ物に含まれる味物質が，舌などに存在する味蕾により知覚される感覚ということになる。 (7) ① ブランチングとは，熱湯を通して酵素作用を完全に失わせること。 ② 消費者問題について，適切に対応できる消費者行政の一元化を目指して，2009年に消費者庁が設置された。 ③ 細菌性食中毒は，6月から10月までに多発する。 ④ 小麦粉とバターは同量である。 ⑤ 料理の品数に入れないのは前菜である。鉢肴とは，魚や肉の焼き物が多いが，揚げ物や蒸し物・煮物も用いる。 ⑥ 第2次食育推進基本計画に基づく食育の推進に当たっての目標では，この他に朝食又は夕食を家族と一緒に食べる「共食」の回数の増加など，11項目ある。

【2】(1) ① イ ② キ ③ ア ④ ウ (2) ① 重さ(重量) ② 長さ ③ b ④ a ⑤ b (3) 解答略 (4) (イ) (5) ① ドレープ ② ドロップ ③ パニエ ④ フェルト(不織布) ⑤ ピリンダ(毛玉) (6) ① グレーディング ② マーキング

〈解説〉(1) 化学繊維は再生繊維(レーヨン，キュプラ)，半合成繊維(アセテート)，合成繊維(ポリエステル，アクリル，ナイロン，ポリウレタン等)に分類できる。ペットボトルを利用した衣類にフリースがある。フリースとは起毛仕上げの繊維素材のことである。スパンデックスは，ポリウレタン弾性繊維の一般名称である。 (2) 糸の太さの表示だが，番手はたとえば綿糸の場合1ポンド(453.6g)で840ヤード(768.1m)あるものが1番手である。デニールは9000mで1gあるものが1デニールである。ミシン糸をZよりにするのは，縫製時に糸のよりがしまる方向と関係している。 (3) なで肩で，前にしわができているので，肩線を補正する。 (4) (ア)と(イ)は紛らわしいが，えりを見返しと前身ごろに挟んでいるところが異なる。えり付けの部分にミシンをかけ，出来上がりに返すことによってえりが出来上がる。 (5) ① ドレープは被服素材に要求される性能で，柔らかく重い布ほどひだが多く，ドレープ性が大きい。 ② 体型区分をドロップでJ体型，JY体型，Y体型，YA体型，A体型，AB体型，B体型，BB体型，BE体型，E体型に分けている。衣料サイズJISで，数値を確認しておこう。 ③ パニエは16世紀のベルチュガダンが起源といわれ，17世紀に一時衰退したものの，18世紀に復活した。 ④ 糸を布にする方法として織物，編み物，不織布があり，不織布のうち毛繊維を使ったものをフェルトといって，アップリケやベレー帽等に用いる。 ⑤ 毛玉は合成繊維やニットになりやすい。天然繊維は強度が弱いので，擦り切れて落ちやすいので目立たない。 (6) パターンメーキング・グレーディング・マーキングまでの工程をコンピュータ画面上でおこなうのがアパレルCADである。CADとはComputer Aided Designの略である。

【3】(1) ① エ　② ウ　③ ア　(2) イ　(3) アタッチメント　(4) エ

〈解説〉(1) 溶連菌感染症はしょう紅熱ともいう。感染症はほかに風疹，突発性発疹，流行性耳下腺炎，百日咳，赤痢，インフルエンザ，リンゴ病，手足口病などがある。 (2) アは「シルバーマーク」で，高齢者にやさしいサービスや商品を提供する事業者を表す。イは「SGマーク」，ウは「SFマーク」で，花火を消費する場合の安全のための品質基準につける。エは「STマーク」は，日本玩具協会が管理している玩具安全マークである。　(3)　ボウルビィ(1907～90年)は「愛着理論」を提唱した。最初の愛着の対象は，父親と母親で差がないという研究があり，発達過程において変化していく。発達するにしたがい，周りの人々に愛着の対象が広がっていく。　(4)　古い順に並べると，児童福祉法(1947年)，児童憲章(1951年)，児童の権利に関する条約(1994年批准)，児童虐待の防止等に関する法律(2000年)である。内容の概要も把握しておくこと。

【4】(1)　①　ベランダ　　②　○　　③　○　　④　動線
(2)　水蒸気を含んだ暖かい空気が，冷たい窓ガラスや壁面に触れて冷やされ水滴となり，結露が生じる。　(3)　記号…ア　　図示…解答略
〈解説〉(1)　①　ベランダは屋根付きのものをいい，バルコニーは室外に張り出した屋根のない手すり付きの台をいう。　②「田の字型住宅」は結婚，葬儀など人が集まる行事に使うことを意識したもので，用途に合わせてふすまを開け閉めして用いた。伝統的民家として，保存されているものはこのタイプが多い。　③　建ぺい率での建築面積とは，1階床面積を指す。　④　第2次世界大戦後，家事労働の合理化という観点から，動線をできるだけ短くする工夫がされている。
(2)　結露の防止として換気，除湿，暖房器具の見直し，家具の配置などがあげられる。　(3)　窓際に暖房器具を置くことにより，窓から入ってくる冷たい空気を上に押しやり，部屋全体の空気が均一に暖まる。

【5】(1)　a　ウ　　b　イ　　c　ア　　(2)　従来は家庭で担っていた機能が，商品化・サービス化や公共化など，外部から提供されるようになったこと。例えば，外食や中食，既製服，クリーニング，保育・福祉サービスなどがあげられる。　　(3)　①　アンペイド・ワーク
②　グループホーム　　③　ライフイベント　　(4)　①　1,500万円
②　長女の夫…375万円　　非嫡出子の男性…375万円
(5)　考え…ノーマライゼーション　　記号…エ　　(6)　(例)　みん

な，大変だと感じたのですね。体の不自由な高齢者は，どんな思いで毎日を過ごしておられるのでしょう。みんなの身近な高齢者を思い浮かべてみましょう。その高齢者になったつもりで，もう少し話し合いを進めてみましょう。

〈解説〉(1)　最近2回の調査では，第1位は「家族の団らんの場」，第2位は「休息・やすらぎの場」，第3位は「家族の絆を強める場」と順位に変動はない。　(2)「家庭の機能の外部化」は，従来から「家事労働の社会化」という言葉で扱われてきた。　(3)　①　アンペイド・ワークは，「無償労働」と訳され，PTA活動などがあげられる。日本の場合，育児や地域の子育て環境などが，ないがしろにされてきたのではないかという考えから注目されている。　②　グループホームは施設系だが，ほかに老人保健施設，特別養護老人ホームなどがあり，居住系として有料老人ホーム，ケアハウス等がある。　(4)　非嫡出子とは，法律上の婚姻関係にない男女の間に生まれた子を指す。かつて，非嫡出子は嫡出子の2分の1を相続したが，民法改正により嫡出子と同じ相続分となった。したがって，相続分は妻が$\frac{1}{2}$，子どもは全員で4名なのでそれぞれ$\frac{1}{2}\div 4=\frac{1}{8}$となる。　(5)　ノーマライゼーションの考えは，デンマークのニルス・エリク・バック・ミケルセンが提唱し，スウェーデンのベングト・ニリエが世界に広めた。　(6)　シニア体験を終えた後，「どうしてそうなったか」「同じ目線になるにはどのようにすればよいか」など，前向きな進め方・話し合いも一つ方法であろう。

【6】(1)　①　ヒューマンサービス　②　職業　③　産業
④　ニーズ　⑤　商品　⑥　自己実現　(2)　課題研究

〈解説〉専門教科「家庭」について，学習指導要領改訂前と比較すると，従来の「被服製作」が「ファッション造形基礎」「ファッション造形」に整理分類された結果，19科目から20科目になった。そのほか，「家庭情報処理」が「生活産業情報」になるなど，4科目について名称変更されている。問題にあるように専門教科「家庭」を履修する際は，「生活産業基礎」と「課題研究」が原則履修科目となっている。課題研究では「生活産業の各分野で，消費者ニーズや社会の要請に対応しつつ，生活の質を高める商品やサービスを提供できる人材を育成するために，応用性のある知識と技術を確実に身に付けるとともに，問題解決能力や創造性を育てること」をねらいとしている。

2014年度　実施問題

【中高共通】

【１】「食事バランスガイド」と食生活について，以下の各問いに答えよ。

(1)　「食事バランスガイド」は，厚生労働省とどの省庁の共同策定か。省庁名を答えよ。

(2)　「食事バランスガイド」のイラストは，次の図のように「コマ」をイメージして描かれている。図の①軸，②回転，③ひも　はそれぞれ何を表しているか。簡潔に記せ。

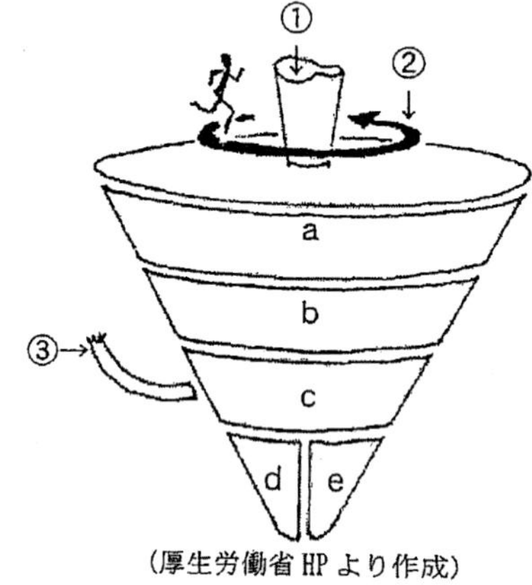

(厚生労働省 HP より作成)

(3)　「食事バランスガイド」は，a～eの5つの料理区分を基本としている。図のbが表すものを次のア～オの中から1つ選び，記号で答えよ。

ア　主食　　イ　主菜　　ウ　副菜　　エ　果物

オ　牛乳・乳製品

(4)　「食事バランスガイド」の料理区分の量的な単位SVは何を略したものか。カタカナで答えよ。

(5)　「食事バランスガイド」は，「食生活指針」を具体的な行動に結びつけるものとして策定されたものである。「食生活指針」は何年に策定されたものか。西暦で答えよ。

(6)　次の①～③の野菜を使って副菜を作るとき，最も適するあく抜きの方法を下のア～オの中からそれぞれ1つずつ選び，記号で答えよ。(同じものを複数回選んでもよい。)

①　れんこん

②　なす

③　大根

ア　水または塩水につける　　イ　酢水につける

ウ　灰汁につける　　エ　塩湯でゆでる

オ　米のとぎ汁でゆでる

(7)　和え酢としての，二杯酢と三杯酢の材料には，どのような違いがあるか。簡単に説明せよ。

(8)　あじの姿焼き(塩焼き)を作って盛りつける場合，次の①～④の各文について，正しいものには○，誤っているものには×を記せ。

①　あじのぜいごは，尾から頭の方向に向かって取る。

②　盛りつけたとき表になる胸びれ側に小さく切り目を入れて，はらわたを出す。

③　背びれ・胸びれ・尾びれに塩をすりこみ，焦げるのを防ぐ。これを化粧塩という。

④　盛りつけは，頭が右で腹が手前になるようにする。

(☆☆☆◎◎◎)

【2】ビタミンと無機質に関する次の文を読んで，あとの各問いに答えよ。

ビタミンは，(　①　)ビタミンと(　②　)ビタミンに大別される。(　①　)ビタミンは一部体内に蓄積できるが，(　②　)ビタミンは体内に蓄積できない。

体内に摂取されると特定のビタミン効力を持つ物質がある。その物質を(　③　)という。

ビタミンB_1は④(ア　豆腐　　イ　かぼちゃ　　ウ　豚肉)に多く含

まれており，欠乏すると⑤(ア　脚気　　イ　発育阻害　　ウ　壊血病)になる。また，ビタミンB_1は補酵素の構成成分として(　⑥　)の代謝に欠かせない。

人体を構成する元素は，酸素・炭素・水素・(　⑦　)が全体の約95％を占めているが，これ以外の元素を総称して無機質という。

(　⑧　)は，体内に最も多く存在する無機質で，そのほとんどが体の硬組織に存在しているが，約⑨(ア　1　　イ　5　　ウ　10)％は血液や筋肉などすべての細胞に存在する。(　⑧　)の摂取が不足すると，中年期以降に(　⑩　)症になりやすいが，A最近では若い女性にその予備軍が急増しているといわれている。

ナトリウムは主に食塩として摂取され，体液の(　⑪　)の調節や筋肉の収縮に重要な役割を果たしているが，とりすぎると生活習慣病になりやすい。

(1)　文中の(　①　)～(　③　)，(　⑥　)～(　⑧　)，(　⑩　)，(　⑪　)に最も適する語句を答えよ。また，④，⑤，⑨については最も適する数字や語句を(　　)内のア～ウから1つずつ選び，記号で答えよ。

(2)　緑黄色野菜について，以下の文中の(　a　)，(　b　)に最も適する数字や語句を答えよ。

緑黄色野菜は，可食部100gあたりの(　a　)含有量が(　b　)μg以上含まれるものをいう。ピーマン・トマト・さやいんげんなどは，使用頻度が高く，(　b　)μg未満でも緑黄色野菜とよばれる。

(3)　下線部Aについて，その原因の1つに急激なやせがある。BMIで「やせ」とされる指数を次のア～ウから1つ選び，記号で答えよ。

ア　18.5未満　　イ　19.0未満　　ウ　19.5未満

(4)　「日本人の食事摂取基準」(2010年版)において，ナトリウム摂取基準の目標量は食塩相当量で示されている。

15～17歳の男女それぞれの1日あたり食塩相当量について，正しいものの組み合わせを次のア～エの中から選び，記号で答えよ。

ア　男性　9.0g未満　　女性　8.5g未満

イ　男性　9.0g未満　　女性　7.5g未満

ウ　男性　8.5g未満　　女性　7.5g未満
エ　男性　8.5g未満　　女性　7.0g未満

(☆☆☆◎◎◎)

【3】衣服素材に関する次の文を読んで，以下の各問いに答えよ。

衣服素材は，繊維・糸・布の各段階で，繊維の個々の長所を生かしながらその欠点を補い，また新たな機能を加えるためのさまざまな性能の改善が行われている。化学繊維は，(　①　)するときの口金の穴の形状や，押し出し条件をかえることにより，繊維の断面や側面に変化を与えることができる。Aポリエステル中空繊維に細孔がほどこされた(　②　)繊維は，スポーツ用衣料素材として利用されている。2種類以上の短繊維を均一に混ぜて紡績したものを③(ア　複合糸　イ　混繊糸　ウ　混紡糸)といい，ワイシャツやブラウスのように綿と④(ア　ポリウレタン　イ　ポリエステル　ウ　アクリル)を混用して，防しわ性・耐久性を向上させている。近年，快適性，機能性がさらに求められるようになり，Bかびや細菌の繁殖を抑制し，においを少なくするための加工や，C発熱性などを付加した高機能性素材など，複雑な衣服素材が増えている。

一方で，Dオーガニック・コットンや，E生分解性繊維など，環境負荷の少ない衣服素材の開発も進められている。今後の衣生活において，いろいろな側面から衣服素材のリサイクルを考えることは大切な課題である。

(1)　文中の(　①　)，(　②　)に最も適する語句を答えよ。また，③，④に最も適する語句を(　　)内のア～ウからそれぞれ1つずつ選び，記号で答えよ。

(2)　下線部Aについて，具体的にはどのような特徴をもつ衣料素材か。簡潔に説明せよ。

(3)　下線部Bについて，加工の名称を答えよ。

(4)　下線部Cについて，遠赤外線放射性繊維は，何を繊維に混ぜて作られたものか。物質の名称を答えよ。

(5)　次の文は，下線部Dについて説明したものである。(a), (b)に最も適する語句を答えよ。

オーガニック・コットンとは，農薬や(a)肥料を使わないで生産された(b)栽培綿のことである。

(6)　下線部Eについて，ポリ乳酸繊維の原料となる植物をア～エの中から1つ選び，記号で答えよ。

ア　バナナ　　イ　とうもろこし　　ウ　りんご　　エ　竹

(☆☆☆◎◎◎)

【４】洋服の製作について，以下の各問いに答えよ。

(1)　毛織物(編み物)の地なおしの方法について，最も適する方法をア～エの中から1つ選び，記号で答えよ。

ア　裏からアイロンをかけて布目を整える。温度は180～200℃にする。

イ　布目を整え，折りじわを消す程度に裏側からドライアイロンをかける。温度は120～130℃にする。

ウ　中表に二つに折り両面に霧を吹いた後，ビニル袋などに入れて暫くおき，裏側から布目にそって160℃程度でアイロンをかける。

エ　1時間水につけ，軽く水気をきって布目がまっすぐになるようにさおに干す。生乾きの状態で，裏側から布目にそって180～200℃でアイロンをかける。

(2)　半袖オープンカラーシャツを以下の要件で製作する場合，脇の縫いしろを2cmとすると，次の①，②の縫いしろとして最も適切なものを，ア～エの中からそれぞれ1つずつ選び，記号で答えよ。(同じものを複数回選んでもよい。)

①　そで山の曲線　　②　後ろ身頃の肩線

ア　1.5cm　　イ　2cm　　ウ　2.5cm　　エ　4cm

要件　生地は薄手の綿ブロードとする。脇，肩の縫いしろはロックミシンで始末する。

脇，肩は本縫いをしてから縫いしろを割ることとし，片返さない。

そで山は，本縫いをしてから身頃とそでを2枚一緒にロックミシンで始末する。

(3) しるしつけに関する以下の①，②の文について，下線部A～Fに最も適する数字または語句を(　　)内のア，イから1つずつ選び，記号で答えよ。また，(　a　)，(　b　)に最も適する語句を答えよ。

① チャコペーパーでしるしつけをする場合，布地はA(ア　中表　イ　外表)に合わせ，その間に，両面にしるしが付くようにチャコペーパーを挟み，B(ア　リッパー　　イ　ルレット)でしるしをつける。

② 毛織物や化繊織物などには(　a　)が適している。布をC(ア　中表　イ　外表)に合わせ，パターンの周囲をチャコでしるしつけしたのち，しろもD(ア　1　　イ　2)本どりでしつけをする。

直線は粗く，曲線は細かくしつけるが，どちらもE(ア　0.2　イ　0.4)cm以内にすくって，糸が抜けないようにする。はさみの先で縫い目の中央を切った後，合わせた布を少し持ち上げて中間で糸を切り，最終的にF(ア　0.1　　イ　0.3)cmぐらいに切る。糸が抜けやすい場合は(　b　)で押さえる。

(4) 次の図①，②のしつけの名称を答えよ。

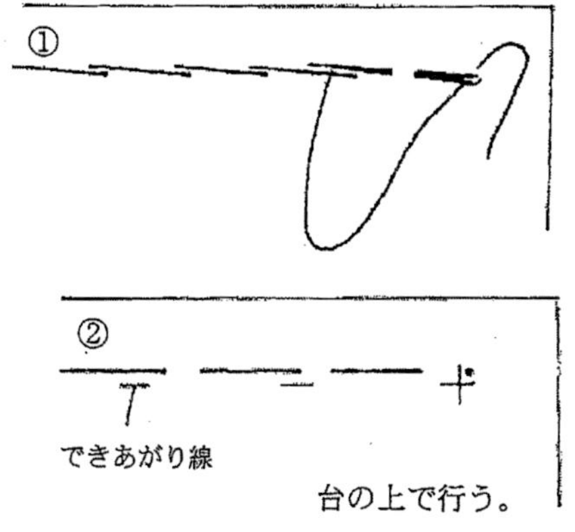

(☆☆☆◎◎◎)

【5】乳幼児期の食生活に関する以下の文について，下線部A～Eに最も適する数字または語句を(　　)内のア～ウからそれぞれ1つずつ選び，記号で答えよ。また，(　①　)～(　⑧　)には最も適する語句を答えよ。

(1)　母乳は，乳児にとって(　①　)吸収がよく，アレルギーの心配が少ない。特に，分娩後数日間分泌される(　②　)には，(　③　)物質が含まれるため，病気や感染症にかかりにくくなる。また，乳児が吸い付くことで分泌されるホルモンの(　④　)により，子宮筋収縮が促進され，産後の母体の回復を早める。さらに，母子間の(　⑤　)により母子ともに精神的な安定が得られる。

(2)　生後5～6ヶ月頃になると，母乳や粉ミルクだけではA(ア　炭水化物　イ　たんぱく質　ウ　脂質)・鉄分などが不足しがちになる。また，(　①　)吸収能力やそしゃく機能が発達し，液体以外のものでも食べられるようになり，大人の食べ物に関心を示すようになる。離乳食はこどもの様子を見ながら，アレルギーの少ないおかゆから始める。

卵は固ゆでしたB(ア　全卵　イ　卵白　ウ　卵黄)から与える。離乳食の調理形態は，なめらかにすりつぶした状態から，(　⑥　)でつぶせる固さ，(　⑦　)でつぶせる固さへと変えていく。

(3)　乳歯は生後6～7ヶ月頃に生えはじめ，C(ア　1歳　イ　1歳半　ウ　3歳)頃までに20本そろう。離乳食が終わる頃にはさまざまな種類の食物を摂取するようになるため，歯が汚れやすくなる。生え始めの時期から歯を清潔にする習慣づけが必要であり，大人のまねをさせながらしつけていくとともに，大人が(　⑧　)磨きをすることも大切である。

(4)　間食に，卵2個(1個あたり50g)を使ってプリンを4人分作るとき，牛乳は約D(ア　100　イ　200　ウ　300)cc必要である。(ただし，プリン型から出せる固さとする。)

また，蒸し器を使う場合，蒸し器内の温度をE(ア　75～80　イ　85～90　ウ　95～100)℃に保ち約15分間蒸す。

(☆☆☆◎◎◎)

【6】次の図は総務省統計局「家計調査年報(2009年)」による年平均1ヶ月あたりの収入と支出の内訳(平均世帯人数2.79人　有業人員1.49人)である。以下の各問いに答えよ。

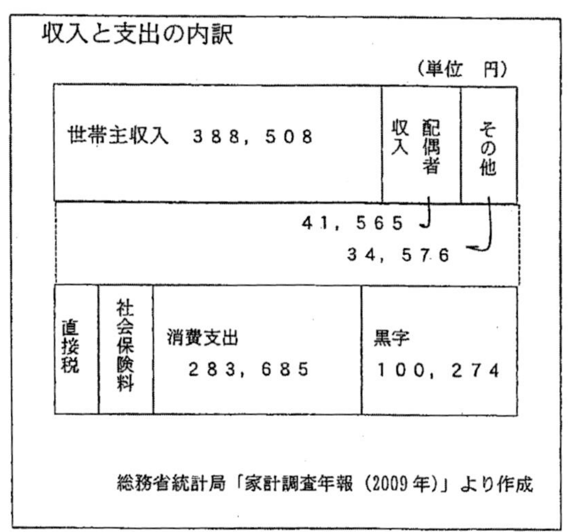

(1)　非消費支出はいくらか。金額を答えよ。

(2)　可処分所得はいくらか。金額を答えよ。

(3)　実支出はいくらか。金額を答えよ。

(4)　預貯金の引き出しやクレジットカードでの購入，財産の売却などによる見せかけの収入を何というか。

(5)　次の各文は社会保険料についての説明文である。(　①　)，(　②　)に適する数字を答えよ。

・厚生年金保険料は，年収に対して一定の割合を，本人が(　①　)%負担し，残りは事業主(会社)が負担する。

・健康保険に加入している30歳会社員が病院窓口で支払う治療費の本人負担割合は(　②　)割である。

(☆☆☆◎◎◎)

【7】高齢社会に関する次の文を読んで，以下の各問いに答えよ。

世界的に人口の高齢化が進んでいるが，その進み方の速さは国によって異なっている。日本は1970年に65歳以上の人口割合が7%に達し，そのわずか①(ア　14　　イ　24　　ウ　34)年後には14%に達した。また，国立社会保障・人口問題研究所「日本の将来推計人口(平成24年1月推計)」によると，2060年の65歳以上人口割合は②(ア　29.9　イ　39.9　　ウ　49.9　　エ　59.9　　オ　69.9)%になると見込まれ，さらに高齢化が進むとみられる。

高齢になると，個人差はあるがA<u>加齢に伴う心身の変化</u>が現れる。高齢化に伴い，介護が必要な高齢者やB<u>認知症</u>の高齢者が大幅に増えている。2006年の介護保険法改正により，地域での生活の自立を目指して，要介護者を対象とした(　③　)が設けられ，小規模多機能型居宅介護施設では，(　④　)を中心に，(　⑤　)，泊まりの3つのサービスを1カ所で利用することができるようになった。

地域福祉の推進には，自治体による福祉施策が大切であると同時に，地域で暮らす一人ひとりが福祉の担い手となり，よりよい地域社会をつくっていくことが求められている。

(1)　文中の①，②に最も適する数字を①(　　)内のア～ウ，②(　　)内のア～オからそれぞれ1つずつ選び，記号で答えよ。

(2)　下線部Aについて，次のア～ウは高齢者の知的能力の特徴を述べたものである。最も適切なものを選び，記号で答えよ。

ア　加齢により，結晶性知能は低下するが，流動性知能はあまり低下しない。

イ　加齢により，流動性知能は低下するが，結晶性知能はあまり低下しない。

ウ　加齢により，結晶性知能も流動性知能も低下する。

(3)　下線部Bについて，認知症の原因となる病気のうち，脳の神経細胞が変性したり消失して，脳が萎縮する代表的な病名を答えよ。

(4)　下線部Bについて，「認知症サポーター100万人キャラバン」による講座を受講した証として渡されるものは何か。カタカナで答えよ。

(5)　(③)に適する介護サービスの総称を答えよ。

(6)　(④), (⑤)に最も適するものを，次のア～オの中からそれぞれ1つずつ選び，記号で答えよ。

ア　入所　　イ　福祉用具貸与　　ウ　通所　　エ　住宅改修
オ　訪問

(7)　高齢者福祉施設での交流体験学習を実施する。事前指導として，高齢者とのコミュニケーションで注意することを，具体的に5つあげよ。

(☆☆☆◎◎◎)

【8】次の文は，高等学校学習指導要領(平成21年3月告示)第2章　各学科に共通する各教科　第9節　家庭　第2款　第1　家庭基礎　2内容(1)に記されたもの(一部抜粋)である。文中の(①)～(⑤)に最も適する語句を答えよ。

(1)　人の一生と家族・家庭及び(①)

　人の一生を(②)の視点でとらえ，各(③)の特徴と(④)について理解させるとともに，家族や家庭生活の在り方，子どもと(⑤)の生活と(①)について考えさせ，共に支え合って生活することの重要性について認識させる。

(☆☆☆◎◎◎)

解答・解説

【中高共通】

【１】(1)　農林水産省　(2)　①　水・お茶　②　運動　③　菓子・嗜好飲料　(3)　ウ　(4)　サービング　(5)　2000年　(6)　①　イ　②　ア　③　オ　(7)　二杯酢には，砂糖やみりんなどの甘みを加えないが，三杯酢にはそれらを加える点が違う。

(8)　①　○　②　×　③　○　④　×

〈解説〉(1)～(5)　「食事バランスガイド」は，健康で豊かな食生活の実現を目的に策定された「食生活指針」(平成12年3月)を具体的に行動に結びつけるものとして，平成17年6月に農林水産省と厚生労働省が決定した食生活の目安である。1日に何をどれくらい食べることが望ましいのかを，こま状のイラストとして示している。食事の種類を主食，副菜，主菜，牛乳・乳製品，果物の5つに区分し，こまの上部から順々にそれぞれの区分を配置している。摂食のバランスが悪いと，こまが倒れてしまうということを意味している。　(6)　あく抜きは，食材に含まれる渋みや苦みをとる働きがある。食材によって異なるので注意したい。　(8)　②　胸びれ側ではなく，身の厚い部分に切れ込みを入れる。　④　盛りつけは頭が左になるようにする。

【２】(1)　①　脂溶性　②　水溶性　③　プロビタミン　④　ウ　⑤　ア　⑥　糖質(炭水化物)　⑦　窒素　⑧　カルシウム　⑨　ア　⑩　骨粗しょう　⑪　浸透圧　(2)　a　カロテン　b　600　(3)　ア　(4)　イ

〈解説〉(1)　①～②　ビタミンは13種類あり，脂溶性ビタミン(ビタミンA，ビタミンE等)と水溶性ビタミン(ビタミンB群，ビタミンC)に大別される。　④～⑥　各ビタミンのはたらきと欠乏症は頻出なので，まとめておくこと。なお，壊血病はビタミンC欠乏症の1つである。

⑧　骨密度は，20代前半をピークに減少していくため，成長期のカル

シウム摂取を十分に行い，ピーク時の骨密度を高めておく必要があるが，ダイエット等の影響でその摂取量が少なくなり，ピーク時の骨密度が高まらない場合，中高年以降に骨粗しょう症になりやすくなる。
⑪　塩分の過剰摂取は，高血圧や悪性新生物(がん)の原因となるので注意が必要である。　(3)　BMIとは，ボディ・マス・インデックス(Body Mass Index) の略である。「体重〔kg〕÷(身長〔m〕$)^2$」で算出される。肥満度を測るための国際的な指標とされている。日本においては，医学的に最も病気が少ない数値として22を「標準体重」とし，18.5未満なら「低体重」，18.5以上25未満を「普通体重」，25以上を「肥満」としている。

【3】(1)　①　紡糸　　②　多孔質中空　　③　ウ　④　イ
(2)　多くの汗をより早く吸収する上，速乾性がある。　(3)　抗菌防臭加工　　(4)　セラミック　　(5)　a　化学　　b　有機　　(6)　イ

〈解説〉(1)　③　繊維側面の多孔化により，毛細管現象が生じ，液体の水や汗などをよく吸収するようになる。繊維の孔化では，繊維自身の化学的性質は変化しないため，合成繊維の乾きが早い性質(速乾性)は残る。この性能を活かしてスポーツウエアなどに多く用いられている。
(4)　遠赤外線は太陽光に含まれ，可視光線や紫外線と同じく電磁波の仲間である。遠赤外線が物体に当たるとその物の分子や格子を振動させて熱を発生させるため，速熱性と均熱性に優れている。遠赤外線放射素材とは，加熱されると遠赤外線を放射する効果が高い化合物(珪酸ジルコニウム系セラミックスなど)を繊維中や繊維表面に付与して保温性を向上させた素材をいい，寝具や肌着などに使用されている。
(6)　ポリ乳酸繊維とは原料のとうもろこしを乳酸発酵させてつくる繊維で，使用後に廃棄しても微生物の養分となるため，最終的には水と炭酸ガスに分解される繊維である。

【4】(1)　ウ　(2)　①　ア　②　イ　(3)　A　イ　B　イ
C　ア　D　イ　E　ア　F　ア　(3)　a　切りじつけ
b　アイロン　(4)　①　返しじつけ　②　置きじつけ

〈解説〉(1)　地なおしとは洗濯などで，布が縮まないようにするための下処理である。アイロンをかけるとき，毛は中温でかけることもヒントになるだろう。なお，麻や綿は選択肢エのように地なおしする。
(2)　そで山は，縫いしろが多いとかさ張るため1～1.5cm程度が適当である。脇の縫いしろが2cmであるため，肩も同程度にしておく。
(3)　チャコペーパーは，挟んだ布の両内側に印がつくため，外表にして印付けをする。その後，中表にして印を縫い合わせるなどする。

【5】(1)　①　消化　②　初乳　③　免疫　④　オキシトシン
⑤　スキンシップ　⑥　舌　⑦　歯ぐき　⑧　仕上げ
(2)　A　イ　B　ウ　(3)　C　ウ　(4)　D　イ　E　イ

〈解説〉(1)　初乳には，喉や消化器官を守る免疫抗体などが多く含まれているのが特徴の1つといえる。　(2)　離乳は初期，中期，後期，完了期など4つの段階で考えるのが一般的である。離乳食は 1日に1さじ程度からはじめ，徐々に量や固さなどを調整していく。　(4)　プリンは，卵液に対して2倍の牛乳を用いる。また，煮立たせないように蒸すと，すが立たず，なめらかに仕上がる。

【6】(1)　80,690円　(2)　383,959円　(3)　364,375円　(4)　実収入以外の収入(実収入外収入)　(5)　①　50　②　3

〈解説〉(1)　税金(直接税)や社会保険料を非消費支出という。よって，全収入額から黒字，および消費支出を除して算出する。　(2)　全収入額から，非消費支出を除した額が可処分所得である。　(3)　実支出は非消費支出と消費支出を足したもの。つまり，全収入額から黒字を除した額となる。

【7】(1) ① イ　② イ　(2) イ　(3) アルツハイマー型認知症(アルツハイマー病)　(4) オレンジリング　(5) 地域密着型　(6) ④ ウ　⑤ オ　(7) ・高齢者の体や心の変化を理解する。　・思いやりや愛情を持って誠実な対応をする。　・高齢者のペースに合わせる。　・よく聴きよく観察し，コミュニケーションを持つ。　・一人の人間として尊重する。

〈解説〉(1) WHO(世界保健機関)や国連の定義によると，65歳以上人口の割合が7％超で「高齢化社会」，14％超で「高齢社会」，65歳以上人口の割合が21％超で「超高齢社会」とされている。 (2) 流動性知識の例としては反応の早さ・問題処理能力が，結晶型知識の例として理念などがあげられる。 (4) 現在，認知症サポーターは約350万人である(平成24年)。認知症サポーターとして期待されることとして「認知症に対して正しく理解し，偏見をもたない」「認知症の人や家族に対して温かい目で見守る」等がある。 (6) 小規模多機能型居宅介護施設のメリットとして，ケアプランを作り直さなくても，必要に応じてデイサービス，ショートステイ，訪問介護の3つを臨機応変に選べる。1か月あたりの利用料が定額なので，毎月の介護費用が膨らみすぎない等があげられる。 (7) 高齢者の自立を促すケアの基本として，デンマークで生まれた「高齢者ケアの3原則」が知られている。具体的には，人生継続性の尊重，残存能力の維持・活用，自己決定の尊重である。この原則などを踏まえて例をあげればよいだろう。

【8】① 福祉　② 生涯発達　③ ライフステージ　④ 課題　⑤ 高齢者

〈解説〉学習指導要領では，この共生・「福祉」の視点が強調された。また，人の一生を生涯発達の視点で捉えることも強調されている。

2013年度　実施問題

【中高共通】

【1】次の表は，標準的な17歳女子(身体活動レベルⅡ)の1日の献立である。下の各問いに答えよ。

献立		食品	分量(単位g)	1群		2群		3群			4群		
				乳・乳製品	卵	魚介・肉	豆・豆製品	野菜	いも類	果実	穀類	砂糖	油脂
朝食	パン	フランスパン	130										
		バター	4										
	ポテトオムレツ	卵	40										
		じゃがいも	50										
		油	5										
	野菜サラダ	トマト	40										
		きゅうり	15										
		レタス	15										
		キャベツ	15										
		マヨネーズ	6										
	牛乳	牛乳	200										
	果実	オレンジ	100										
昼食（弁当）	白飯	米	100										
	ハンバーグ	合い挽き肉	40										
		たまねぎ	20										
		油	5										
		卵	10										
	大学いも	さつまいも	50										
		砂糖	5										
	煮豆	大豆	30										
	ブロッコリー	ブロッコリー	40										
	果実	りんご	50										
夕食	白飯	米	120										
	魚の塩焼き	あじ	60										
	かぼちゃの煮物	かぼちゃ	80										
		砂糖	5										
	みそ汁	豆腐	40										
		ねぎ	5										
		わかめ	5										
		みそ	12										
	ほうれんそうのお浸し	ほうれんそう	120										
	果物	ぶどう	50										
	ヨーグルト	ヨーグルト	120										
1日の合計													
17歳女子（身体活動レベルⅡ）の1日の食品群別摂取量のめやす				A	B	C	D	E	F	G	H	I	J

(1)　この献立の野菜と穀類のそれぞれの1日の摂取量の合計(g)を計算し，整数で答えよ。ただし，小麦粉の重量＝パンの重量÷1.3で換算し，野菜には海藻類，きのこ類を含むものとする。

(2) 標準的な17歳男子(身体活動レベルⅡ)と，標準的な17歳女子(身体活動レベルⅡ)の「1日の食品群別摂取量のめやす」を比較し，男子が多く摂取している食品群をA～Jからすべて選び，記号で答えよ。また，そのような違いがある理由を簡潔に述べよ。

(3) りんごを弁当に入れ長時間放置した場合，切り口や皮をむいた面が茶色に変色するが，その現象の名称を答えよ。また，なぜそのような現象が生じるのか，簡潔に説明せよ。

(4) 弁当に入れるりんご可食部50gを4分の1個とすると，りんご1個は何gか，計算せよ。ただし，りんごの廃棄率は15％とし，小数第1位を四捨五入して整数で答えよ。

(5) 次の食中毒の原因物質のグラフを見て，下の①，②の問いにそれぞれ答えよ。

食中毒の原因物質

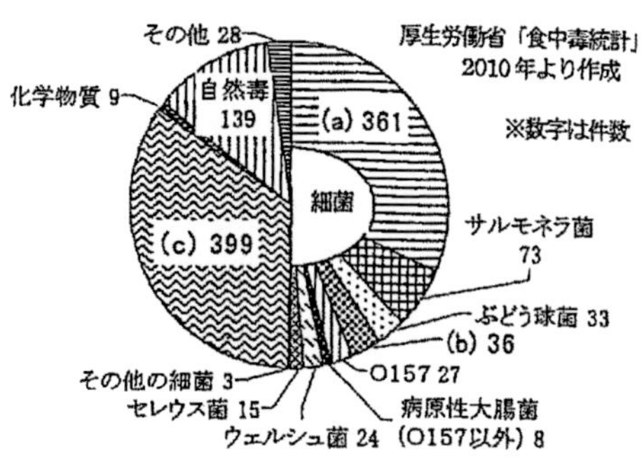

① 次の表は，グラフ中の(a)～(c)の原因食品と対策の一覧である。(a)～(c)にあてはまる食中毒原因物質の名称をそれぞれ答えよ。また，原因食品の(d)，(e)をア～オからそれぞれ1つずつ選び，記号で答えよ。

原因物質	原因食品	対　策
(a)	(d)	生肉と他の食品との接触を防ぐ。
(b)	刺身、すし	短時間でも冷蔵庫に保存する。
(c)	(e)	感染者の嘔吐物の処理は、手袋・マスクを使用する。

〈原因食品〉

ア　貝類　　イ　卵　　ウ　牛レバー　　エ　おにぎり

オ　鶏肉

② 調理実習でこの献立の夕食を作る場合，食中毒を予防するために，調理器具をどのように扱ったらよいか，留意点を簡潔に述べよ。

(6) 脂質に関する次の文を読んで，下の各問いに答えよ。

脂質は，水にとけず，エーテルやクロロホルムなどの(　ア　)にとける性質をもつものの総称である。炭水化物に比べて炭素と水素の割合が大きいので，発生するエネルギーが大きく，1g当たり約(　イ　)kcalである。脂質は，単純脂質，複合脂質，誘導脂質に分類される。そのなかで私たちが，日常摂取し，主としてエネルギー源になるのは，単純脂質のなかの中性脂肪である。中性脂肪は，脂肪酸とグリセリンとが結合したものである。脂肪酸はその構造によって，二重結合のない脂肪酸，A二重結合が1つある脂肪酸と2つ以上ある(　ウ　)脂肪酸に分類される。

(　ウ　)脂肪酸は，酸化されやすく，酸化された脂質は，老化の原因になるので，新鮮な食品を選ぶと同時に，ビタミンE，カロテノイドやビタミンCのような抗酸化作用のあるものとともに摂取することが望ましい。

脂質は，水にとけないので，十二指腸で(　エ　)とまざることで，乳化され(　オ　)をつくり，Bすい臓の消化酵素が作用して分解される。

① 文中のア～オに最も適する語句または数値(整数)を答えよ。

② 下線部Aの脂肪酸の1つであるオレイン酸(炭素数は18個)の構造を図示せよ。

③ 文中の(　ウ　)脂肪酸は，さらにn-6系とn-3系に分類されるが，それぞれの体内でのはたらきを簡潔に説明せよ。

④ 下線部Bの消化酵素の名称を答えよ。

(☆☆☆☆◎◎◎◎)

【2】次の各文は，新しい住まい方についての説明文である。それぞれの名称を答えよ。

(1) 単身者どうしがワンフロアを借りて1人1部屋ですごし，広いリビングは共有し，家賃・電気代などは等分する方法。

(2) 血縁のない異世代の人が集まって，自分たちの私的スペースのほかに，キッチン・食事室・家事室など共有スペースをもち，暮らしの一部を共同化する住宅。家事・育児を他の住人と支えあうことができ，キッチンなどの共有は経費節減につながる。

(3) 家をもちたい人が集まり，ライフスタイルに合わせて広さや間取りを自由に決め，共同で建設を進める住宅。計画段階から話し合いを進めていくので，仲間意識ができて困ったときには助けあうコミュニティが自然と形成される。

(☆☆☆☆☆◎◎)

【3】被服製作に関する次の文を読んで，下の各問いに答えよ。

人体は複雑な曲面で構成される立体であり，立体構成の衣服は，人体の曲面にあわせて立体的に形づくられている。一般的な洋服の製作では，平面である布をからだの形にあわせて裁断し，立体に組み立てるという手順をとる。このような立体構成衣服のパターンのつくり方は立体裁断法と平面製図法の2通りの方法がある。A<u>布の立体化の方法</u>は，さまざまな手法があり，デザインの目的にあわせて選択する。

平面構成の衣服は，平面的に形づくられており，着用しないときは平面にたたむことができる衣服である。B<u>人が着装することによって，立体化する</u>。

(1) 下線部Aの方法のひとつにダーツがある。女子の上半身前面を覆う前身ごろのダーツの展開例を3つ図示せよ。

(2) 下線部Bについて，日本の和服の場合の，立体化する着装のしかたを簡潔に説明せよ。

(3) 次のア～オは，立体構成における被服作図の記号を示したものである。何をあらわしているかそれぞれ簡潔に説明せよ。

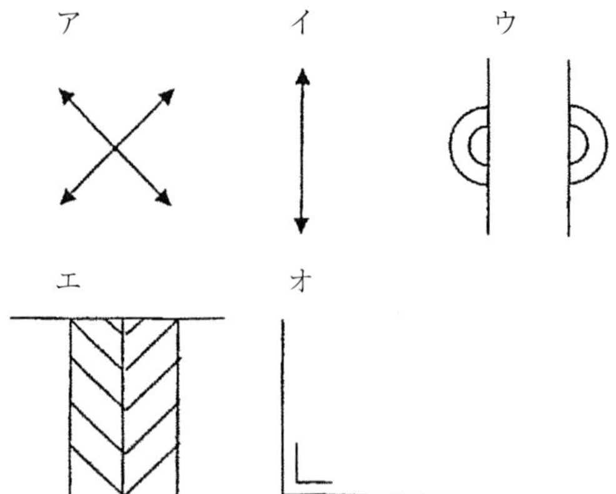

(4)　平面構成である女物ひとえ長着について，次の各問いに答えよ。

①　裁ち切りそでたけ50cm，裁ち切り身たけ165cm，裁ち切りおくみたけ145cmの場合，必要な総用布の長さを求めよ。

②　次の図はえり先の始末を示したものである。えり先の縫い方と折り方の中で正しいものを，ア，イからそれぞれ1つずつ選び，記号で答えよ。

縫い方

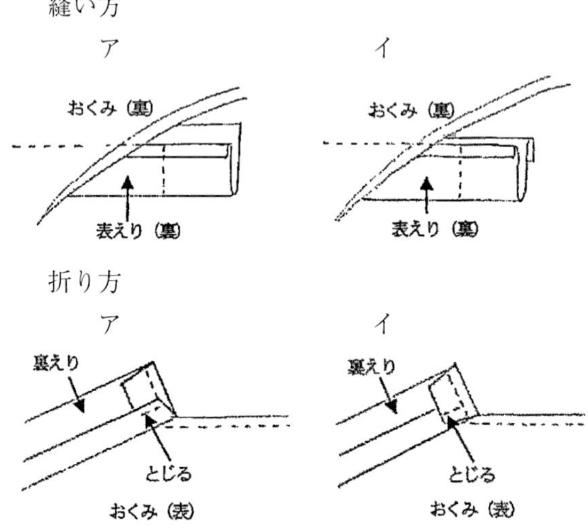

③　図Ⅰのようにつま先を仕上げる場合の折り方で最も適切なものを，ア～エから1つ選び，記号で答えよ。また，図Ⅱにおいて，正しく縫う順序になるように，①～⑦の番号を左から順に並べよ。(縫い始めと縫い終わりは①とするが，同じ番号を何度使ってもよい。)

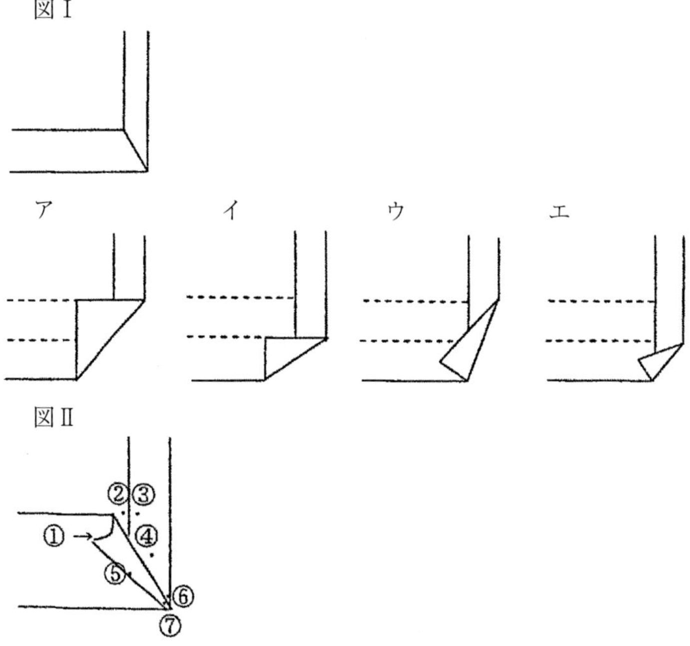

④　次の図は，すそくけを示したものである。背・わき・おくみの各縫い目のきせ山で1針くけ返すが，正しいくけ方のものをア～ウから1つ選び，記号で答えよ。

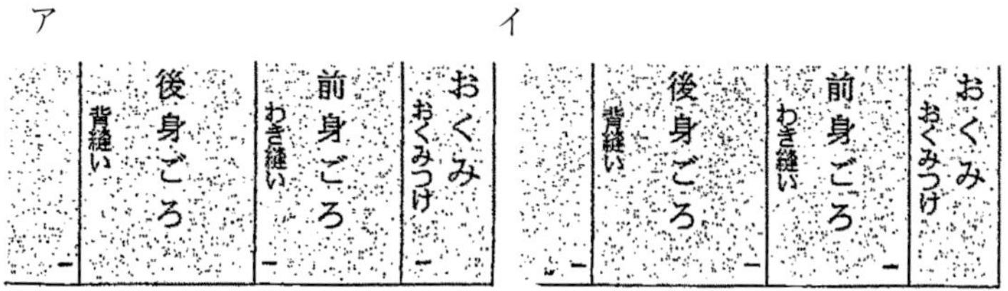

ウ

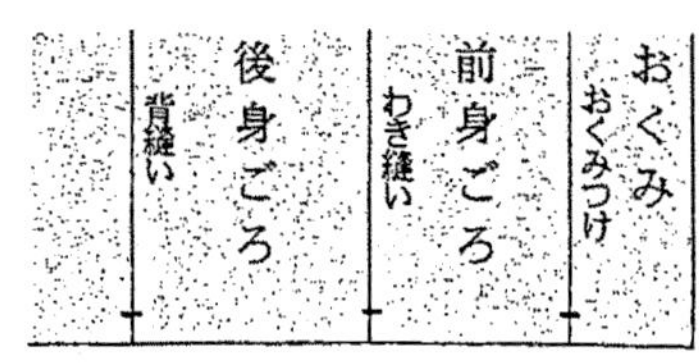

(☆☆☆☆◎◎◎◎◎)

【4】乳幼児の発育に関する次の文について，下線①～⑦に適する数字または語句を(　)内のア～エから1つずつ選び，記号で答えよ。また，(　⑧　)～(　⑫　)には最も適する語句を答えよ。

(1)　出生時の平均体重は，約①(ア　2　イ　3　ウ　4　エ　5)kgで，1歳で約②(ア　1.5　イ　2　ウ　2.5　エ　3)倍になる。

(2)　出生時の平均身長は，約③(ア　40　イ　50　ウ　60　エ　70)cmで，1歳で約④(ア　1.5　イ　2　ウ　2.5　エ　3)倍になる。

(3)　新生児の呼吸数は，1分間に約⑤(ア　10　イ　20　ウ　30　エ　40)回である。

(4)　新生児の脈拍数は，1分間に約⑥(ア　60　イ　80　ウ　100　エ　120)回である。

(5)　反射運動には，新生児にはみられるがその後消失するものがある。⑦(ア　対光反射　イ　腱反射　ウ　モロー反射　エ　まぶたの開閉)は，消失する反射である。

(6)　新生児の皮膚が成人より赤くみえるのは，血液中の(　⑧　)の濃度が成人より高いためである。また，生後2～3日から皮膚が黄色みをおび，生後4～5日に最も黄色になる。これは過剰な(　⑧　)がこわれて，血液内の(　⑨　)濃度が上がるためで，(　⑩　)とよばれる。

(7)　乳児の骨は軟骨が多いが，成長すると骨に(　⑪　)が沈着して硬骨となる。これを(　⑫　)という。

(☆☆☆☆◎◎◎)

【5】環境保全とライフスタイルに関する次の文を読んで，下の各問いに答えよ。

2001年の循環型社会形成推進基本法の制定により，A廃棄物処理や資源の有効利用についても法的に整備された。消費者はルールに従ってごみの分別排出をし，必要に応じてリサイクル料の負担もする。また，再生資源による製品の積極的利用も求められ，事業者側は環境への影響を考えた生産や回収への取り組み，省エネ製品の開発や情報発信などが求められている。事業者は環境に関する情報を発信し，消費者はそれをチェックする必要がある。環境報告書やISOによる認証，第三者機関や業界団体などが認定するB環境ラベルを理解し，確認するとよい。

わたしたちが商品購入を意思決定する際に環境問題を意識するかどうかで，企業や社会に影響を与えることができる。Cグリーンコンシューマーが増えれば，企業は環境への配慮を経営に組み入れるようになる。次の世代によりよい環境を残していくためにはD3R運動を主体とした循環型社会の形成に努めることが必要である。

(1) 下線部Aのひとつである食品リサイクル法により食品廃棄物の抑制と廃棄物の利用が進んだが，これにより何に利用されているか具体例を3つ答えよ。

(2) 次の①～③は，下線部Bの一部である。それぞれの説明として適切なものを下のア～カから1つずつ選び，記号で答えよ。

①　②　③

ア　環境保全型製品につくマーク

イ　飲料用，しょう油用ペットボトルを除いたプラスチック製の容器につくマーク

ウ　待機電力節電型製品につくマーク

エ　古紙使用率40％以上の製品につくマーク

オ　リサイクル促進化のために統一規格びんにつくマーク

カ　再生紙使用製品につくマークで，古紙配合率を表示

(3)　下線部Cのグリーンコンシューマーについて簡潔に説明せよ。

(4)　下線部Dの3R運動の3つのRは何か，それぞれを英語と日本語の両方で答えよ。

(5)　調理実習を実施する際，ごみを減らす工夫の観点から，調理，食事，後片付けの各段階で生徒にどのような指導をしたらよいか答えよ。

(☆☆☆☆◎◎◎◎)

【6】ライフステージと法律，制度について，次の各問いに答えよ。

(1)　出生や死亡の届出について定めている法律の名称を答えよ。

(2)　(1)の法律では，出生と死亡の届出は何日以内にすることになっているか，それぞれについて答えよ。

(3)　(1)の法律では，出生と死亡の届出にはどのような証明書を必要としているか，それぞれについて答えよ。

(4)　国民年金法では，「20歳に達したとき国民年金の被保険者の資格を取得する」ことになっているが，学生で保険料の納付が難しい場合，在学期間中の保険料納付を猶予することができる。この制度の名称を答えよ。

(5)　介護保険制度では，介護保険料を支払う義務が生じる第2号被保険者となる年齢は何歳か答えよ。

(6)　介護保険制度による要介護の認定区分のうち，要支援1，要介護5とは利用者がどのような状態であるかそれぞれ説明せよ。また，認定された場合にはどのようなサービスを受けられるのか，それぞれ簡潔に説明せよ。

(☆☆☆☆◎◎◎)

【7】次の文は，高等学校学習指導要領(平成21年3月告示)第2章　各学科に共通する各教科　第9節　家庭　第3款　各科目にわたる指導計画の作成と内容の取扱いに記された内容(一部抜粋)である。文中の(　①　)～(　⑥　)に最も適する語句を答えよ。

(1)　生徒が自分の生活に結び付けて学習できるよう，(　①　)な学習を充実すること。

(2)　子どもや高齢者など様々な人々と触れ合い，他者とかかわる力を高める活動，衣食住などの生活における様々な事象を言葉や(　②　)などを用いて考察する活動，(　③　)が必要な場面を設けて理由や根拠を論述したり適切な解決方法を探究したりする活動などを充実すること。

(3)　食に関する指導については，家庭科の特質を生かして，(　④　)の充実を図ること。

(4)　各科目の指導に当たっては，(　⑤　)や情報通信ネットワークなどの活用を図り，学習の効果を高めるようにすること。

(5)　実験・実習を行うに当たっては，関連する法規等に従い，施設・設備の安全管理に配慮し，学習環境を整備するとともに火気，用具，材料などの取扱いに注意して事故防止の指導を徹底し，安全と(　⑥　)に十分留意するものとする。

(☆☆☆☆◎◎◎)

解答・解説

【中高共通】

【1】(1)　・野菜…355(g)　　・穀類…320(g)　　(2)　A，C，D，H，J　・理由…男子のほうが体格が大きく，たんぱく質や脂質を多く含む食品群で女子と必要量が異なってくる。　(3)　・名称…褐変　　・説明…果肉が空気に触れると，りんごに含まれるポリフェノール酸が酸化され，切り口が茶色く変色する。　(4)　235(g)

(5)　①　(a)　カンピロバクター　　(b)　腸炎ビブリオ菌

(c)　ノロウイルス　　(d)　オ　　(e)　ア　　②　使用前に調理器具を丁寧に洗うとともに，まな板と包丁は野菜用と魚用に使い分ける。

(6)　①　ア　有機溶剤　　イ　9　　ウ　多価不飽和　　エ　胆汁酸　　オ　ミセル

②

```
   H H H H H H H H H H H H H H H H H
   | | | | | | | | | | | | | | | | |   //O
H -C-C-C-C-C-C-C-C-C=C-C-C-C-C-C-C-C-C
   | | | | | | | |     | | | | | | |   \
   H H H H H H H H     H H H H H H H    OH
```

③　・n-6系…血液中のコレステロールを低下させる。　・n-3系…血液を固まりにくくする。　④　リパーゼ

〈解説〉(1)　表の食品を「野菜」「穀類」に正しく分類し，分量を足し算で求めればよい。野菜には果物を含めないこと，また，フランスパンは小麦粉が原料であるので，換算を忘れないように注意したい。

(3)　りんごの褐変を防ぐには，レモン汁を垂らして酵素の至適pHから遠ざけたり，食塩水につけて酵素活性を抑制したりするとよい。

(4)　可食部(g)＝食品全体(g)×－廃棄率(%)だから，食品全体をXとすると，200＝X－0.15X　0.85X＝200　X≒235(g)となる。　(5)　ノロウイルスの感染経路は，ほとんどが経口感染である。近年，ノロウイルスによる食中毒では，食品取扱者を介してウイルスに汚染された食品を原因とする事例が増加傾向にある。　(6)「リパーゼ」とは，脂肪

分解酵素のことである。リパーゼを含む膵液が，脂質をグリセリンと脂肪酸に分解する。

【2】(1)　ハウスシェアリング　　(2)　コレクティブハウス
(3)　コーポラティブハウス

〈解説〉近年住まい方が変化してきているため，新しい住まい方についてはおさえておきたい。新しい住まい方としては，ほかに環境共生住宅(エコハウス)がある。省エネルギー性能，耐久性能，維持管理，節水，立地環境への配慮，バリアフリー，室内空気質の必須条件を満たし，さらに2つ以上の提案類型に該当するもののことをいい，該当する住宅には認定マークがつけられる。

【3】(1)　(例)

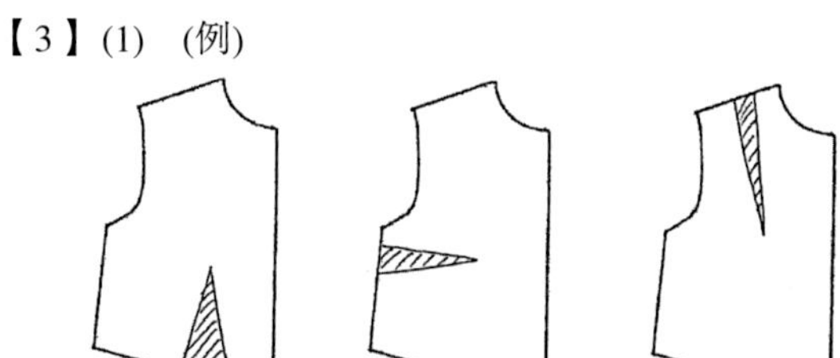

(2)　帯やひもを使って体型に合わせる。　(3)　ア　バイアス方向
イ　たて方向　　ウ　つき合わせる　　エ　箱ひだ　　オ　直角
(4)　①　1150(cm)　　②　・縫い方…ア　　・折り方…ア
③　ウ　　・順序…①→「⑤→④→⑥→⑦→①→②→③」→①
④　ア

〈解説〉(1)　図示したダーツは，左から「ウエストダーツ」「胸ぐせダーツ」「肩ダーツ」である。布の立体化の方法には，ほかに，イセ，伸ばし，タックなどがある。　(2)　中学校学習指導要領の改訂により，家庭科では，衣生活のなかで「目的に応じた着用や個性を生かす着用」という観点から和服の基本的な着装が扱われることとなった。したがって，和服の部分名称や着装の仕方，たたみ方については一通り学習しておく必要がある。　(3)　ウの表示は，布を裁つときに型紙を続けることを表す。エの表示は，プリーツをたたむとき，斜線の高いほうから低いほうへたたむことを表す。　(4)　①「総用布」は断ち切りそでたけ×4＋裁ち切り身たけ×4＋裁ち切りおくみたけ×2で求められる。　・計算式…50×4＋165×4＋145×2＝1150(cm)　③　着物の「つま先」とは，裾の左右両端の部分のことである。つま先の角は斜めに折り，角をきっちりと出すようにする(額縁に整える)。
④　すその各きせ山できせが崩れないように返しぐけをする。

【4】(1)　①　イ　②　エ　(2)　③　イ　④　ア　(3)　⑤　エ　(4)　⑥　エ　(5)　⑦　ウ　(6)　⑧　赤血球　⑨　ビリルビン　⑩　生理的黄疸　(7)　⑪　カルシウム　⑫　化骨

〈解説〉子どもの発達についての問題である。いずれも中学校家庭科の教科書に記載されている内容である。生後1か月の時期を「新生児期」，新生児期を含む生後1歳までを「乳児期」，小学校入学前までを「幼児期」という。覚えておこう。　(2)　身長は4歳で出生時の約2倍になる。　(3)・(4)　新生児の呼吸数は1分間に40～55，脈拍数は1分間に120～160である。　(5)　モロー反射は生後4か月くらいに消失する反射である。新生児にみられ，その後消失する反射運動としては，ほかに吸啜(きゅうてつ)反射，把握反射，バビンスキー反射がある。それぞれの反射の特徴，消失時期についても確認しておこう。

【5】(1)　・肥料　・家畜の飼料　・バイオマス発電
(2)　①　エ　②　ア　③　オ　(3)　環境全体を考えた行動や商品選択をする消費者　(4)　(英語，日本語の順)・Reduce，削減
・Reuse，再使用　・Recycle，再生　(5)　(例)・調理…食材を残さず使う。つくりすぎない。　・食事…食べ残しのないようにする。
・後片付け…分別しリサイクルする。堆肥にするなど再利用する。

〈解説〉(1)　食品リサイクル法のほか，容器包装リサイクル法，循環型社会形成推進基本法，家電リサイクル法，建設リサイクル法，自動車リサイクル法が，循環型社会を実現させるための法体系となっている。

「バイオマス発電」の「バイオマス」とは，動植物から生み出される，再生可能な有機性資源のことである。「建築廃材」「家畜排泄物」「産業食用油」「食品加工廃棄物」「でんぷん・糖・甘藷等」などに分類される。これらを直接燃焼したり，ガス化させたりして発電する。
(2) イは「プラスチック製容器包装識別マーク」，ウは「省エネ性マーク」，カは「再生紙使用マーク」である。実際のマークを確認しておこう。 (4) 最近では，この3RにRefuse(不要なものはもらわない)，Repair(修理して使う)を加えた5Rも推進されている。

【6】(1) 戸籍法 (2) ・出生…14日以内 ・死亡の事実を知った日から…7日以内 (3) ・出生…医師や助産師等が作成した出生証明書 ・死亡…診断書または検案書 (4) 学生納付特例制度
(5) 40歳 (6) 解答省略

〈解説〉(1) 戸籍法により届け出が必要なものには，ほかに婚姻や離婚，認知，養子縁組などがある。 (2)・(3) 出生の届出・証明書については戸籍法第49条で，死亡の届出については同法第86条で規定されている。 (4)「学生納付特例制度」は，本人の所得が一定以下の学生が対象となる(家族の所得は対象ではない)。また10年以内であれば保険料をさかのぼって追納できるという点も覚えておきたい。 (5) 介護保険制度の第1号被保険者は65歳以上，第2号被保険者は40歳以上65歳未満の医療保険加入者である。 (6)「要支援・要介護」とは，入浴，排せつ，食事等，日常生活での基本的な動作について，常時の介護や支援が必要であると見込まれる状態をいう。介護保険の認定を受けるためには，市区町村に申込者が申請し，同市区町村から「要介護」または「要支援」の認定を受けなければならない。介護の必要な程度に応じて，要支援状態区分1～2，要介護状態区分1～5に区分される。「要支援1」は「日常生活動作はほぼ自分で行えるが，家事，買い物，公共機関の利用などの動作(手段的日常動作)について何らかの支援が必要な状態」等を指す。また，「要介護5」は「動作能力が要介護4より一層低下していて，介護なしには日常生活を行うことがほとんどできない状態」等を指す。各区分の状態を理解し，そのうえで「サービス」の内容を考えるとよいだろう。

【7】(1)　①　問題解決的　　(2)　②　概念　　③　判断
(3)　④　食育　　(4)　⑤　コンピュータ　　(5)　⑥　衛生

〈解説〉設問の文は，高等学校学習指導要領解説の家庭編の「内容の取扱いに当たっての配慮事項」である。高等学校における共通教科としての家庭科は，「家庭基礎」(2単位)，「家庭総合」(4単位)，「生活デザイン」(4単位)の3科目があり，生徒の多様な能力・適性，興味・関心等に応じて必履修科目として1科目を選択的に履修させることとなっている。学習指導要領の内容については頻出である。家庭科の目標，各科目の目標は暗記しておかなくてはならない。また，各科目の内容構成をとらえ，それぞれの指導内容，配慮事項を確認しておこう。「総則」や「改訂の要点」は特に丁寧におさえておくこと。なお，学習指導要領の改訂により，小学校から高等学校までの12年間を見通し体系化を図るという観点から，小学校・中学校・高等学校をまたぐ形で教育課程全体での内容構成を問う問題も見られるので注意したい。

2012年度　実施問題

【中高共通】

【1】たんぱく質に関する次の文を読んで，以下の各問いに答えよ。

たんぱく質には，炭素・水素・酸素のほかに，平均(　①　)%の窒素や硫黄が含まれている。たんぱく質は，細胞の基本成分として，筋肉や臓器などのからだを構成する最も重要な成分である。

たんぱく質は，アミノ酸という基本単位が，鎖状に多数結合した(　②　)である。アミノ酸だけから構成されているものを単純たんぱく質といい，アミノ酸以外の成分を含むものを複合たんぱく質という。アミノ酸どうしの結合のしかたは，一方のアミノ酸のアミノ基と他方のアミノ酸の(　③　)とから，水がとれて結合した形となっている。

自然界には多数のアミノ酸が知られているが，たんぱく質を構成するアミノ酸はそのうち20種類である。これらのアミノ酸のなかには，人の体内で合成できるものもあるが，合成できないアミノ酸もあり，後者は食物から取り入れなければならない。そこで，これらを必須アミノ酸といい，9種類ある。必須アミノ酸を十分に，かつ，比較的バランスよく含むものは動物性たんぱく質や(　④　)たんぱく質である。たんぱく質の栄養価判定法は，いくつかあるが，そのうちの1つにアミノ酸価がある。

(1)　文中の(　①　)～(　④　)に最も適する語句または数値(整数)を答えよ。

(2)　下線部に関連して，次のa～eのたんぱく質の種類をA群から，特徴をB群から，a～eのたんぱく質を含む食品や原料をC群から1つずつ選び，正しく組み合わせ，記号で答えよ。A，C群の記号は複数回用いてもよい。

a　硬たんぱく質　　b　ゼラチン　　c　リポたんぱく質
d　グロブリン　　　e　プロラミン

A群
ア　単純たんぱく質　　イ　複合たんぱく質
ウ　誘導たんぱく質

B群
カ　たんぱく質を物理的・化学的に処理したもので，温水に溶かした後，冷却すると固まる。
キ　水に溶けず，うすい食塩水に溶け，加熱すると凝固する。
ク　水・食塩水・酢・アルカリなどに溶けない。
ケ　水に溶けず，アルコールに溶ける。
コ　たんぱく質に脂質が結合したもの。

C群
サ　落花生　　シ　卵黄　　ス　小麦　　セ　骨

(3)　アミノ酸どうしの結合のしかたを何というか，名称を答えよ。
(4)　必須アミノ酸のうち，塩基性のものを2つ答えよ。
(5)　次の表は，アミノ酸評点パターンとじゃがいもの必須アミノ酸含有量を示したものである。以下の各問いに答えよ。

必須アミノ酸	アミノ酸評点パターン	じゃがいも
イソロイシン	180	200
ロイシン	410	300
リジン	360	340
含硫アミノ酸	160	180
芳香族アミノ酸	390	430
スレオニン	210	200
トリプトファン	70	75
バリン	220	330
ヒスチジン	120	110

窒素1gあたりのアミノ酸量(mg)

①　アミノ酸評点パターンとは何か，説明せよ。
②　じゃがいもの制限アミノ酸をすべて答えよ。

③ じゃがいものアミノ酸価を計算し，小数第1位を四捨五入して整数で答えよ。

④ たんぱく質の補足効果について，米を例に，説明せよ。

(☆☆☆☆◎◎◎◎)

【2】次の材料で天ぷらと豆腐の吸い物の調理実習を行う。以下の各問いに答えよ。

＜天ぷら (1人分)＞

えび…25g (1尾)
小麦粉…少量
生しいたけ…6g (1枚)
さつまいも…25g
ししとうがらし…4g
なす…35g (1/2個)
揚げ油…適量
大根…30g

衣 { 小麦粉…20
卵…10g
水…25cc }

天つゆ { 煮出し汁…40cc
しょうゆ…10cc
みりん…10cc }

＜豆腐の吸い物 (4人分)＞

煮出し汁…600cc
塩…(　) g
しょうゆ…(　) cc
豆腐…200g (2/3丁)
しゅんぎく…40g
ゆずの皮…少々

(1) えびの下ごしらえの手頃を簡潔に説明せよ。

(2) 図の①～③は，この調理実習における，なす，豆腐，ゆずの皮の切り方である。それぞれの切り方の名称を答えよ。

① なす　② 豆腐　③ ゆずの皮

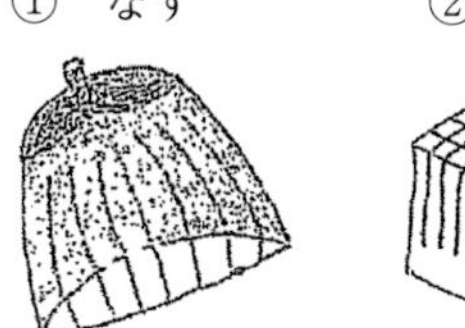

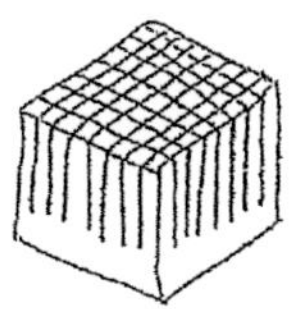

(3) 豆腐の吸い物を4人分 (600cc)作る場合，適切な塩分量について，

次の各問いに答えよ。答は，四捨五入して，小数第1位まで求めよ。ただし，吸い物の具は計算に含めないものとする。

① 吸い物の塩分濃度を0.8％とした場合，塩の分量(g)を計算せよ。

② ①の塩分量の2分の1を塩で，2分の1をしょうゆ(塩分含有量15％)で調味する場合，しょうゆは何g必要か，計算せよ。

③ ②のしょうゆの分量は，体積にすると何ccか，計算せよ。

(4) からっと揚がった天ぷらにするため，衣を作る際の留意点を3つ答えよ。

(5) さつまいもを170℃で揚げたい。衣を揚げ油に落としてどのような状態になれば適温であるか，説明せよ。

(☆☆☆☆◎◎◎)

【3】被服整理に関する次の文を読んで，以下の各問いに答えよ。

洗濯用洗剤の主成分は(　①　)であり，汚れを落ちやすくする働きがある。そのほかに，洗浄補助剤や酵素，蛍光増白剤など，洗い上がりをよくする性能向上剤が配合されているものがある。

洗濯用洗剤には，洗濯用せっけん，洗濯用合成洗剤，洗濯用(　②　)せっけんがある。純せっけんの組成については，洗濯用せっけんは100％であり，洗濯用合成洗剤は(　③　)％未満である。洗濯用せっけんは弱アルカリ性で，すぐれた洗浄力をもつが，(　④　)に溶けにくく，残ったせっけんかすは(　⑤　)の原因になるので，温水などでじゅうぶんにすすぐようにする。

(1) 文中の(　①　)～(　⑤　)に最も適する語句または数値(整数)を答えよ。

(2) 洗剤の次のa～dの作用を確認する実験方法及びその結果を説明せよ。

a 浸透作用　　b 乳化作用　　c 分散作用

d 再汚染防止作用

(3) 羊毛100％の白いセーターを手洗いする場合，洗剤，洗い方，絞り方，干し方について，最も適した組み合わせを次のア～オの中から1つ選び，記号で答えよ。

	ア	イ	ウ	エ	オ
洗剤	合成洗剤(弱アルカリ性)	合成洗剤(弱アルカリ性)	合成洗剤(中性)	合成洗剤(中性)	合成洗剤(中性)
洗い方	つかみ洗い	押し洗い	つかみ洗い	押し洗い	つかみ洗い
絞り方	絞らない	押し絞り	絞らない	押し絞り	押し絞り
干し方	ひなたにつり干し	日陰に平干し	日陰につり干し	日陰に平干し	ひなたに平干し

(☆☆☆☆◎◎◎)

【4】裏付きジャケットの製作について，次の各問いに答えよ。

(1)　原型を作成するために，次の①，②の寸法が必要である。計測方法をそれぞれ説明せよ。

①　背たけ　　②　そでたけ

(2)　ボタンホールを玉縁穴にする場合，身頃に玉縁布をミシン縫いした後，切りこみを入れるが，切りこみ方法として適するものを，次のア～エから1つ選び，記号で答えよ。ただし，ア～エの図中の点線はミシン縫いを，実線は切りこみを示す。

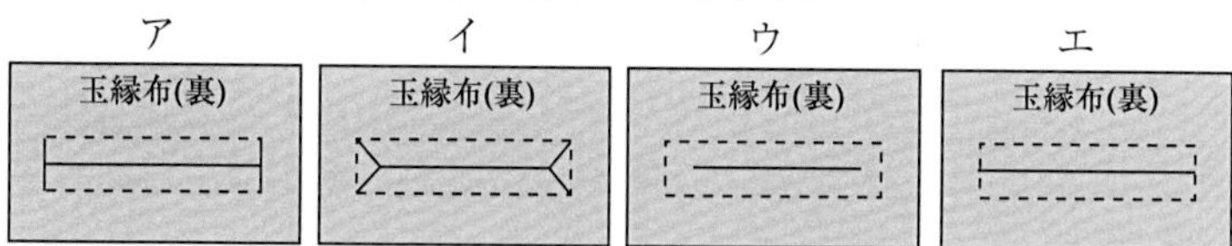

(3)　右図は，ジャケットの仕上げを示したものである。①はその部分の名称を，②～④は縫い方の名称を答えよ。また，⑤～⑥は最も適する値を，次のア～オの中からそれぞれ1つずつ選び，記号で答えよ。

ア　0.2cm

イ　1cm

ウ　2cm

エ　4cm

オ　7cm

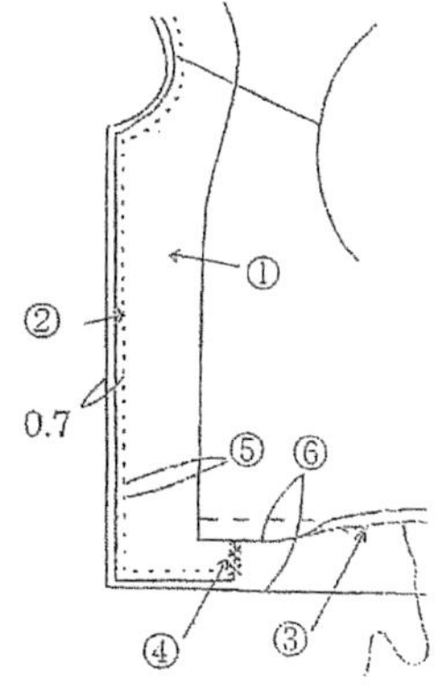

(☆☆☆◎◎◎)

【5】次は,「赤ちゃんふれあい体験学習」の実施要項である。体験学習を実施するにあたり，生徒にどのような事前指導が必要か，衛生面と実習態度面，それぞれについて2つずつ簡潔に答えよ。

実施要項

1　ねらい

　赤ちゃんとふれあうとともに，子育ての話を聞く体験を通して，乳児の心身の発達や生命の大切さ，子育ての楽しさ，大変さを学ぶ。

2　日　時　　9月28日　3限

3　場　所　　本校和室

4　来校者　　0歳児とその母親　4組

5　対象生徒　1年1組　40名

6　担当教諭　○○○○

7　その他

・事前に母親に質問事項を連絡する。

・生徒は,「家庭基礎」の授業で「乳幼児の心身の発達」を事前学習し，理解を深めてから体験学習に臨む。

(☆☆◎◎◎)

【6】次の文は，高等学校学習指導要領(平成21年3月告示)第2章　第9節　家庭　第2款　各科目　「家庭基礎」「家庭総合」「生活デザイン」の3科目に共通して「ホームプロジェクトと学校家庭クラブ活動」に記された内容である。文中の(　①　)～(　⑤　)に最も適する語句を答えよ。

　自己の家庭生活や(　①　)の生活と関連付けて生活上の課題を設定し，解決方法を考え，(　②　)を立てて(　③　)することを通して生活を(　④　)的に探究する方法や(　⑤　)の能力を身に付けさせる。

(☆☆◎◎◎)

【7】家族のライフステージと生活課題(例)に関する次の表及びグラフⅠ～Ⅳを見て，あとの各問いに答えよ。

ライフステージ	自分自身の生活課題	家族関係における生活課題	C経済面の生活課題	住居への要求
新婚期	○新しい家庭の核となる夫婦関係への適応	○夫婦関係の形成 ○ライフスタイルの調整 ○家族構成の計画	○出産・育児費用の準備 ○(a)の計画・準備	○夫婦の生活しやすい場の形成 ○食寝分離の確保
育児期	○親としての役割への適応 ○A職業労働と育児の調整	○家庭教育方針の決定 ○子どもの基本的生活習慣習得への援助	○(b)の計画	○子どもに対する安全性の配慮 ○遊び空間の確保
教育期	○転勤・転職などへの対応	○子どもの学校生活適応への援助	○(b)の対策	○D個室の確保 ○家族のコミュニケーションの場の確保 ○通勤・通学への配慮
子どもの独立期	○祖父母としての役割への適応	○子どもの就職・結婚への援助 ○B老親の扶養と介護 ○夫婦関係の再形成	○(c)の準備 ○老親の扶養・介護への対応	
老後期	○生きがい・楽しみの設計 ○健康維持への配慮	○夫婦関係の再調整 ○子ども家族との関係調整 ○一人暮らしへの適応	○経済的安定	○E身体機能の衰えに対する配慮

[グラフⅠ　(　ア　)の変化]

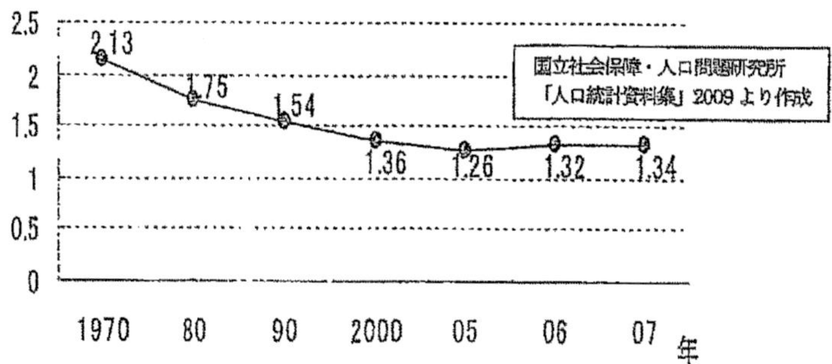

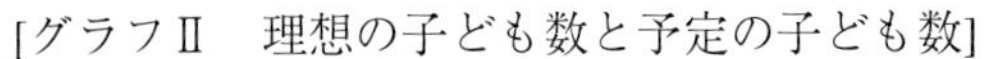
[グラフⅡ　理想の子ども数と予定の子ども数]

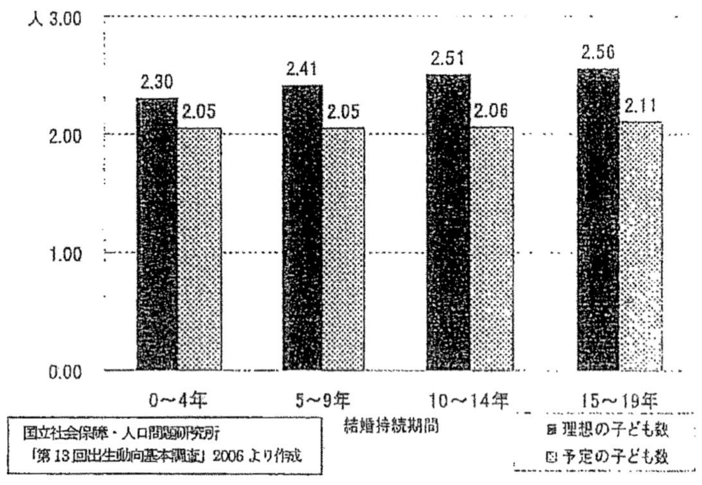

[グラフⅢ　要介護者などからみた主な介護者の続柄]

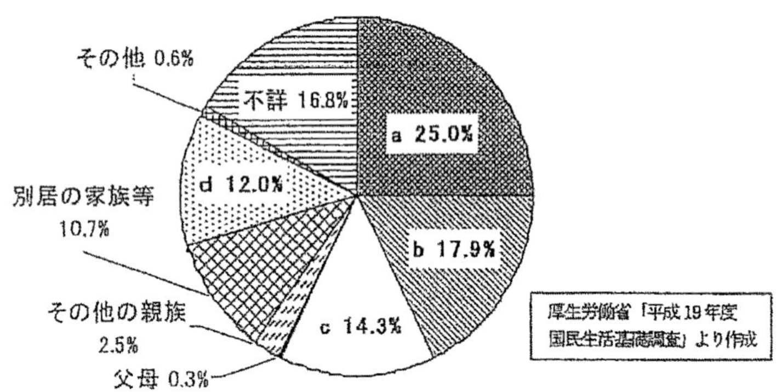

[グラフⅣ　高齢者の家庭内事故死(2006年)]

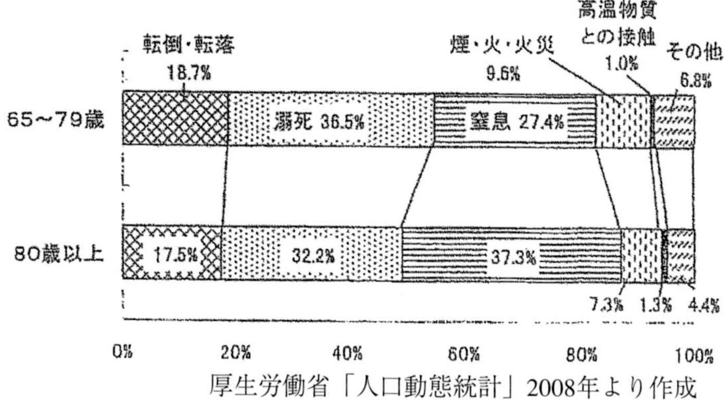

厚生労働省「人口動態統計」2008年より作成

(1)　下線部Aについて，グラフⅠ，Ⅱを見て，以下の各問いに答えよ。

①　グラフⅠについて，(　ア　)に入る語句を答えよ。

②　グラフⅡについて，予定の子ども数が理想の子ども数より少ない理由を3つ答えよ。

③　政府は，社会全体で子育てに取り組むため，2003年に地方自治体や従業員301人以上の企業等においても子育て支援の行動計画策定を義務づける法律を制定した。この法律名を答えよ。

(2)　下線部Bについて，グラフⅢを見て，以下の各問いに答えよ。

①　グラフのa～dに最も適した語句を，次のア～エから1つずつ選び，記号で答えよ。

ア　子の配偶者　　イ　子　　ウ　配偶者　　エ　事業者

②　次のA，Bのことばの意味を説明せよ。

A　老老介護　　B　健康寿命

(3)　下線部Cについて，各ライフステージではどのような経済計画が必要か，表中の(　a　)～(　c　)に最も適した語句を答えよ。

(4)　下線部Dについて，中・高校生頃から個室の確保に配慮しなければならない理由を1つ答えよ。

(5)　下線部Eについて，高齢者の家庭内事故死に関するグラフⅣを見て，以下の各問いに答えよ。

① 高齢者の転倒・転落事故が多い原因を，高齢者の加齢に伴う生理的・身体的変化に関連させて答えよ。

② 80歳以上になると「窒息」による死亡が増加する原因を，高齢者の加齢に伴う生理的・身体的変化に関連させて答えよ。

(☆☆☆◎◎◎◎)

解答・解説

【中高共通】

【1】(1) ① 16　② 高分子化合物(有機高分子物質)　③ カルボキシル基(COOH)　④ 大豆　(2) a－A群ア，B群ク，C群セ　b－A群ウ，B群カ，C群セ　c－A群イ，B群コ，C群シ　d－A群ア，B群キ，C群サ　e－A群ア，B群ケ，C群ス　(3) ペプチド結合　(4) リジン(リシン)，ヒスチジン　(5) ① アミノ酸評点パターンとは，人体にとって理想的な必須アミノ酸含有量を示したもの。FAO/WHOの提案によるものである。② ロイシン，リジン(リシン)，スレオニン(トレオニン)，ヒスチジン　③ 73　④ 米は必須アミノ酸の中でリジンが不足しているため，アミノ酸価が100に到達していない。しかしアミノ酸価が100である魚や肉や卵，大豆もしくはその加工品と共に食べることで，不足していたリジンが補われ，アミノ酸価も100となる。このようにアミノ酸価の低い食品にアミノ酸価の高い食品を組み合わせて摂ることで，食事全体のアミノ酸価を高めることができることをたんぱく質の補足効果という。

〈解説〉(1) ①② たんぱく質はC・H・Oの他，平均的な元素組成としてNを16%，Sを2%含む有機高分子物質で，アミノ酸が鎖状に結合した高分子化合物である。(2) アミノ酸だけが結合してできた単純たんぱく質とアミノ酸の他にリンや核酸等他の物質が結合してできた複合たんぱく質及びその他(誘導たんぱく質)に分けられる。 (4) 塩基性アミノ酸はリジン(リシン)，ヒドロキシリジン，アルギニン，ヒスチジンで，必須アミノ酸に該当するのはリジン(リシン)とヒスチジンの2つである。 (5) ③ まず第1制限アミノ酸を探し，次の計算式にあてはめてアミノ酸価を求めるとよい。

$$\text{アミノ酸価}=\frac{\text{第1制限アミノ酸含量}}{\text{アミノ酸評点パターンの当該アミノ酸含量}}\times 100$$

本問ではロイシンが該当し$\frac{300}{410}\times100=73.1$で73となる。 ④ 米はリジン(リシン)が第1制限アミノ酸であるが，これを補う食品として，大豆の加工品による味噌汁や肉魚卵がある。副食の役割も理解しておきたい。

【2】(1) 殻をむき，背わたをとったならば，加熱で背が丸くなってしまうので，それを避けるために内側に少し切り目を入れておく。

(2) ① 末広切り ② 菊花切り ③ 松葉切り

(3) ① 4.8g ② 16.0g ③ 13.3cc (4) 衣作りの水には冷水を使う，小麦粉を混ぜすぎない，衣は揚げる直前に作る，(他には，タネを入れる量を少なめにする，広い口の鍋を使う，衣に氷水を入れる，卵や薄力粉も冷やしておく，等の解答もある) (5) 途中まで沈んでから，浮き上がる状態。

〈解説〉(1) えびは背わたがあるため下ごしらえで取り除いておく。また加熱により背が丸くなるため，それを防ぐために内側に切り込みを入れておくとよい。 (3) ① 塩分濃度が0.8%で，吸い物が600ccなので$600\times0.8\%(\frac{0.8}{100})=4.8$となる。 ② ①から$\frac{1}{2}$の塩分量は2.4gである。これを塩分含有量が15%の醤油で調味するので，100%の塩分含有量にするために何倍入れたらよいのかを考える。x倍とすると$15x=100$より，$x=6.666\cdots$，最終的に求めるのは小数第1位までなので有効数字を考慮して$x=6.67$とする。したがって$2.4\times6.67=16.008$。四捨五入して小数第1位までを求めるので，答は16.0gとなる。

③ ②から16.0gを体積に換算しなければならないが，ここでは計量ス

プーンを思い出すとよい。醤油の小さじ1杯(5cc)＝6gなので，求める体積をY(cc)とすると，5：6＝Y：16が成り立つ。これを解いて，$Y=\frac{80}{6}$＝13.33…，四捨五入をして13.3gが得られる。

【3】(1)　①　界面活性剤　②　複合　③　70　④　冷水　⑤　黄ばみ　(2)　(解答例)　a　2つのビーカーを用意し，1つは水のみを，もう1つに洗剤を入れた溶液(洗剤水溶液)を入れておく。それぞれのビーカーに布(毛や綿等の小布)を入れ，どうなるのかを観察する。この実験で布が沈んだならば，浸透作用が働いたことが確認できる。　b　ビーカーもしくは試験管2本を用意し，1つには水のみ，もう1つには洗剤液を用意する。それぞれに油を1滴入れ，攪拌する。その後どうなるかを観察する。水のみのビーカー(試験管)は油が浮いくるが，洗剤液の方は浮いてこないで，混ざり合った状態になる。このようになれば乳化作用が働いたことが確認できる。　c　2つのビーカーを用意する。1つは水のみで，もう1つに洗剤溶液を入れる。ここにカーボンブラックを少量入れて攪拌する。その後このカーボンブラックがどうなるか観察する。浮いてこなくて混ざったようになっていればこれが分散作用であることが確認できる。　d　分散作用で用いた洗剤水溶液に白い小布(綿等)を浸し，しばらくしてから取り出す。小布にカーボンブラックが付いてくるかどうかを観察する。ついてこなければ再付着防止作用が働いたことが確認できる。　(3)　エ

〈解説〉(1)　洗濯用の洗剤は，界面活性剤の種類と配合の割合により，石けん(純石けん100％)・複合石けん(純石けん70％以上)・合成洗剤(純石けん70％未満)に分けられる。また，合成洗剤には綿や麻，化学繊維用として弱アルカリ性の洗剤があり，毛や絹，おしゃれ着用に中性洗剤がある。　(2)　界面活性剤には汚れと洗濯物との間に入っていく浸透作用，汚れを包み込む乳化作用，それを水中に取り出す分散作用，そして汚れが再び洗濯物に付着するのを防ぐ再付着防止作用がある。実験方法やその結果について記述する問であるが，一般的な方法として，水のみと洗剤水溶液の2つを用意し，布を入れたり油を入れたり

カーボンブラックを入れたり等して，比較観察するものがある。
(3) 羊毛100％なので，繊維の特徴を思い出し，アルカリ性に弱く紫外線で黄変・劣化すること，セーターなのでつかみ洗いや，つり干しをすると伸びてしまうこと等を考慮し選択肢から選ぶとよい。

【4】(1) ① 首のつけ根からウエストラインの後中心までを，背面に沿って測る。 ② 肩先からひじを通って手首の関節までを測る。
(2) イ (3) ① 見返し ② 星止め ③ 奥まつり
④ 千鳥がけ ⑤ イ ⑥ ウ
〈解説〉(1) 上衣に必要な採寸箇所は胸囲や背たけ，背肩幅など色々ある。一般的な表現として，背たけを身長と同意義に使用することがあるが，寸法の場合，背たけはウエストラインまでなので身長と混同しないように気をつけること。 (2) 一般に使われる玉縁穴で，柔らかい感じに仕立てる時に用いる。穴の箇所にミシンを1周かけてから，矢羽根形に切り込みを入れると玉縁布をきれいに表布の裏側に出すことができ，角をきれいに整えることができる。 (3) 裏付きジャケットなので裏地が落ち着くように星止めをするが，この間隔は細かすぎず広げすぎない1cm前後が一般的である。また，表側に響かないように内側で縫い止める方法として「奥まつり」があり，裾上げや袖口のしまつ等の時にジグザグのように縫う「千鳥がけ」もある。なお，⑥の問は図から判断すると5cm以上に見えるが，ジャケットの裏地なので表布から2cm程度内側が適切と考えられる。

【5】衛生面：手をきれいに洗い，服装等も清潔であることや，風邪などの感染性の病気を赤ちゃんにうつしてしまうことがないように自分自身の健康管理に十分気をつけることが必要である。 実習態度面：話をしっかり聞こうとする態度と，自ら積極的に触れ合おうとする態度が必要である。
〈解説〉乳幼児と触れ合うことのできる保育実習は貴重な学習機会である。生徒側が保育園などに出向き，遊び等を通して乳幼児とかかわるよう

な体験もあれば，赤ちゃんとその親を学校に招き，子育ての話を聞いたり赤ちゃんをあやしたりする体験学習等もある。事前・事後の指導及び保育施設や地域の子育て支援機関との連携を重視しておくことが大切である。まず衛生面については，赤ちゃんとの触れ合い体験において，抱っこなどでデリケートな赤ちゃんに直接触れることもあるため，手をきれいに洗い，服装等も清潔にしておくことが大切である。また，赤ちゃんは病気に対する抵抗力が十分とは言えないため，特に感染性の病気をうつさないよう，健康面でも十分体調を整えておくことが大切である。実習態度面では，貴重な実習体験であるので，赤ちゃんとの触れ合いに積極的に取り組もうとすることが大切である。また，母親から子育ての話を聞く際には，しっかり聞こうとする態度が必要である。

【6】① 地域　② 計画　③ 実践　④ 科学　⑤ 問題解決

〈解説〉問題(課題)解決能力を育てることは，家庭科教育全体を通しての重要な目標になっている。学んだことをその場だけの知識で終わらせるのではなく，自分自身の実生活で生かしていくことでこそ実践力が培われていく。4単位の「家庭総合」，2単位の「家庭基礎」及び「生活デザイン」のいずれの科目においても，共通して「ホームプロジェクトと学校家庭クラブ活動」が明記されている。どの教科においても，それぞれの各領域の学習を進める中で，各自の生活の中から課題を見出し，それらの解決を目指して主体的に計画を立てて実践する問題解決的な学習活動が示されている。ホームプロジェクトの実践には，習得した知識と技術を自分のケースにおいて定着化・総合化することができるという利点がある。また，学校家庭クラブ活動の実践は，習得した知識と技術を学校生活や地域の生活の場で生かすことができる上に，ボランティア活動等の社会参画や，勤労への意欲・関心を高めることにも繋がる。

【7】(1) ① 合計特殊出生率 ② (解答例) 経済的負担，仕事(もしくは個人の時間)と子育ての両立で，バランスを保つことが難しいこと，住宅をはじめとする子育て環境の厳しさ 等 ③ 次世代育成支援対策推進法 (2) ① a ウ b イ c ア d エ
② A 高齢者が高齢者を介護する状況。 B 平均で何歳まで健康に生きられるかを示したもの。 (3) a 住宅費 b 教育費
c 老後の生活費 (4) 思春期の子どもはプライバシーの面での配慮が必要になってくるため。 (5) ① 筋力や平衡感覚の低下，視力の低下により，転倒・転落しやすい。 ② 筋力の低下により飲み込む力が衰え，だ液の分泌量の減少により，食物がのどにつまったり，誤って気管に入ったりする。

〈解説〉本問は家族のライフステージに関するデータ(グラフ)の読み取りと，その背景にある諸要因について解答する問題である。ぜひ各々の生活課題を社会保障に関連する内容と関わらせて理解しておきたい。
(1) 合計特殊出生率の推移については，報道もよくされている。2010年度からは「子ども・子育てビジョン」が策定されているが，今後も様々な少子化対策が重視されていくと考えられる。 (2)(5) 高齢者及び介護に関する問題だが，後期高齢者の増加に伴い，支援や介護を必要とする高齢者が増加した。居宅サービスや施設サービス，地域密着型のサービス等，様々な高齢者向けサービスを確認しておく必要がある。なお「健康寿命」とは，世界保健機関(WHO)が平均して何歳まで健康に暮らしていけるかを国別に示したもので，病気やけがで健康が損なわれている期間を平均寿命から差し引いたものである。高齢者の加齢に伴う生理的・身体的変化には個人差があるが，主にそれらの機能低下が事故・けがを招いている。

2011年度　実施問題

【一次試験】

【1】炭水化物に関する次の文を読んで，以下の各問いに答えよ。

炭水化物は，(　①　)と(A)食物繊維の総称である。炭水化物の特徴や性質を示す最小のものを単糖とよび，これを基本の単位として2個から数個つながったものを少糖，多数つながったものを多糖という。(B)ぶどう糖など単糖類は水に溶けやすく，甘味がある。少糖類は，単糖類と同じく，水によく溶け，甘味をもつものが多い。しょ糖は単糖類のぶどう糖と(　②　)が結合した二糖類で，(　③　)には約99％含まれている。多糖類は，多数の単糖が結合した高分子化合物である。一般に水には不溶で，甘味もない。でんぷんは，穀類やいも類・豆類などの植物に多く含まれる貯蔵多糖で，ぶどう糖の結合のしかたでアミロースとアミロペクチンに分けられる。アミロペクチンは，④(ア　直鎖状　　イ　枝分かれ状　　ウ　らせん状)に結合している。うるち米のでんぷんは約⑤(ア　20　　イ　50　　ウ　80)％がアミロペクチンである。でんぷんが消化酵素や酸によって部分的に分解され，ぶどう糖が数個から数十個結合しているものを(　⑥　)という。

ぶどう糖は，化学的なエネルギーをもった物質であるが，そのままでは，そのエネルギーを利用することができない。そこで，ぶどう糖を分解し，その過程でぶどう糖のエネルギーを(　⑦　)とよばれるりん酸化合物に移し，それをさらに分解して，熱(体温)や運動のエネルギーとして利用している。末端のりん酸基が加水分解されるときに(　⑦　)1モルあたり⑧(ア　5.4　　イ　7.3　　ウ　8.6)kcalのエネルギーが放出される。

(1)　文中の①②③⑥⑦に最も適する語句を答えよ。また，④⑤⑧については最も適する数字や語句をそれぞれ(　　　)の中のア～ウから1つ選び，記号で答えよ。

(2)　下線部(A)に関する次の各文について，正しいものには○，誤っているものには×を記せ。

①　食物繊維は，食べすぎるとエネルギー過剰になる。

②　軟便気味の人は，食物繊維を摂取しないほうがよい。

③　水溶性食物繊維は，糖尿病の予防や治療に役立つ。

④　野菜は加熱して食べるよりも生で食べたほうが，より多くの食物繊維を摂取できる。

⑤　食物繊維を過剰に摂取すると，無機質の吸収が悪くなる。

(3)　下線部(B)について，次の①～④の各問いに答えよ。

①　ぶどう糖の化学構造を，次のア～エから1つ選び，記号で答えよ。

ア　　イ

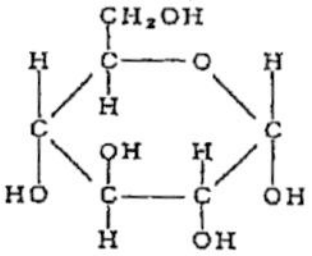

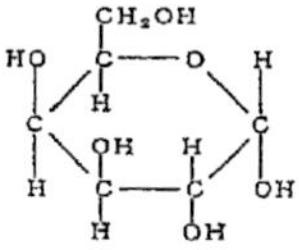

ウ 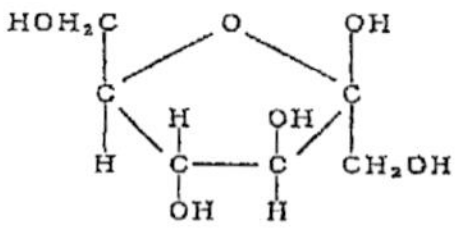　　エ

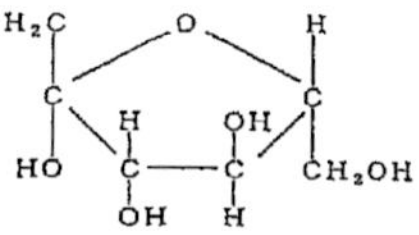

②　動物体では，血液中のぶどう糖濃度(血糖値)は，一定濃度に保たれている。その濃度は約何%か，少数第1位までの数字で答えよ。

③　吸収されたぶどう糖によって血糖値が上がると，あるホルモンのはたらきでぶどう糖が各組織に取り込まれ，血糖直が下がる。このホルモンの名称を答えよ。

④　血糖値が下がると血液中にぶどう糖を補給するために，肝臓でのグリコーゲンの分解反応が起きる。その他に，アミノ酸・乳酸などからぶどう糖をつくりだす反応が起きるが，この反応の名称を答えよ。

(☆☆◎◎◎◎)

【2】次の(1)～(5)の調理に関する項目についての説明文として，正しいものを①～④から1つずつ選び，番号で答えよ。

(1)　調理の加熱操作

①　煮物は，成分の損失は少ないが，味付けしにくい。

②　蒸し物は，食品の形は損なわないが，水溶性成分や香味の損失が大きい。

③　焼き物は，表面が凝固するため内部の栄養成分の損失は大きいが，水分は減少しない。

④　炒め物は，栄養成分の損失が少なく，加熱中に混ぜながら調味できる。

(2)　揚げ物

①　揚げ物は高温・短時間で加熱するので，他の調理法に比べてビタミン類の損失が大きい。

②　魚のから揚げは，骨までカラッとさせるために180℃で時間をかけて揚げる。

③　揚げ物を長く続けると油が酸化され，色や香りが悪くなり粘りを増す。

④　天ぷらの衣は，薄力粉をぬるま湯で溶いて使うとよい。

(3)　調味操作

①　調味料は，分子量の小さいものほど食品への浸透速度が速いので，塩は砂糖より速く浸透する。

②　食塩は，たんぱく質の熱凝固を遅くするはたらきがある。

③　大量の調味料を一度に加えると，水分が食品に急速に侵入し，食品が膨張軟化する。

④　みその香りは加熱するほど生成されるので，みそ汁は何度も煮返すほどおいしくなる。

(4)　肉の加熱調理

①　生肉の色はミオグロビンとヘモグロビンによる。酸化や加熱により赤色から褐色に変化する。

②　水とともに長時間加熱するとコラーゲンがゼラチン化し，かた

くなる。

③　かたい肉を水とともに長時間加熱するとうま味成分が汁に溶け出し，風味が悪くなる。

④　加熱により，肉の保水性が増し，肉汁が流出しなくなる。

(5)　冷凍食品の調理

①　衣をつけたフライやコロッケなどは，解凍してから油で揚げるほうがよい。

②　シューマイや中華まんじゅうなどは，凍ったまま蒸し器で蒸すほうがよい。

③　グリーンピース，コーン，ポテト，かぼちゃなどは必ず解凍してから調理する。

④　肉や魚などの生物は，凍ったまま焼くほうがよい。

(☆☆☆◎◎)

【3】次の表は，繊維の性質を示したものである。表中の(1)～(6)に該当するものとして，下のア～コのうちで最も適するものをそれぞれ1つずつ選び，記号で答えよ。

繊維名	重さ	引っ張り強さ	吸湿性	耐熱性	防しわ性	その他の特徴
(1)	重い	弱い	高い	中程度	低い	洗濯に弱い
(2)	軽い	中程度	低い	低い	中程度	保温性が高い　帯電性が高い
(3)	軽い	弱い	低い	低い	高い	伸縮性が高い
(4)	重い	中程度	高い	高い	低い	肌ざわりがよい
(5)	中程度	強い	低い	中程度	高い	熱可塑性がある　帯電性が高い
(6)	軽い	強い	中程度	低い	高い	日光で黄変する

ア　麻　　イ　アセテート　　ウ　ポリウレタン　　エ　ナイロン
オ　毛　　カ　ポリエステル　　キ　綿　　ク　アクリル
ケ　絹　　コ　レーヨン

(☆☆☆☆☆◎◎◎)

【4】縫製について，次の各問いに答えよ。

(1)　次のア～エの縫い方の中で，最も縫い目が丈夫になる縫いしろのしまつをする方法を1つ選び，記号で答えよ。

ア　二度縫い　　イ　折り伏せ縫い　　ウ　袋縫い

エ　端ミシン

(2)　(1)の縫い代のしまつをする方法について，手順を図示せよ。(途中段階のものは2つ，仕上がりのものは表と裏，計4つの図で示せ。)

(3)　次の①～⑤を製作する場合，ミシン針・ミシン糸・ボタンつけ糸の組み合わせとして最も適するものを，ア～オからそれぞれ1つずつ選び，記号で答えよ。

①　フラノのジャケット　　②　厚地ニットのスーツ

③　ローンのブラウス　　④　ブロードのシャツ

⑤　綿ジャージのパンツ

	ア	イ	ウ	エ	オ
ミシン針	9番	14番	11番　ニット用	9番　ニット用	11番
ミシン糸	カタン糸80番 ポリエステル糸90番	絹ミシン糸50番 ポリエステル糸60番	ナイロン糸(ニット用)	ナイロン糸(ニット用)	カタン糸60番 ポリエステル糸60番
ボタンつけ糸	カタン糸60番 ポリエステル糸60番	絹穴かがり糸	絹穴かがり糸	ポリエステル糸30番	カタン糸30・50番 ポリエステル糸30番

(4)　下図のボタンに対して，ブラウスの前身頃に横穴のボタンホールをつくる位置として，正しいものをア～エから1つ選び，記号で答えよ。

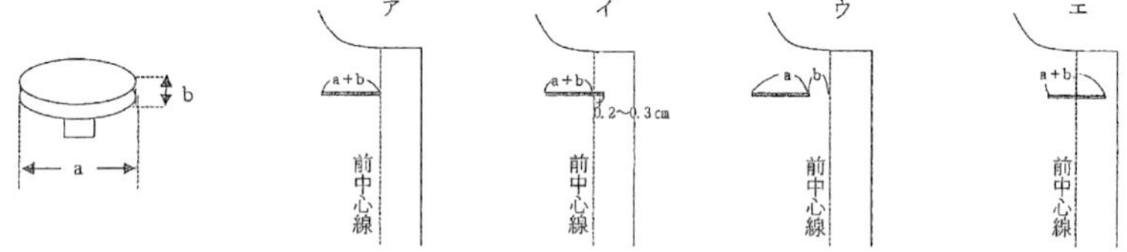

(☆☆☆☆◎◎◎)

【5】住まいの安全・衛生管理について，次の各問いに答えよ。

(1)　次の各文のうち，正しいものには○，誤っているものには×を記せ。

①　冬季に長時間の日照を得るためには，庇はできるだけ長くした方がよい。

②　建築基準法によると，住宅にあっては，採光に有効な部分の面積は，その居室の床面積に対して，$\frac{1}{10}$以上でなければならない。

③　排水トラップは，下水道の悪臭が屋内へ侵入することや害虫などが屋内に進入することを防ぐために設けている。

④　ダニは，皮膚炎やアレルギー疾患の原因にもなる。発生を防ぐためには，室内は通気をよくし，清潔にしておく。

⑤　カビやダニが発生しやすいマンションでは，加湿器を置くとよい。

(2)　次の文中の①～③に最も適する語句を答えよ。

「(　①　)症候群」とは建築の内装や家具などから発生する化学物質などが原因の健康被害のことである。建築基準法施行令第20条の五に定められている居室内において衛生上の支障を生ずるおそれがある物質は(　②　)と(　③　)である。

(☆☆☆◎◎◎◎)

【6】高齢社会に関する次の文を読んで，以下の各問いに答えよ。

介護保険制度における要介護者又は要支援者と認定された者(以下「要介護者等」という。)のうち，65歳以上の者の数についてみると，平成19(2007)年度末で約①(ア　338　　イ　438　　ウ　538)万人となっており，平成13(2001)年度末から約150万人増加しており，第1号被保険者の15.9%を占めている。また，65～74歳と75威以上の被保険者について，それぞれ要支援，要介護の認定を受けた者の割合をみると，65～74歳では要支援の認定を受けた者が1.3%，要介護の認定を受けた者が3.1%であるのに対して，75歳以上で要支援の認定を受けた者は7.5%，要介護の認定を受けた者は②(ア　15.6　　イ　18.6　　ウ　21.6)%となっており，75歳以上になると要介護の認定を受ける者の割合が大きく上昇する。一人暮らしや高齢者だけの世帯が増加している昨今，(A)高齢者の自立を社会的に支援していくことが課題となっている。

(1)　文中の①，②に最も適する数字を(　　　)の中のア～ウから1つ選び，記号で答えよ。

(2)　次の①～④で説明しているものの名称を答えよ。

①　介護保険法の改正に伴い，平成18年4月1日から創設された機関

で，在宅介護に関する各種の相談・対応，および保健や福祉サービスが総合的に受けられるよう連絡・調整をおこなう所。

② 都道府県のおこなう試験に合格し，所定の実務研修を終了した社会福祉・介護専門職の人がなる。介護サービス計画作成やサービスの調整をおこなう人。

③ 介護度に応じて各種サービスを受けるための計画。必要なサービスの種類・内容・提供日時・事業社名・料金などが記載される。

④ 判断能力があるうちに，後見人(福祉事業をおこなう法人，市役所などの公的機関)をたて，財産管理，住居の確保，施設の入退所などに関する自分の希望を表明しておく制度。

(3) 次の①～④の記述のうち，正しいものに○，正しくないものに×をつけた場合，その組み合わせとして正しいものをア～オから1つ選び，記号で答えよ。

① 高齢者の多くは，経済的な心配がなければ働きたくないと思っている。

② 国際的にみて日本の高齢者は「自分は健康」と考えている人が多い。

③ 近所の人たちと親しくつきあっている高齢者は減少しており，地域行事にも参加しなくなってきている。

④ 高齢者の場合，女性のほうが仕事をもっている。

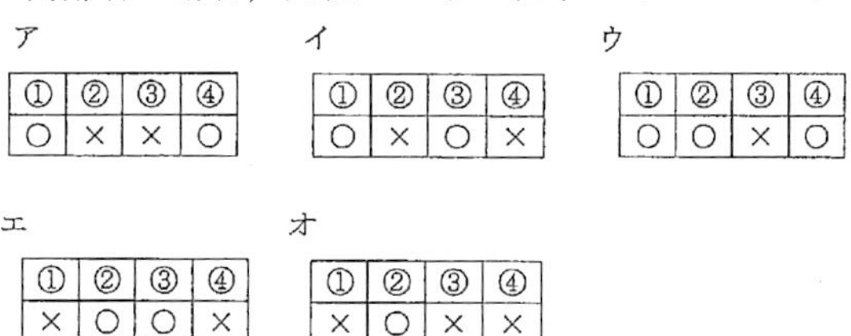

ア

①	②	③	④
○	×	×	○

イ

①	②	③	④
○	×	○	×

ウ

①	②	③	④
○	○	×	○

エ

①	②	③	④
×	○	○	×

オ

①	②	③	④
×	○	×	×

(4) 下線部(A)について，ノーマライゼーションの理念に基づき，その実現のために1995年に制定された法律名を答えよ。

(☆☆☆☆◎◎◎◎)

【7】乳幼児の発育について，次の各問いに答えよ。

(1) 次のグラフは，スキャモンの発育曲線である。グラフの曲線①～④に該当するグラフの型及び器官名を，語群Ⅰ及び語群Ⅱからそれぞれ1つずつ選び，記号で答えよ。

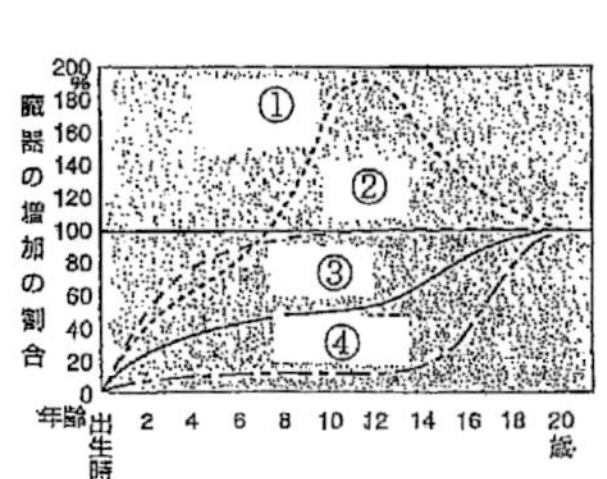

語群Ⅰ

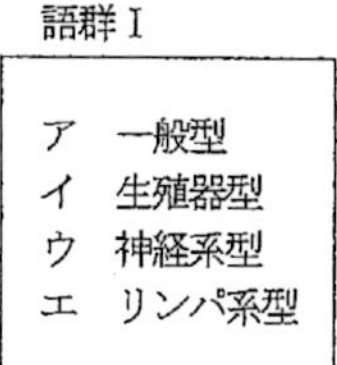
ア 一般型
イ 生殖器型
ウ 神経系型
エ リンパ系型

語群Ⅱ

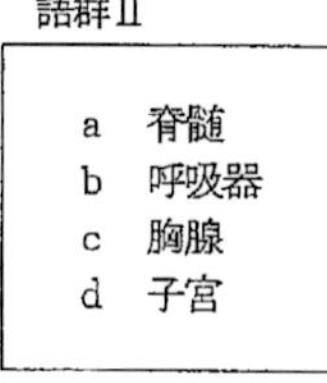
a 脊髄
b 呼吸器
c 胸腺
d 子宮

(2) 身長と体重の計測値を用いて乳幼児期の栄養状態を評価するのに用いられる指数を何というか，名称を答えよ。

(3) 生後8カ月，身長70cm，体重8.8kgの乳児についての(2)の指数を，小数第1位を四捨五入して整数で答えよ。

(4) (3)の乳児の栄養状態の評価として適するものを，次のア～ウから1つ選び，記号で答えよ。

ア やせすぎ　　イ ふつう　　ウ 太りすぎ

(☆☆☆☆◎◎◎◎)

【8】消費生活に関する次の文を読んで，あとの各問いに答えよ。

現在使用されているカードを大別すると，預貯金の引き出しや預け入れに使用する(　①　)，信用をもとにした後払いやキャッシングに使用する(　②　)，代金前払いでカードを購入しておいて利用する(　③　)の3つに分けられる。さらに，事前に入金した分だけ使用することができる(　④　)も急速に普及してきた。

従来，代金の支払いは現金支払いが主だったが，最近は現金を使わない支払い，すなわち(　⑤　)の支払いが増えてきた。これは，消費者が後で必ず支払うという信用を前提としており，(　⑥　)という。住宅ローン，サラリーマン金融などの消費者金融とあわせて(　⑦　)という。

(1)　文中の①～⑦に最も適する語句をそれぞれ次のア～サから1つ選び，記号で答えよ。

ア　消費者信用　　イ　キャッシュ　　ウ　借金
エ　クレジットカード　　オ　販売信用　　カ　電子マネー
キ　大量消費　　ク　キャッシュレス
ケ　プリペイドカード　　コ　利子　　サ　キャッシュカード

(2)　①のカードには，買い物時に提示することによって即代金が口座から引き落とされる機能がついていることが多い。このようなカードを何というか，名称を答えよ。

(3)　借金する場合，次のア～ウで，最も利息が少ないのはどれか，記号で答えよ。

ア　金利が日歩5銭の場合　　イ　金利が月利1.6%の場合
ウ　金利が年利18%の場合

(☆☆☆☆☆◎◎◎)

【9】次の文は，高等学校学習指導要領(平成21年3月告示)　第3章　主として専門学科において開設される各教科　第5節　家庭　第3款　各科目にわたる指導計画の作成と内容の取扱い　に記された一部である。文中の①～⑤に最も適する語句を答えよ。

家庭に関する各学科においては，原則として家庭に関する科目に配当する総授業時数の(　①　)以上を実験・実習に配当すること。また，実験・実習に当たっては，(　②　)を取り入れることもできること。

地域や(　③　)との連携・交流を通じた実践的な学習活動や(　④　)を積極的に取り入れるとともに，(　⑤　)を積極的に活用するなどの工夫に努めること。

(☆☆☆◎◎◎)

【二次試験】

【1】次の各問いに答えよ。

(1)　食品のトレーサビリティーとは，どのようなしくみのことをいうのか説明せよ。また，その効果を説明せよ。

(2)　欧米では1970年代に，日本では1980年代に始まったフェアトレード運動が目指しているものは何か，説明せよ。

(3)　カーボンオフセットとはどのような意味か，説明せよ。

(4)　子どもの知的能力の発達における「表象作用」と「象徴機能」について説明せよ。また，「象徴機能」が発達すると見られる子どもの行動について例をあげて答えよ。

(☆☆☆◎◎◎◎)

【2】衣服の仮縫いの段階で，次の(1)，(2)のような問題が生じた。どのように補正をしたらよいか，解答用紙の図中に記せ。

(1)　スカート

大腿部のふくらみが強く，前身頃の両脇につれじわが出る。

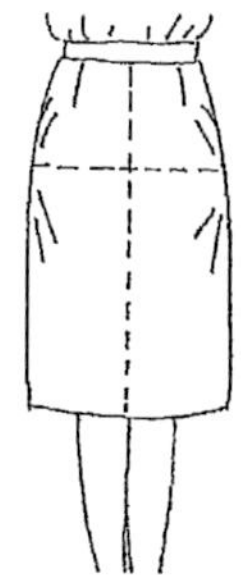

(2)　ブラウス・シャツ

いかり肩のために，肩先で不足した分がつかえて，たなじわがでる。

(☆☆☆☆◎◎◎◎)

【3】奶豆腐の調理について，次の各問いに答えよ。

(1)　奶豆腐の作り方を箇条書きで説明せよ。ただし，寒天は棒寒天を使用，シロップは事前に作ってあることとする。

(2)　寒天液をむらのないように凝固させるにはどのようにしたらよいか，説明せよ。

(3)　奶豆腐がシロップ液に浮く理由を説明せよ。

(☆☆☆◎◎◎◎)

【4】仕事と家事の両立について，下の各問いに答えよ。

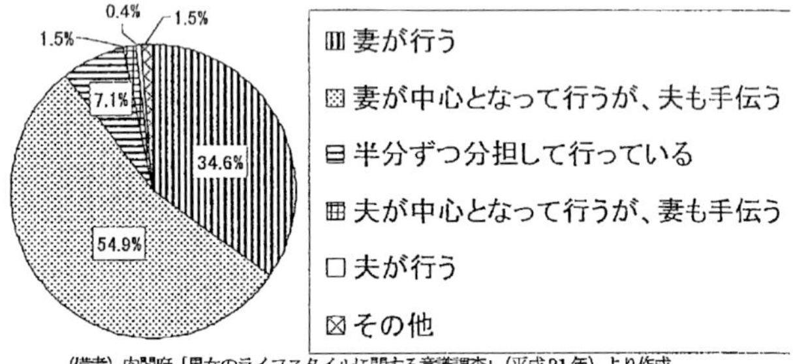

(備考) 内閣府「男女のライフスタイルに関する意識調査」(平成21年) より作成

(1)　夫婦間での家事の分担状況は上図のとおり，妻に負担が偏っている。この状況の背景にはどのようなことが考えられるか簡潔に2つ述べよ。

(2)　仕事と家事の両立のために，日本政府が2007年に策定した憲章の名称を記せ。

(3)　(2)の施策を推進するための行動指針には，日本が目指す社会が記されている。3つ記せ。

(☆☆☆◎◎◎◎)

【5】科目「家庭総合」の題材「高齢者の生活と福祉」の学習指導案(1時間分)を，次の主題と目標に従い，評価規準を決め，作成せよ。

【主題】　「高齢者の心身の特徴と生活」

【目標】　身近な高齢者にインタビューした内容をもとに，加齢に伴う心身の変化と特徴について理解し，高齢者の生活の現状と課題について認識する。

(☆☆☆☆☆◎◎◎◎)

解答・解説

【一次試験】

【1】(1) ① 糖質 ② 果糖(フルクトース) ③ 砂糖 ④ イ ⑤ ウ ⑥ デキストリン ⑦ ATP(アデノシン三リン酸) ⑧ イ (2) ① × ② × ③ ○ ④ × ⑤ ○ (3) ① ア ② 0.1% ③ インスリン(インシュリン) ④ 糖新生

〈解説〉(2) ① 食物繊維を食べ過ぎてもエネルギー過剰にはならない。 ② 食物繊維は便通をよくする効果を有するが，軟便だからといって摂取しないほうがよいとは限らない。 ④ 加熱した方がかさが減り，その分の多く摂取できる。 (3) ③ インスリンは，膵臓のランゲルハンス島から分泌され，血糖値を低下させる働きがある。インスリンが分泌されなくなる，または分泌されたインスリンが十分に作用が発揮されなくなると血糖値が上昇し，糖尿病の原因となる。 ④ 糖新生は筋肉に乳酸が生じた場合，グルコースが不足した場合，空腹時に血糖が下がった場合，肝臓が乳酸・アミノ酸などを糖に変える働きをいう。

【2】(1) ④ (2) ③ (3) ① (4) ① (5) ②

〈解説〉(1) ① 煮物は長時間煮るので味付けはしやすい。 ② 香味の損失は大きくない。 ③ 表面が凝固するので内部の栄養成分の損失は少ない。 (2) ① ビタミン損失は少ない。 ② 高温で短時間で揚げるのがよい。 ④ ぬるま湯ではなく，冷水で溶いたほうがよい。 (3) ② 遅くするのではなく，早める働きがある。 ③ 食品から水分が出てしまうので，食品は収縮硬化する。 ④ みそ汁は煮返すと香りが飛んでしまうため，温める程度に済ませるのがよい。
(4) ② コラーゲンは加熱するとゆるくなる。 ③ かたい肉は長時間煮込むとやわらかくなり，風味もよくなる。 ④ 加熱により肉の周りのたんぱく質が凝固し，肉汁が流出しにくくなる。 (5) ① 冷凍したまま揚げたほうがよい。 ③ 解凍せずに調理できる。
④ 凍ったままでは表面だけ焼けてしまい中まで火が通らないので，解凍してから焼くほうがよい。

【3】(1) コ　(2) ク　(3) ウ　(4) キ　(5) カ　(6) エ
〈解説〉(1) 洗濯に弱い，防しわ性が低いことからレーヨンが該当する。
(2) 保温性・帯電性が高く，吸湿性・耐熱性が低いのでアクリルが該当する。 (3) 伸縮性・防しわ性が高く，引っ張りに弱いのでポリウレタンが該当する。 (4) 肌ざわりがよく，防しわ性が低く，吸湿性と耐熱性が高いので綿が該当する。 (5) 熱可塑性があり，帯電性と防しわ性が高く，引っ張りに強いので，ポリエステルが該当する。
(6) 日光で黄変し，防しわ性が高く，耐熱性が低いのでナイロンが該当する。

【4】(1) イ
(2)

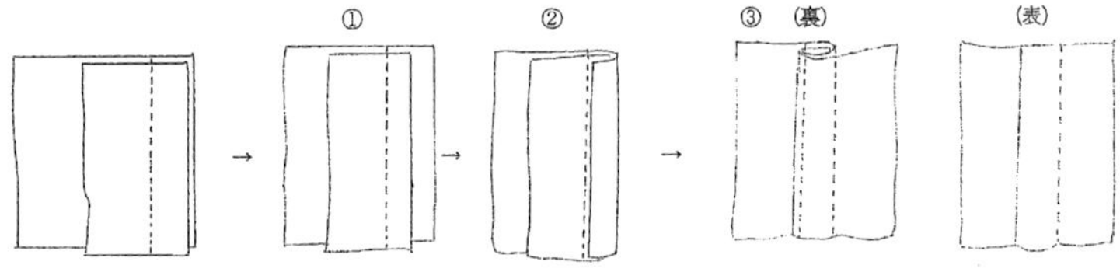

① ② ③（裏）（表）

(3) ① イ　② ウ　③ ア　④ オ　⑤ エ　(4) イ
〈解説〉(1) 袋縫いと迷うかもしれないが，折り伏せ縫いのほうが縫い目は丈夫になる。 (2) 折り伏せ縫い，袋縫いなどの始末の仕方は，図示する問題もよく出題されているので，図が描けるように練習しておくこと。 (3) ミシン針は番手が大きくなるほど太く，ミシン糸は番手が大きくなるほど細くなる。生地の厚みを考え選択すること。

【5】(1) ① × ② × ③ ○ ④ ○ ⑤ ×
(2) ① シックハウス ② クロルピリホス(ホルムアルデヒド)
③ ホルムアルデヒド(クロルピリホス)

〈解説〉(1) ① 冬季には日が低いので，庇は短くしておいた方が日照が得られる。 ② 1/7以上必要である。 ⑤ カビやダニは湿気を好むので，加湿器より除湿器を置くべきである。 (2) シックハウス症候群は，住宅の高気密化や化学物質を放散する建材・内装等の使用による室内空気汚染が原因とされている。厚生労働省は，ホルムアルデヒド，トルエン，パラジクロロベンゼン，クロルピリホス，フタル酸ジ-n-ブチル等13物質の室内濃度指針値を設定している。これらのうち，ホルムアルデヒド，トルエン，キシレン，パラジクロロベンゼンの4物質は，実態調査の結果，一部の住宅で非常に高い汚染が認められたことを受けて，最初(平成12年6月)に指針値が設定された。

【6】(1) ① イ ② ウ (2) ① 地域包括支援センター
② ケアマネジャー(介護支援専門員) ③ ケアプラン(介護サービス利用計画) ④ 成年後見制度 (3) オ (4) 高齢社会対策基本法

〈解説〉(2) ① 地域包括支援センターは，高齢者への総合的な生活支援の窓口となる地域機関である。市町村または市町村から委託された法人が運営し，主任介護支援専門員・保健師・社会福祉士が配置される。 ② ケアマネジャーは，要支援または要介護と認定された人が，適切な介護サービスを受けられるようにするため，介護サービス計画(ケアプラン)を作成する専門職のこと。 ③ ケアプランは，要支援・要介護に認定された本人や家族の希望に添った介護サービスを適切に利用できるよう，利用する介護サービスの種類や内容を定めた計画のこと。　④　成年後見制度は，判断能力の不十分な成年者(認知症高齢者，知的障害者，精神障害者)を保護するための制度を指す。

(3)　①　高齢者でも働きたいと思っている人も多い。　③　近所の人たちと親しく付き合っている高齢者は減少しておらず，地域行事にも参加している。　④　女性より男性のほうが仕事を持っている。

(4)　高齢社会対策基本法は，国をはじめ社会全体が高齢社会対策を総合的に推進するために1995(平成7)年制定・施行された法律である。本法の目的は，急速な高齢社会の進行に対応するため，雇用・年金・医療・福祉等に係る社会のシステムを再構築することにある。

【7】(1)　(語群Ⅰ，語群Ⅱの順)①　エ，c　②　ウ，a　③　ア，b　④　イ，d　(2)　カウプ指数　(3)　18　(4)　イ

〈解説〉(1)　スキャモンの発育曲線は頻出である。どの線がどの器官にあたるかを把握することはもちろん，言葉で説明できるようにしておくとよい。　(2)(3)　カウプ指数は，乳幼児の栄養状態の判定に用いられ，体重を身長の2乗で割り，10倍した数で，(3)の事例では$(8800(g)/70(cm)^2)\times 10 \fallingdotseq 18$となる。　(4)　カウプ指数で，発育状態を「ふつう」と判定するのは，乳児(3ヵ月以後)では16～18で，幼児は満1歳で15.5～17.5，満1歳6カ月～満2歳で15～17，満3～5歳で14.5～16.5である。

【8】(1)①　サ　②　エ　③　ケ　④　カ　⑤　ク　⑥　オ　⑦　ア　(2)　デビット(カード)　(3)　ウ

〈解説〉(3)　それぞれを年利(月利)になおして比較するとよい。アの「日歩5銭」とは100円借りたときの利率を表すもの(100円を1日借りた場合，利息が5銭付くということ)で，年利になおすと18.25%となる。イは年利だと19.2%となり，最も利率が少ないのはウとなる。利息と支払いについては，月賦返済の計算やリボルビング払いにした場合の返済期間などが出題されているので，きちんと計算できるように練習しておこう。

【9】① 10分の5　② ホームプロジェクト　③ 産業界
④ 就業体験　⑤ 社会人講師

〈解説〉高等学校家庭科における新学習指導要領の実施時期は，平成25年度新入生から年次進行で実施となっている。したがって，目標などについては改訂点に関する出題も予想されるため，新旧対照表等で確認しておくこと。なお，本問については新学習指導要領解説P.154を参照のこと。

【二次試験】

【1】(1) しくみ……生産・流通・小売りのそれぞれの段階において，出入荷時期・出入荷先・品目・数量を各業者が記録することで，食品の移動を把握できる仕組み。　効果……① 食品に問題が発生した場合，迅速に回収ができる。② 問題発生箇所が速やかに特定できる。③ 安全な他の流通ルートを利用することで，食品の安定的な供給が可能になる。　(2) 農作物などを公正な価格で取引することで，発展途上国の人々の経済的・社会的自立を支援すること。　(3) 不可避的に排出してしまった二酸化炭素などの温室効果ガスを，排出量に見合った温室効果ガスの削減活動に投資すること等によって，埋め合わせをしようという概念。　(4) 表象作用……言葉に代表される象徴機能を使い，実物を離れ，頭の中でいろいろ描いたり，筋道を立てたり，分類したり，関係を操作したりするようになること。　象徴機能……あるものを他のもので表現する機能のこと。　例……おままごとをするようになる。言語が発達する。など

〈解説〉(1) トレーサビリティにおいて注意したいことは，① 生産履歴の記録・開示を目的としていないこと。② 食品の安全管理を直接には行わないので，トレーサビリティが食品の安全性を補償するものではないことである。トレーサビリティは頻出問題となっているので，用語については正確におぼえておきたい。　(2) フェアトレードを訳すと公平貿易となる。発展途上国では農民などが企業や地主等から不当な搾取を受けている場合がある。そのようなことを排除するため，ヨ

ーロッパでフェアトレードという考えが発生し，世界中に拡がった。フェアトレードの対象となっているのはコーヒーや紅茶が多い。

(3)　日本では環境省が2008年に発表した「我が国におけるカーボン・オフセットのあり方について(指針)」に基づき，各種のガイドラインの策定・情報収集・提供，相談支援等を行っている。

【2】(1)　解答略　　(2)　解答略

〈解説〉補正の仕方に関する問題は頻出である。図や言葉で説明できるようにしておきたい。　(1)　前身ごろの大腿部に余裕を持たせるよう補正すればよい。　(2)　肩先の部分に余裕を持たせるよう補正すればよい。

【3】(1)　1. 寒天はよく洗い，水につけ，戻しておく。　2. 1の寒天を細かくちぎり，鍋に入れ，分量の水を入れ火にかける。　3. 寒天が溶けたら，砂糖を加え，砂糖が溶けたら火からおろし，牛乳を加えよく混ぜる。　4. こし器でこし，器に入れる。　5. 冷蔵庫に入れ固める。　6. 寒天が固まったら，ナイフで底まで届くように，ひし形に切り込みを入れる。　7. シロップを静かに注ぎ，あれば果物を飾る。

(2)　布等で漉す。　(3)　寒天の質量がシロップの質量より軽いため。

〈解説〉(1)　奶豆腐とは，いわゆる牛乳寒天のことである。本問の場合，棒寒天を使用しているので，水で戻すこと，ちぎって使用することを説明しなければならないことに注意。　(2)　棒寒天を使用した寒天液はむらになりがちであるが，布等で漉すことによってむらをおさえることができる。

【4】(1)　・昔ながらの，夫は外で仕事し，妻は家で仕事をするという概念が根強い。　・女性のほうが家事能力に長けている。　(2)　仕事と生活の調和(ワーク・ライフ・バランス)憲章　(3)　・就労による経済的自立が可能な社会　・健康で豊かな生活のための時間が確保できる社会　・多様な働き方・生き方が選択できる社会

〈解説〉(1)　女性の社会進出が増加しているものの，依然として家事は，女性の負担が大きい。昔からの概念，家事能力などを考慮して，解答を書けばよいだろう。　(2)　平成19年12月に，関係閣僚や経済界などの合意により，「仕事と生活の調和(ワーク・ライフ・バランス)憲章」・「仕事と生活の調和推進のための行動指針」が策定され，官民一体となって取り組み始めた。　(3)　ワーク・ライフ・バランスは内閣府の男女共同参画局が政策として行っている。ホームページも開設されているので，一読しておくとよいだろう。

【5】

【主題】「高齢者の心身の特徴と生活」

【目標】身近な高齢者にインタビューした内容をもとに，加齢に伴う心身の変化と特長について理解し，高齢者の生活の現状と課題について認識する。

【評価基準】介護の問題は，社会問題として捉える視点が必要であることに気づいたか。

	学習活動	教師の支援・留意点	評価
導入	○祖父母，地域の高齢者に対するイメージを言語化する。・インタビュー内容から感想を発表する ○高齢者世帯が年々増大していることをグ	事例①「地域で元気に活動する高齢者」 事例②「福祉サービスを利用する高齢者」 ・グラフを提示する。	・発表に意欲的であるか。

	ラフから読みとる。		
展開	○高齢者の心身の特徴(老化)を知る。 ○寝たきり，痴呆，虚弱高齢者の将来推計を知る。 ○豊かな高齢期を過ごすための生活設計について考える。	・年代を追った画像を提示する。 ・グラフを提示する。	・画像やグラフに意欲的であるか。 ・生活設計について積極的に考えようとしているか。
まとめ	○自己評価用紙に記入する。	・誰にも高齢期は訪れるものであり，現在の生活の延長線上にあることを理解する。 ・自己評価用紙を用意する。	・家族や地域高齢者への「聞き取り調査」を課題とし，高齢者の生活に関心を持てたかどうか。 ・介護の問題は，社会の問題として捉える視点が必要であることに気づけたかどうか。

〈解説〉学習指導案を作成する出題は頻出であるが，限られた時間内で作成するためには練習が必要になる。まず，教科等について一定の知識がなければ作成できないので，一通り学習したあとに取りかかるのが効果的だろう。問題は，過去問や模試を使って何度も書いてみること。

2010年度　実施問題

【一次試験】

【1】ビタミンと無機質に関する次の文を読んで，以下の(1)～(5)の各問いに答えよ。

> ビタミンは，現在約①(ア 20　イ 25　ウ 30)種知られているが，人が必要とするのは②(ア 7　イ 10　ウ 13)種である。ビタミンB_1は，③(ア 牛乳　イ 豚肉　ウ わかめ)に多く含まれており，欠乏すると④(ア 夜盲症　イ 壊血病　ウ 脚気)になる。貝やえび・かに・山菜などには，$_A$ビタミンB_1を分解する酵素が含まれているが，加熱して食べれば分解する酵素ははたらかなくなる。
>
> 無機質は体内で合成されないので，食べ物から摂取しなければならない。日本人が不足しやすい無機質はカルシウムと鉄である。$_B$りんやマグネシウムの過剰摂取はカルシウムの吸収を妨げるので，食品添加物としてりんを多く使用している加工食品の多用は注意しなければならない。鉄の機能としては，赤血球中に含まれる(　⑤　)として，体内の各組織へ(　⑥　)を運搬する大切なはたらきがある。鉄が欠乏すると，からだへの(　⑥　)の供給量が減り，動悸や息切れがする，全身がだるくなる，皮膚や粘膜が白っぽくなるなどの，(　⑦　)になる。動物性食品に含まれている(　⑨　)鉄は，吸収がよい。

(1)　文中の①～④に最も適する数字や語句をそれぞれ(　　　)中のア～ウから1つ選び記号で記せ。また，(　⑤　)～(　⑧　)に最も適する語句を記せ。

(2)　次のビタミンの化学物質名を記せ。

①　ビタミンA　　②　ビタミンD

(3)　下線部Aの酵素名を記せ。

(4)　下線部Bについて，カルシウムの吸収にとって，理想的なカルシウムとりんとマグネシウムの摂取比率を記せ。

(5)　下線部Bについて，カルシウムの吸収を妨げる物質をりん，マグネシウム以外に2つ記せ。

(☆☆☆◎◎◎◎◎)

【2】調理について，次の(1)～(3)の各問いに答えよ。

(1)　ほうれん草のゆで方に関する次の文中の(　①　)～(　⑥　)に適する語句を記せ。

ほうれん草は(　①　)火で(　②　)時間にゆでることがのぞましい。鍋にゆでる材料の5倍の湯を沸かし，湯量の1%の塩を入れ，ほうれん草の(　③　)から先に入れて，ふたをしないでゆでる。塩によって(　④　)が安定し，あざやかな緑色を保つことができる。ふたをすると，野菜の中の(　⑤　)酸が蒸発するときにふたに当たって，水滴となって再び湯にもどるために，湯が(　⑥　)性にかたむき，(　④　)が変色する。

(2)　カスタードプディングの作り方に関する次の①～③の各問いに答えよ。

①　次のa～cを砂糖水の加熱により調理する時，適する温度をそれぞれア～オから1つずつ選び，記号で記せ。

a　カラメルソース　　b　フォンダン　　c　抜糸

〔温度〕ア　103℃　　イ　106～107℃　　ウ　115～120℃
　　　　エ　140～150℃　　オ　170～190℃

②　カスタードプディングを作る時，適切な卵と牛乳の体積の比率を答えよ。

③　カスタードプディングを蒸すときの最適な温度をア～エから，最適な時間をオ～クからそれぞれ1つずつ選び，記号で記せ。

〔温度〕ア　80～85℃　　イ　85～90℃　　ウ　90～95℃
　　　　エ　95～100℃

〔時間〕オ　15分　　カ　20分　　キ　25分　　ク　30分

(3) だしの取り方

① 次の文は，かつおぶしとこんぶの混合だしのとり方を説明したものである。(　ア　)～(　ウ　)に適する語句を記せ。

・(　ア　)は分量の水に入れておく。火にかけ，(　イ　)直前に取り出す。

・(　ウ　)を入れ，再び(　イ　)したら火から下ろす。

・(　ウ　)が沈んだらふきんでこす。

② 次の材料のうまみの主成分をそれぞれ記せ。

a　こんぶ　　b　かつおぶし　　c　干ししいたけ

(☆☆☆◎◎◎◎)

【3】衣生活に関する次の文を読んで，以下の(1)，(2)の問いに答えよ。

> 日本で販売される衣料品には，(　①　)法により，(　②　)の取り扱い絵表示をつけることが義務付けられている。このマークは日本独自のものであり，国際的な表示ではないので，最近では，海外旅行や個人輸入など，外国の衣料品を直接購入する人が増えていることや，日本に暮らす外国人にはわかりづらいなどの問題もあり，国際的な表示である(　③　)によるマークに統一しようという動きもある。

(1) 文中の(　①　)～(　③　)に最も適する語句を記せ。

(2) 次のア～ウは，取り扱い絵表示の説明である。それぞれ説明のとおりになるように解答欄の取り扱い絵表示を完成させよ。

ア　弱い手洗いがよい。洗濯機は使用できない。液温の最高濃度は30℃，中性洗剤を使用する。

イ　アイロンがけは，中程度の濃度(140～160℃)であて布をしてかける。

ウ　日陰で平干しがよい。

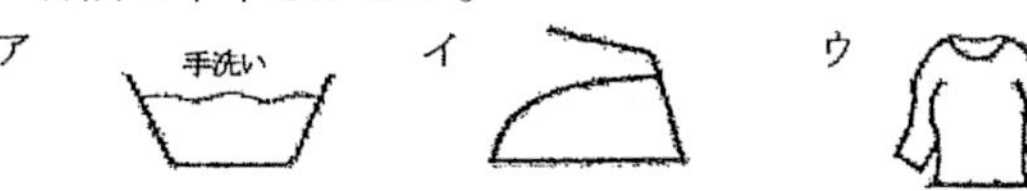

(☆☆☆☆☆◎◎◎)

【4】洋服の製作の基礎に関して，次の(1)～(3)の各問いに答えよ。

(1)　スカートの表布のダーツを縫う場所を線で示し，ダーツ先の糸のしまつの仕方を説明せよ。

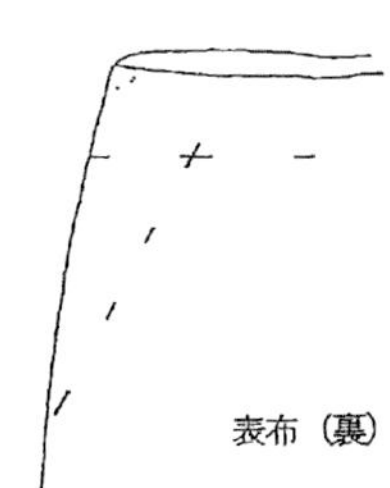

(2)　厚地のほつれにくい布でスカートを製作する場合，ダーツを縫ったあとのしまつの仕方を図示せよ。

(3)　次の①～③の布地の地なおしの方法として正しいものをア～エの中からそれぞれ1つ選び，記号で記せ。

①　毛織物　　②　絹織物　　③　綿織物

ア　裏からアイロンをかけて布目をととのえる。温度は低め(160～170℃)にする。

イ　布目をととのえ，折りじわを消す程度に裏側から150℃内外でドライアイロンをかける。

ウ　中表に二つに折り，両面に霧を吹いてから，ビニル袋などに入れてしばらくおき，裏側から布目にそってアイロンをかける。

エ　1時間水につけ，軽く水気を切って布目がまっすぐになるようにさおに干す。生乾きの状態で，裏側から布目にそってアイロンをかける。

(☆☆☆◎◎◎◎)

【5】じんべいの製作について，次の(1)～(4)の各問いに答えよ。

(1)　洋服地を用いてじんべいを製作する場合，夏の日常着としてより適している布地を次のア～コから3つ選び，記号で記せ。

ア　サージ　　イ　シャンブレー　　ウ　シーチング

エ　モスリン　　オ　クレープ　　カ　オーガンジー

キ　フラノ　　ク　ギャバジン　　ケ　ブロード

コ　サテン

(2) 下記は，用布(90cm幅)の見積もり方法である。①，②に適する用語をア～キからそれぞれ1つ選び，記号で記せ。

((①)+3)×2+((②)寸法+2)×2

ア 着たけ　イ 肩幅　ウ そで幅　エ そでつけ
オ そで口　カ えり幅　キ えり下

(3) できあがり寸法を決める際，基準となる部位の寸法はどこか，ア～エから1つ選び，記号で記せ。

ア 背たけ　イ 胸囲　ウ 胴囲　エ 腰囲

(4) 次のア～オは，縫い方について述べたものである。その内容が正しいものをすべて選び記号で記せ。

ア 後ろ身頃の背縫いをした後，縫いしろは，左身頃側に倒す。

イ そでつけをする際は，そでつけどまりからそでつけどまりまでを縫う。

ウ わきを縫うときは両わきのウエスト位置で，前身頃と後ろ身頃のあいだにひもをはさんで縫う。

エ そで下を縫う際は，そでつけの位置で縫いどまる。

オ えりつけをする際は，身頃とえりを中表にあわせ，後ろ中心，えりつけどまり，肩の順にまち針をうってから間にもうつ。

(☆☆☆☆◎◎◎◎)

【6】乳児の食生活について，次の(1)～(4)の各問いに答えよ。

(1) 離乳開始時期は生後何ヶ月頃が適当か，次のア～エから1つ選び，その記号を記せ。

ア 3～4ヶ月　イ 4～5ヶ月　ウ 5～6ヶ月
エ 6～7ヶ月

(2) 離乳が必要な理由の1つは，からだの発育につれて乳汁だけでは栄養成分が不足するからである。特に不足する栄養成分を2つ記せ。

(3) 厚生労働省の「授乳・離乳の支援ガイド」では，「はちみつは満1歳までは使わない」と記されているが，どのような感染症の予防のためか，感染症の名称を記せ。

(4)　厚生労働省の「授乳・離乳の支援ガイド」には，乳児の離乳食1回あたりの目安量(単位：g)が記されている。生後9～11ヶ月頃の離乳食の目安として正しい組み合わせを次のア～オから1つ選び，記号を記せ。

ア　全がゆ50～80，野菜・果物20～30，魚又は肉15～20，又は豆腐50～55，又は全卵$\frac{1}{2}$～$\frac{2}{3}$個，又は乳製品100

イ　軟飯90～ご飯80，野菜・果物40～50，魚又は肉10～15，又は豆腐30～40，又は卵黄1個～全卵$\frac{1}{3}$個，又は乳製品50～70

ウ　軟飯90～ご飯80，野菜・果物40～50，魚又は肉15，又は豆腐45，又は全卵$\frac{1}{2}$個，又は乳製品80

エ　全がゆ90～軟飯80，野菜・果物30～40，魚又は肉15～20，又は豆腐50～55，又は全卵$\frac{1}{2}$～$\frac{2}{3}$個，又は乳製品100

オ　全がゆ90～軟飯80，野菜・果物30～40，魚又は肉15，又は豆腐45，又は全卵$\frac{1}{2}$個，又は乳製品80

(☆☆☆☆◎◎◎◎)

【7】住生活に関して，次の文を読んで，以下の(1)，(2)の設問に答えよ。

日本では第二次世界大戦後，深刻な住宅不足を解決するために，住宅金融公庫法(1950年)，公営住宅法(1951年)，日本住宅公団法(1955年)などが制定され，住宅供給制度の確立をはかることとなった。さらに(　①　)(1966～2005年度)により，その第3期(1976～80年度)には，(　②　)を設定，第5期(1986～90年度)には(　③　)を設定するなど，住生活の向上をめざす住宅政策が進められてきた。

(1)　文中の(　①　)～(　③　)に適する語句を記せ。

(2)　文中の(　①　)は，2005年度で終了し，2006年には新しい住宅政策を示す法律が施行された。その法律名を記せ。

(☆☆☆☆◎◎◎◎)

【8】福祉のまちづくりに関する次の文を読み，以下の(1)～(3)の各問いに答えよ。

> 不特定多数の人が利用する一定規模以上の建物を多くの人々が利用しやすくするために(　①　)が1994年に制定された。一方，2000年には，バスや鉄道などの車両の低床化，駅や駅周辺のエレベーターの設置など(　②　)の解消などを進め，安心して移動できるまちづくりを目指す(　③　)法律が施行された。そして，2006年には，この二つの法律を統合した「(　④　)，(　⑤　)等の移動等の(　⑥　)の促進に関する法律」が成立した。この法律の施行令では，「不特定かつ多数の者が利用し，又は主として(　④　)，(　⑤　)等が利用する敷地内の傾斜路の幅は，段に代わるものにあっては，⑦(ア 120　イ 130　ウ 140)cm以上とすること。勾配は，⑧(ア 1/10　イ 1/12　ウ 1/14)を超えないこと。ただし，高さが16cm以下のものにあっては，1/8を超えないこと。高さが⑨(ア 70　イ 75　ウ 80)cmを超えるもの(勾配が1/20を超えるものに限る。)にあっては，高さ⑨cm以内ごとに踏幅⑩(ア 150　イ 175　ク 200)cm以上の踊場を設けること。」と定めている。

(1) 文中の(　①　)～(　⑥　)に最も適する語句や法律名を，⑦～⑩には，最も適する数値をそれぞれ(　　)中のア～ウから1つ選び，その記号を記せ。

(2) 住居の中を人やものが移動するときの軌跡や方向などを示した線を何というか。

(3) 次のA，Bは何を説明したものか，語句を記せ。

A　障害のある人もない人も，互いに支え合い，地域で生き生きと明るく豊かに暮らしていける社会を目指す理念。

B　過疎地域において高齢者が安心して暮らせる地域社会づくりに資するため，郵便局，地方自治体，社会福祉協議会が協力して生活サポートシステムを構築し，在宅福祉サービスを支援する施策。

(☆☆☆◎◎◎◎)

【9】次の図は，家計の収入と支出の分類を表す資料である。以下の(1)，(2)の各問いに答えよ。

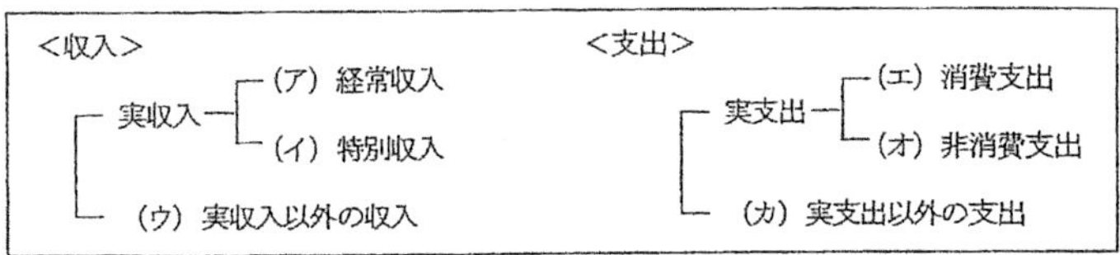

(1)　次の①～⑤は，上の図の分類に従うと(ア)～(カ)のいずれに分類すればよいか。それぞれ1つ選び，(ア)～(カ)の記号で記せ。

①　給料　　②　映画鑑賞代　　③　住民税

④　預貯金の引き出し　　⑤　生命保険掛け金

(2)　消費支出のうち，サービス支出に分類されるものを，次の①～⑩の中からすべて選び，①～⑩の番号で記せ。

①　住居の賃貸料　　②　新聞代　　③　ガソリン代

④　電車代　　⑤　外食費　　⑥　水道代

⑦　電話代　　⑧　食器代　　⑨　美術館入場料

⑩　スーツ代

(☆☆☆◎◎◎◎)

【10】消費生活について，次の(1)，(2)の各問いに答えよ。

(1)　消費者基本法では，事業者の責務について次の5つを掲げている。(　①　)～(　③　)に適する語句を記せ。

・消費者の(　①　)及び取引における公正を確保

・消費者に対し必要な(　②　)の明確かつ平易な提供

・消費者との取引に際して，消費者の知識，経験及び財産の状況等への配慮

・消費者との間に生じた(　③　)の適切かつ迅速な処理

・国または地方公共団体が実施する消費者政策への協力

(2)　次の①，②は，循環型社会の実現に向けて制定された法律について説明したものである。それぞれの法律名を答えよ。

①　国に，再生紙や低公害車など，環境への影響が少ない製品を買

うように義務づけている法律。

② 不用になったペットボトル・ガラスびん・紙・プラスチック製の容器を地方自治体が回収し，メーカーが再利用することを義務づけている法律。

(☆☆☆◎◎◎◎)

【11】次のA，Bは，専門教科「家庭」において，原則として，家庭に関する学科のすべてを生徒に履修させる科目の内容の構成および取扱いについて，高等学校学習指導要領解説家庭編(平成12年3月)に記載された一部である。A，Bのそれぞれの科目名を答えよ。また，文中の(①)～(⑩)には適する語句または数字を記せ。

A この科目は，(中略)4項目で構成しており，(①)単位程度履修されることを想定して内容を構成している。履修学年については特に示していないが，科目新設の趣旨や専門科目の学習の(②)となるという科目の目標から，(③)学年で履修させるようにする。(中略)また，各学科に関連する産業や職業を具体的に理解させ，(④)観，(⑤)観の育成につながるよう，できるだけ社会人講師の講話や(⑥)等の見学，(⑦)の機会を取り入れるようにする。

B この科目は(1) 調査，(⑧)，実験，(2) 作品製作，(3) (⑥)等における実習，(4) 職業(⑨)の取得，(5) (⑩)の5項目で構成しており，2～4単位程度履修されることを想定して内容を構成している。

(☆☆☆◎◎◎◎)

【二次試験】

【１】次の(1)～(4)の各問いに答えよ。

(1) 児童福祉法に位置付けられている地域子育て支援拠点事業を担う地域子育て支援センターについて，その主な役割を説明せよ。

(2) 特別用途食品，特定保健用食品，栄養機能食品とはどのような食品か，それぞれ1～2行で説明せよ。

(3)　右半身に麻痺のある高齢者がベッドから起きあがる介助をする場合，その介助の手順を6段階に分け，その2段階目から6段階目までを具体的に説明せよ。

〈1段階：障害の軽い左側に寝返ることを高齢者に伝える〉

(4)　綿のうち，生産時に環境負荷が少なくなるように作られたものの名称をあげ，普通の綿と異なる栽培上の特徴を簡潔に説明せよ。

(☆☆☆☆◎◎◎◎)

【2】布が外側にカーブしている部分のバイアステープによる縁どりのしかたを図示し，説明せよ。(ただし，バイアステープには，のりはついていないものとする。)

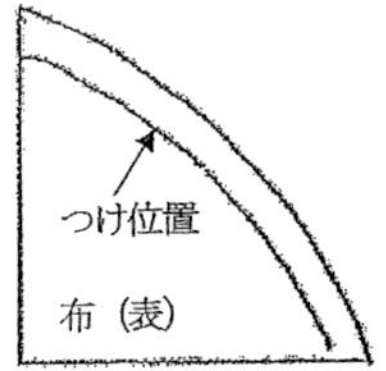

(☆☆☆☆◎◎◎)

【3】科目「家庭基礎」の調理実習で，一尾の魚を三枚におろしてムニエルを作る。それに関して，次の(1)，(2)の各問いに答えよ。

(1)　魚を三枚におろす手順を文章で説明せよ。

(2)　ムニエルとはどのような料理か，簡潔に説明せよ。

(☆☆☆☆◎◎◎)

【4】科目「家庭総合」の「子どもの発達と保育・福祉」の単元で，子どもの発達を学んだあとに保育実習を行う。生徒を引率するときに，生徒に指導する内容として，次の(1)，(2)について説明せよ。

(1)　保育所を訪問するにあたっての服装と態度に関する留意事項

(2)　乳幼児と接するにあたっての留意事項

(☆☆☆☆☆◎◎◎)

【5】科目「家庭総合」の題材「消費者信用」の学習指導案(1時間分)を，次の主題と目標に従い，評価規準を決め，作成せよ。

【主題】「販売信用—支払方法の多様化—」

【目標】クレジットカードや電子マネーなどのカードの種類やその仕組み，利用上の問題点を理解し，利用上の留意事項などを考える。

(☆☆☆◎◎◎◎)

解答・解説

【一次試験】

【1】(1) ① イ　② ウ　③ イ　④ ウ　⑤ ヘモグロビン　⑥ 酸素　⑦ (鉄欠乏性)貧血　⑧ ヘム　(2) ① レチノール　② カルシフェロール　(3) アノイリナーゼ　(4) カルシウム：りん：マグネシウム＝2：2：1　(5) フィチン酸　しゅう酸

〈解説〉(1) 現在確認されているビタミンは，約25種類(ビタミン用作用物質を含む)あり，ヒトの食物の成分として必要なビタミンであると確認されているのは，13種類となっている。ビタミンB_1は，玄米，豆腐，納豆，たまご，豚肉，豚・牛ウシのレバー，にんにくなどに多く含まれている。欠乏症としては脚気がある。　生体においての鉄の役割として，赤血球の中に含まれるヘモグロビンは，鉄のイオンを利用して酸素を運搬している。そのため，体内の鉄分が不足すると，酸素の運搬量が十分でなくなり鉄欠乏性貧血を起こすことがあるため，鉄分を十分に補充する必要がある。一般に動物性食品の「ヘム鉄」のほうが吸収は良い。　(2) ② コレカルシフェロール，エルゴカルシフェロールでも可。　(3) 貝，鯉，鮒，山菜類にはアノイリナーゼというビタミンB_1を分解する酵素が入っている。　(4) カルシウム：りんは1：1　カルシウム：マグネシウムは2：1　の摂取比率が望ましい。

(5)　たんぱく質，塩分，アルコール，たばこもカルシウムの吸収を妨げる。

【2】(1)　①　強　　②　短　　③　根(元)　　④　クロロフィル(葉緑素)　　⑤　有機　　⑥　酸　　(2)　①　a　オ　　b　イ　　c　エ
②　1：2　　③　〔温度〕　ア　　〔時間〕　ク
(3)　①　(ア)　こんぶ　　(イ)　沸騰　　(ウ)　かつおぶし
②　a　グルタミン酸　　b　イノシン酸　　c　グアニン酸

〈解説〉(1)　ほうれん草の緑色はクロロフィルという色素によるもので，長時間の加熱に弱く，ゆで過ぎると褐色の物質に変化してしまい，それによってほうれん草の緑色はあせてしまう。そこで塩を加えておくと，クロロフィルが安定し，退色しにくくなるのである。また，ふたをすると細胞から出た有機酸が揮発しにくくなり，褐色化を促進する。
(2)　①　砂糖は煮詰める温度によって冷えて固まったとき違った性質を持つ。温度が低い方から，シロップ(約100～105℃)，フォンダン(約105～115℃)，抜糸(約140～160℃)，カラメル(約180℃)
(3)　①　こんぶは水から入れ，かつおぶしは沸騰後に入れる。
②　うま味成分は基本なのでしっかり頭に入れておくこと。

【3】(1)　①　家庭用品品質表示　　②　日本工業規格(JIS)
③　国際標準化機構(ISO)
(2)　ア　　イ　　ウ

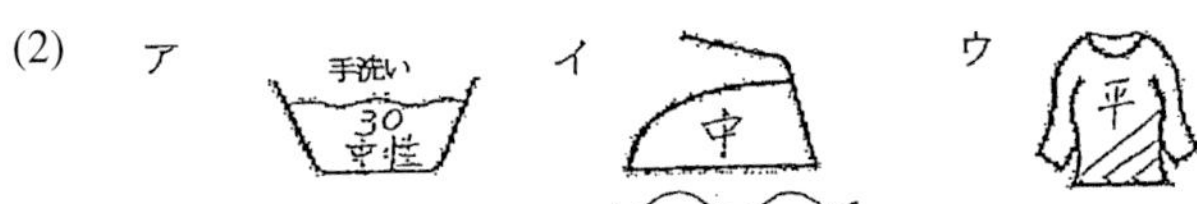

〈解説〉(1)　衣類の取り扱い絵表示は家庭用品品質表示法によって表示が義務付けられている。　(2)　取り扱い絵表示は基本である。しっかり頭に入れておくこと。

【4】(1)　図略　　ダーツ先の糸のしまつの仕方：糸を5～6cmのこし，2本一緒に結ぶ。　(2)　図略　　(3)　①　ウ　　②　イ　　③　エ

〈解説〉(3)　通常，次の方法で地直しする。ウール(毛)：アイロンの蒸気をあてる。シルク(絹)：光沢・風合いを大切にするために，裏からドライアイロンをする程度。コットン(綿)：ドライアイロンか，裏から軽く霧吹きをかけてアイロンする程度でいい。

【5】(1)　イ　ウ　ケ　　(2)　①　ア　　②　エ　　(3)　エ　　(4)　ア　イ　エ

〈解説〉(2)　用布の見積もりは基本である。しっかり頭に入れておくこと。　(4)　ア　縫い代は左右に開いて耳ぐけをする。　ウ　ウエストよりやや上の位置でつける。

【6】(1)　ウ　　(2)　たんぱく質　　鉄　　(3)　乳児ボツリヌス症　　(4)　オ

〈解説〉(1)　離乳の開始時期は5～6ヶ月頃である。　(2)　ミネラルでもよい。　(3)　はちみつはボツリヌス症予防のため満1歳までは使わないほうがよい。　(4)　授乳・離乳の支援ガイドP44参照のこと。

【7】(1)　①　住宅建設五箇年計画　　②　最低居住水準　　③　誘導居住水準　　(2)　住生活基本法

〈解説〉(1)　住宅建設五箇年計画とは，昭和41年(1966年)に施行された住宅建設計画法にもとづいて同年度以降5年ごとに策定されるわが国の住宅建設計画。第1期計画(昭和41～45年度)では，「住宅難の解消」と「一世帯一住宅」を，第2期計画(同46～50年度)では「一人一室」の実現を，第3期計画(同51～55年度)では10年後に「最低居住水準」未満を1/2以下に解消し，「一人一室＋共同室」を，第4期計画(同56～60年度)ではすべての世帯が「最低居住水準」を超え，半数の世帯が「平均居住水準」を確保できること，第5期計画(同61～65年度)では半数の世帯が「誘導居住水準」を確保できること，第6期計画(同66～70年度)では

「大都市圏の住宅供給促進」と「高齢化社会への対応」をそれぞれの目標として，建設すべき総戸数を定めている。　(2)　住生活基本法は，国民に安全かつ安心な住宅を十分に供給するための住宅政策の指針となる日本の法律。2006年2月6日に閣議決定され，6月8日に公布・即日施行された。

【8】(1)　①　ハートビル法　②　段差　③　交通バリアフリー法　④　高齢者　⑤　障害者　⑥　円滑化　⑦　ア　⑧　イ　⑨　イ　⑩　ア　(2)　動線　(3)　A　ノーマライゼーション　B　ひまわりサービス

〈解説〉(1)　1994年に成立したハートビル法は，建物の通路の幅や段差など，バリアフリー化の基準を政令で定め，一定の建物に，基準にそった改築などの努力を求めるものである。交通バリアフリー法は，駅・バス・公共施設など街のあらゆる段差を解消するための2000年に決まった新しい法律である。また，「高齢者，障害者等の移動等の円滑化の促進に関する法律(バリアフリー新法)」が，平成18年(2006年)12月20日に施行された。　(2)　建築・都市空間において，人や物が移動する軌跡・方向などを示した線を動線という。　(3)　A　高齢者や障害者などを施設に隔離せず，健常者と一緒に助け合いながら暮らしていくのが正常な社会のあり方であるとする考え方をノーマライゼーションという。　B　郵便配達の際に一人暮らしをしている高齢者の様子をうかがうというサービスのことをひまわりサービスという。

【9】(1)　①　ア　②　エ　③　オ　④　ウ　⑤　カ　(2)　①　④　⑤　⑦　⑨

〈解説〉(1)　家計の収入と支出の仕分けは頻出なのでしっかり頭に入れておくこと。　(2)　統計局「家計調査　収支項目分類一覧」参照のこと。

【10】(1) ① 安全　② 情報　③ 苦情　(2) ① グリーン購入法　② 容器包装リサイクル法

〈解説〉(1) 消費者基本法では，事業者については，従来の規定に加えて，　・消費者の安全及び消費者との取引における公正の確保　・消費者に対し必要な情報を明確かつ平易に提供すること　・消費者との取引に際して，消費者の知識，経験及び財産の状況等に配慮すること(適合性原則)等を責務とするとともに，環境の保全への配慮，自主行動基準の策定等による消費者の信頼の確保に努めることが規定された。また，今回の改正により事業者団体及び消費者団体に関する規定が新設された。事業者団体は，事業者と消費者との間に生じた苦情処理の体制整備，事業者自らがその事業活動に関し遵守すべき基準の作成の支援その他の消費者の信頼を確保するための自主的な活動に努める一方，消費者団体は，情報の収集・提供，意見の表明，消費者に対する啓発・教育，消費者被害の防止・救済等，消費生活の安定・向上を図るための健全かつ自主的な活動に努める旨が規定された。

(2) ① グリーン購入法は，国などに，再生紙を使ったノートやコピー用紙，さらには低公害車など環境配慮型の製品を優先的に購入することを義務づけている。　② 容器包装リサイクル法は，これら容器包装廃棄物の減量化と再資源化を促進するために，平成7年に制定され，平成9年4月に一部施行，平成12年4月から完全施行された。

【11】A 生活産業基礎　B 課題研究　① 2　② 動機付け　③ 低　④ 職業　⑤ 勤労　⑥ 産業現場　⑦ 就業体験　⑧ 研究　⑨ 資格　⑩ 学校家庭クラブ活動

〈解説〉学習指導要領解説P16参照のこと。　A 学習指導要領解説P121～P122参照のこと。　B 学習指導要領解説P128参照のこと。

【二次試験】

【1】(1)　主に乳幼児(0～就学前)を持つ親とその子供が気軽に利用し，交流や育児相談ができる場，子育て情報の提供の場として支援活動をしている。　(2)　特別用途食品：乳児用・妊産婦用など，特別の用途に適している食品。　特定保健用食品：食物繊維入り飲料など従来の機能性食品のうち，「食生活において特定の保健の目的で摂取する者に対し，その摂取により当該保健の目的が期待できる旨の表示をする」食品とされている。　栄養機能食品：保健機能食品の一種で，高齢化や食生活の乱れなどで不足しがちなビタミン・カルシウムなどの栄養成分の補給・補完のために利用する食品。　(3)　2段階：両足首の下に手を入れる　3段階：足を手前に引き寄せる　4段階：首の後ろから肩に手をまわす　5段階：片方の手で足を押える　6段階：起す

(4)　オーガニック・コットン　　特徴：オーガニック・コットンは，紡績，織布，ニット，染色加工，縫製などの製造工程を経て，最終製品となる。この製造全工程を通じて，化学薬品による環境負荷を最小限に減らして製造したものを，オーガニック・コットン製品という。

〈解説〉(1)　地域全体で子育てを支援する基盤の形成を図るため，子育て家庭の支援活動の企画，調整，実施を担当する職員を配置し，子育て家庭等に対する育児不安等についての指導，子育てサークル等への支援などを通して，地域の子育て家庭に対する育児支援を行うことを目的としている。　(2)　特別用途食品とは，たんぱく質の制限を必要とする腎臓疾患の方のためにたんぱく質を低減させたり，特定の食品アレルギーの方のためにアレルゲンを使用しない，または除去した食品および乳児用，妊産婦用，えん下困難者用など特別の用途に適するという表示を国が許可した食品をいう　特定保健用食品は身体の生理学的機能等に影響を与える保健機能成分を含んでいて，「お腹の調子を整える」など，特定の保健の目的が期待できることを表示できる食品である。栄養機能食品とは，高齢化やライフスタイルの変化等により，通常の食生活を行うことが難しく1日に必要な栄養成分を取れない場合に，その補給・補完のために利用してもらうための食品である。

(4)　オーガニック・コットン(有機栽培綿)とは，3年間農薬や化学肥料を使わないで栽培された農地で，農薬や化学肥料を使わないで生産された綿花のことで，栽培に使われる農薬・肥料については厳格な基準が設けられており，認証機関が実地検査を行っている。

【2】

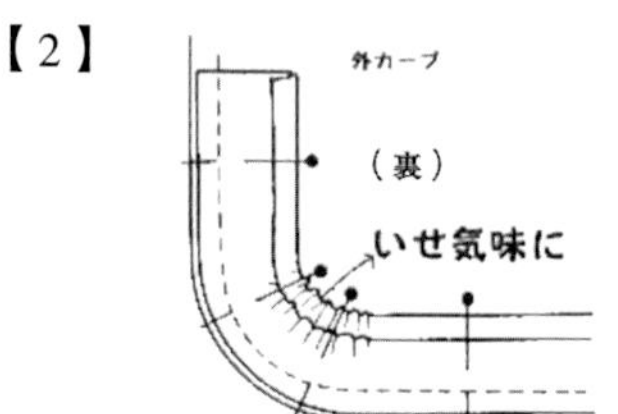

カーブの内側をいせ気味にしてカーブに沿わせるようにする。

〈解説〉カーブの外側の円周と内側の円周との差で内側のバイアスが余るのでいせ気味にすることが書かれていればよい。

【3】(1)　中骨にそって尾まで包丁を引く。魚を返して，尾の付け根の方から切れ目を入れる。中骨の部分と血合い骨を切りはなすと二枚になる。さらに，骨の付いている肩身を，二枚におろした要領で両側から中骨まで包丁を入れて，最後に尾を切りはなす。　(2)　魚の切り身に塩コショウで下味をつけ，小麦粉などの粉をまぶし，バターで両面を焼いた後，レモン汁を振りかけた料理である。

〈解説〉(1)　三枚おろしは基本である。しっかり頭に入れておくこと。
(2)　ムニエルとはムニエ(meunier，粉屋または製粉業者)の女性形で，「○○・ア・ラ・ムニエール」は，「○○の粉屋または製粉業者のおかみ風」(○○には魚の名前が入る)という意味である。

【4】(1)　服装：身動きしやすい服装を心がけること。　態度：子どもにはもちろん，保育所の関係者にも礼儀正しく接すること。
(2)　子どもの目線に合わせて会話すること。

〈解説〉　(1)　他に　服装　露出の多いものは避けるようにすること。アクセサリー類ははずしていくこと。など。　(2)　他に　力加減に気をつけること。　言動に気をつけること。など。

【5】【主題】「販売信用—支払い方法の多様化—」

【目標】クレジットカードや電子マネーなどのカードの種類やその仕組み，利用上の問題点を理解し，利用上の留意事項などを考える。

	学習内容	指導上の留意点	評価
導入	本時の目標確認	様々なカードを提示し、販売信用に関心を持たせる。	販売信用に対して関心・意欲をもっているか。
展開	○販売信用の種類 ・クレジットカードや電子マネーなど販売信用にはいろいろな種類があることを知る。 ○販売信用の仕組み ・支払い方法の仕組みや返済方法の仕組みを知る。 ○利用上の問題点 ・販売信用の問題点等を提示し、確認する。 ○利用上の留意事項 ・各種金利の違いがあること等を理解させる。	ただ提示するだけでなく、興味がわくような工夫をする。 イラストや図を多用しわかりやすく説明する。 問題点をグループで話し合う。 留意点をグループで話し合う。	販売信用の種類に対して関心を持っているか。 仕組みを知ろうとする態度はどうか。 話し合う態度はどうか。 話し合う態度はどうか。
まとめ	本時のまとめ	販売信用の長短を把握し、上手に利用することを理解させる。	まとめができているか。

〈解説〉販売信用の種類，仕組み，問題点，留意点を1時間以内で学べるよう展開する。

2009年度　実施問題

【一次試験】

【1】脂質に関する次の文を読んで，以下の(1)～(3)の各問いに答えよ。

脂質は，その化学構造の特徴によって，単純脂質，複合脂質，誘導脂質に分けられる。単純脂質とは，脂肪酸とアルコールが結合したもので，アルコールの種類によって，中性脂肪とろうに分けられる。(　①　)のない脂肪酸を飽和脂肪酸といい，(　①　)のある脂肪酸を不飽和脂肪酸という。不飽和脂肪酸を多く含む植物油や魚油は酸敗しやすい。

各種の脂質のうち，エネルギー源になるのは中性脂肪である。摂取された中性脂肪は消化酵素の(　②　)によって分解されて小腸粘膜から吸収される。その後，再び中性脂肪に合成され，リンパ管から胸管を経て血液中に入る。中性脂肪は，必要に応じて再び脂肪酸とグリセリンに分解される。脂肪酸は各組織中の酸化分解反応で，炭素2個ずつの(　③　)として順次分解され，(　④　)に入りエネルギーを発生し，二酸化炭素と水に分解される。

(1)　文中の①～④に適する語句を記せ。

(2)　魚油に多く含まれている不飽和脂肪酸の名称を2つ記せ。

(3)　植物油や魚油の酸敗の原因を酸素以外に3つ記せ。

(☆☆☆◎◎◎)

【2】食の安全について，次の(1)～(3)の各問いに答えよ。

(1)　次の①～⑤に関係のある食品添加物をア～オの中からそれぞれ1つ選び，記号で記せ。

①　発色剤　　②　甘味料　　③　糊料

④　保存料　　⑤　殺菌料

ア　アルギン酸ナトリウム　　イ　アスパルテーム

ウ　次亜塩素酸ナトリウム　　エ　ソルビン酸

オ　亜硝酸ナトリウム

(2)　食品添加物の表示が免除される場合を2つ記せ。

(3)　収穫後の農作物に農薬を散布することを何というか，記せ。

(☆☆☆◎◎◎)

【3】次の日本人の乳幼児期に関する文について，①～⑥に適する数字をア～エから1つ選び，記号で記せ。また，⑦～⑮には適する語句を記せ。

(1)　出生時の平均体重は，約①(ア　2　イ　3　ウ　4　エ　5)kgで，1歳で約②(ア　7　イ　8　ウ　9　エ　10)kgになる。

(2)　出生時の平均身長は，約③(ア　45　イ　50　ウ　55　エ　60)cmで，1歳で約④(ア　75　イ　80　ウ　85　エ　90)cmになる。

(3)　乳歯は全部で⑤(ア　10　イ　15　ウ　20　エ　25)本で，⑥(ア　1～2　イ　2～3　ウ　3～4　エ　4～5)歳頃までに生えそろう。

(4)　新生児の体重は出生時より一時的に減少する。これを(　⑦　)といい，正常な現象である。(　⑧　)に比べて(　⑨　)が多いことが最大の原因である。

(5)　乳児の骨は軟骨が多いが，成長すると骨に(　⑩　)が沈着して硬骨となる。これを(　⑪　)という。

(6)　頭蓋骨は，せまい産道を通れるようにすきまができている。(　⑫　)は生後約1カ月で，(　⑬　)は1年から1年半で閉じる。

(7)　生後3～4日頃から皮膚が黄色くなるが，約1週間で消える。これを(　⑭　)という。

(8)　生後2日くらいまでのあいだにでる黒緑色の便を(　⑮　)という。

(☆☆☆◎◎◎)

【4】次の「給与明細の例」を見て，家計管理及び年金に関する(1)～(6)の各問いに答えよ。

給与明細の例（男性、33歳）

番号 08823		名前	○ ○ ○ ○				差引支給額 257,795円
基本給	扶養手当	住宅手当	通勤手当	時間外手当	児童手当		支給総額
245,000	14,300	10,000	9,000	39,000	10,000		327,300円
健康保険料	厚生年金料	雇用保険料	介護保険料	所得税	住民税	社内預金	控除額合計
8,960	22,860	2,655	0	5,430	9,600	20,000	69,505円

(1) 実収入はいくらか記せ。

(2) 非消費支出はいくらか記せ。

(3) 可処分所得はいくらか記せ。

(4) 上の明細の例の項目のうち，社会保険料に該当するものをすべて記せ。

(5) 生命保険掛金は，家計の支出のどの項目に分類されるか，次のア～エから1つ選び，記号で記せ。

ア 実支出　　イ 実支出以外の支出　　ウ 消費支出

エ 非消費支出

(6) 年金に関して，次の①～③の各問いに答えよ。

① 国民年金は，3つの基礎年金に分類される。1つは老齢基礎年金である。残りの2つを記せ。

② 老齢基礎年金の支給要件は，保険料納付済期間と保険料免除期間の合計が何年以上の場合か記せ。

③ 次のア～オは，第何号被保険者になるか記せ。

ア 民間サラリーマンの無収入の配偶者　　イ 自営業者

ウ 民間サラリーマン　　エ 公務員

オ 公務員の無収入の配偶者

(☆☆☆◎◎◎)

【5】次図は，介護保険制度を利用するための手続きの流れである。図中の①～⑥に適する語句を記せ。

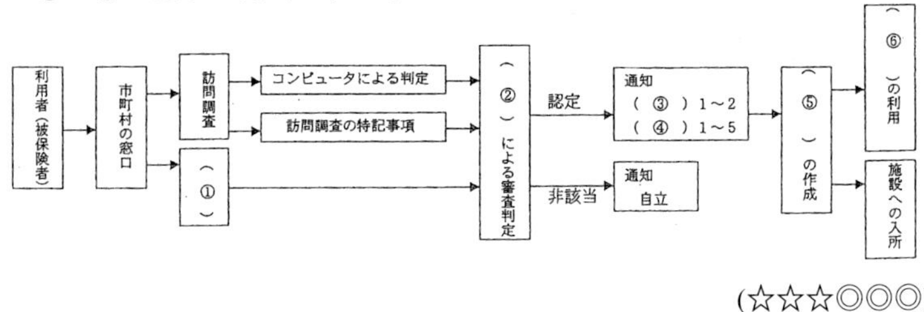

(☆☆☆◎◎◎)

【6】被服に関する次の(1)～(5)の各問いに答えよ。

(1)　そでのいせ込みを縫う位置を図示せよ。

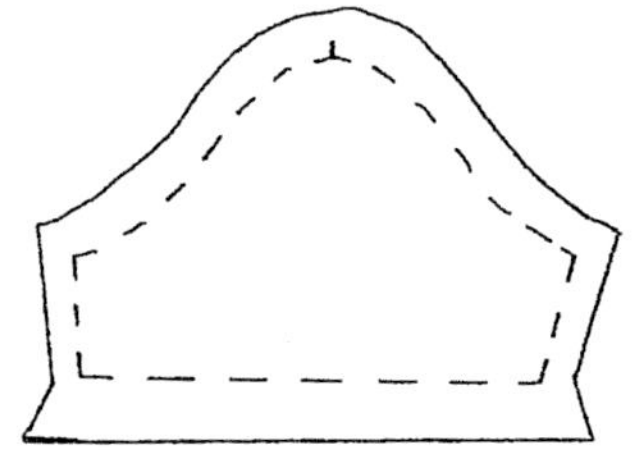

(2)　いせ込みはなぜ必要か，理由を記せ。

(3)　バイアステープの接ぎ方を図示せよ。

(4)　次の①～⑦の文は，裏つきジャケットの仕立て方について述べたものである。その内容が正しいものには○を，正しくないものには×を記せ。

①　裏身ごろは，肩合わせ後，裏布は前身ごろ側に片返す。

②　裏身ごろの背縫いは，ウエストラインまでしるしより1cm縫いしろ側を縫う。

③　二枚そでの裏そでの縫いしろは，内そで側にしるしどおり片返す。

④　前身ごろのダーツは縫った後，プレスボールをあてて，アイロンで中心側に折る。

⑤　表そでのあきみせ部分は内そで縫いしろに切り込みを入れ，外

そで側に片返す。

⑥　表見ごろのすそは千鳥がけまたは返し縫いでとめ，裏身ごろは奥まつりをする。

⑦　前身ごろの見返しと裏布を縫い合わせるとき，縫い残しのないよう最後まで縫う。

(5)　次の①～⑤の文は，和裁に使われる用語の説明である。①～⑤のそれぞれに適する用語を記せ。

①　男物の仕立て方で，着るとちょうど着たけになる衣服たけのこと。

②　補強するために腰部の裏側につける布地のこと。

③　裁断の前に，たてよこの糸が直角にまじわるように布目のゆがみを正すこと。

④　えり幅が，背縫い部分では5.5cm，えり先では7.5cmの寸法のえりの形。

⑤　えりをしっかりさせるために，えり肩あきにいれるしんのこと。

(☆☆☆◎◎◎)

【7】住居に関する次の(1)，(2)の各問いに答えよ。

(1)　近年生活空間としての地域のアメニティが重要視されつつあるが，アメニティとはどのような意味か，説明せよ。

(2)　次の文の①～⑧にあてはまる数値をア～ウから1つ選び，その記号を記せ。

都市計画法により，①(ア　10　　イ　12　　ウ　14)の用途地域が定められている。

建築基準法の規定では，敷地は原則として，幅員②(ア　3　イ　4　　ウ　5)m以上の道路に③(ア　0.8　　イ　1.5　　ウ　2)m以上接していなければならない。建築基準法施行令では，階段の踏面は，④(ア　120　　イ　140　　ウ　150)mm以上，蹴上げは⑤(ア　230　　イ　260　　ウ　300)mm以下と定められている。「長寿社会対応住宅設計指針の補足」(平成7年6月，建設省)によると，

推奨レベルでは,

・通路の有効幅員は,⑥(ア　70　　イ　85　　ウ　90)cm以上とする。

・便所の広さは,内法で間口⑦(ア　0.9　　イ　1.15　　ウ　1.35)m以上,奥行　⑦　m以上とする。

・階段の勾配は⑧(ア　$\frac{7}{10}$　　イ　$\frac{7}{11}$　　ウ　$\frac{7}{12}$)以下とする。

(☆☆☆◎◎◎)

【8】日本料理に関する次の(1)～(3)の各問いに答えよ。

(1)　次の①～⑤は会席料理の献立名である。その内容を下のア～オからそれぞれ1つ選び,記号で記せ。

①　前菜　　②　向付　　③　煮物　　④　口取　　⑤　鉢肴

ア　炊き合わせ,椀盛りとも呼ばれ,季節の魚や野菜などを取り合わせ盛り付ける。

イ　主として魚,肉の焼き物が中心。揚げ物,蒸し物も用いられる。

ウ　口代りとも呼ばれ,汁気を少なく濃厚な味に調味する。

エ　新鮮な魚介類を刺し身や,なますにして用いる。

オ　酒の肴として,季節感のあるものを3～5種類取り合わせる。

(2)　日本料理を床の間のある和室でもてなす場合,主人と主客の座席をそれぞれ次の図中のア～クから1つ選び,記号で記せ。

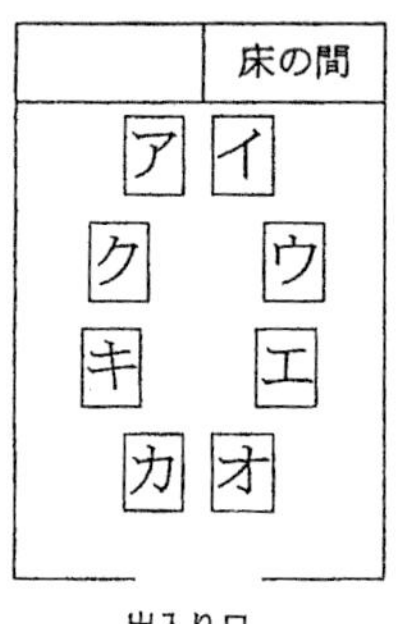

(3)　一汁三菜の配膳図を図示せよ。

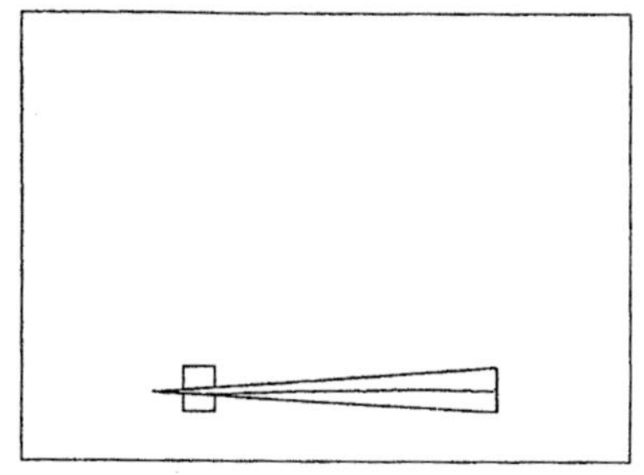

(☆☆☆◎◎◎)

【9】高等学校学習指導要領「家庭」(平成15年12月一部改正)について，次の(1)，(2)の各問いに答えよ。

(1)　学校家庭クラブ活動とは，どのような活動か，簡潔に説明せよ。

(2)　下記は「家庭総合」の「第2　内容とその取扱い」である。文中の(ア)～(オ)に適する語句または数字を答えよ。

この科目は，(1)人の一生と家族・家庭，(2)子どもの発達と保育・福祉，(3)高齢者の生活と福祉,(4)生活の(ア)と文化，(5)(イ)と資源・環境，(6)(ウ)と学校家庭クラブ活動の6項目で構成し，標準単位数は(エ)単位である。これらの内容については，実践的・体験的な学習活動を中心として(ア)的かつ総合的に指導するとともに，(オ)的な学習を充実するよう配慮する。また，相互に有機的な関連を図り展開できるよう配慮する。

(☆☆☆◎◎◎)

【二次試験】

【1】次の(1)～(4)の各問いに答えよ。

(1)　農林水産省農林水産政策研究所が導入した「フード・マイレージ」の意味を記せ。

(2)　厚生労働省と農林水産省が作成した「食事バランスガイド」の内容について説明せよ。

(3)　文部科学省と厚生労働省が推進している「認定こども園」の機能と利用手続きについて説明せよ。

(4)　JISで定められている成人女子用の体型区分について，その基準がわかるように説明せよ。

(☆☆☆◎◎◎)

【2】住生活に関する次の(1)，(2)の各問いに答えよ。

(1)　さまざまな人とともに暮らす集合住宅の例を2つ記せ。

(2)　(1)のような集合住宅ができてきた背景と効果を説明せよ。

(☆☆☆◎◎◎)

【3】食生活に関して，味の相互作用による効果を2項目あげ，それぞれ具体的な例を示し説明せよ。

(☆☆☆◎◎◎)

【4】科目「家庭基礎」において，「高齢者の心身の特徴と生活」を生徒に理解させるためには，どのような実験・実習を行うと効果的か，内容及びその手順を示し，指導の留意点を記せ。

実験・実習内容	
実験・実習の手順	指導の留意点
［準備］ ［方法］	

(☆☆☆◎◎◎)

【5】科目「家庭総合」の単元「消費生活と資源・環境」の学習指導案(1時間分)を，次の主題と目標に従い，評価規準を決め，作成せよ。

【主題】「私たちの消費行動と資源・環境」(本時1/5時間)

【目標】・自分の消費行動と資源や環境とのかかわりについて具体的な事例を通して理解する。

【評価規準】・[　　　　　　　　　　　　　　　　]

・[　　　　　　　　　　　　　　　　]

	学習活動 (○生徒・◇指導者)	指導上の留意点	評価規準	評価方法
導入				
展開				
まとめ				

(☆☆☆◎◎◎)

解答・解説

【一次試験】

【1】(1)　①　二重結合　②　リパーゼ　③　アセチルCoA　④　TCAサイクル(クエン酸回路)　(2)　ドコサヘキサエン酸　イコサペンタエン酸(エイコサペンタエン酸)　(3)　温度　光　金属

〈解説〉(1)　脂肪酸は食品中の脂質の主要な成分である。脂肪酸は，その科学的構造から二重結合の数によって大きく3つに分類でき，二重結合がない飽和脂肪酸(S)，二重結合が1つの一価不飽和脂肪酸(M)，二重結合を2つ以上含む多価不飽和脂肪酸(P)に分けられる。これらの脂肪酸はそれぞれ体の中での生理作用が異なる。　(2)　不飽和脂肪酸のEPA(イコサペンタエン酸)とDHA (ドコサヘキサエン酸)は，どちらも魚油の成分で，EPAは血栓を予防し，DHAは視力に関係するといわれている。　(3)　他に，水分，バクテリアでも可。

【2】(1)　①　オ　②　イ　③　ア　④　エ　⑤　ウ
(2)　①　加工助剤として使用された場合で，製造過程で除去されたり，中和されたり，ほとんど残らないもの　②　原材料中には含まれるが，使用した食品には微量で効果が出ないもの(キャリーオーバー)
(3)　ポストハーベスト

〈解説〉(1)　食品添加物の種類とそれが何のために使われているかは頻出なのでしっかり頭に入れておくこと。　(2)　他に，・包装の表示面積が狭く(30cm^{2}以下)表示が困難なもの　・バラ売り食品で包装されていないので，表示が困難なもの　・栄養強化が目的のもの(ビタミンA，塩化カルシウムなど)　など。　(3)　収穫後の農産物に，防かび・防腐・発芽防止などのため，農薬を散布することをポストハーベストという。

【3】(1) ① イ ② ウ (2) ③ イ ④ ア (3) ⑤ ウ ⑥ イ (4) ⑦ 生理的体重減少 ⑧ 哺乳量(栄養摂取量) ⑨ 排泄量 (5) ⑩ カルシウム ⑪ 化骨 (6) ⑫ 小泉門 ⑬ 大泉門 (7) ⑭ 生理的黄疸 (8) ⑮ 胎便

〈解説〉(1) 体重は1歳になると出生時の体重のおよそ3倍になる。 (2) 身長は1歳になると出生時の身長のおよそ1.5倍になる。 (3) 乳歯は2～3歳頃までに生えそろい，全部で20本である。 (4) 出生直後の新生児は皮膚や肺からの水分蒸散，胎便，尿などの体重減少をもたらす要因のわりに哺乳量は十分ではなく，母乳もすぐに出始めるわけではない。そのため相対的に体重減少が起こり，このことを生理的体重減少と呼ぶ。出生体重の5～6%程度減少し，生後2～4日で一番減少し7～12日で出生体重に戻る経過が一般的である。 (5) 化骨とは骨が成長しその部分に石灰が沈着して硬くなる過程をいう。 (6) 大泉門は左右の前頭骨と左右の頭頂骨に挟まれた菱形の空間のことをいう。生後9ヶ月まで増大するが，生後1歳半くらいに閉鎖する。小泉門は新生児頭蓋で両側頭頂骨と後頭骨との間の頭蓋泉門。尖端を前方に向けた三角形状で，大泉門より小さい。 (7) 皮膚や粘膜，白目などが黄色く見えるのが黄疸である。血液中のビリルビン値が高い状態である。 (8) 新生児が出生後1，2日の間に初めて排泄(はいせつ)する暗緑色の便を胎便という。

【4】(1) 327,300円 (2) 49,505円 (3) 277,795円 (4) 健康保険料 厚生年金料 雇用保険料 介護保険料 (5) イ (6) ① 遺族(基礎)年金 障害(基礎)年金 ② 25年以上 ③ ア 第3号 イ 第1号 ウ 第2号 エ 第2号 オ 第3号

〈解説〉(1) 「実収入」とは，勤労や事業の対価としての現金収入(税込み)を合計したもの及び当該世帯外より移転された収入であり，「経常収入」と「特別収入」から成る。「経常収入」とは，家計の消費行動に大きな影響を与える定期性あるいは再現性のある収入であり，「勤

め先収入」，「事業・内職収入」及び「他の経常収入」から成る。「特別収入」は，それ以外の収入で，「受贈金」及び「その他」から成る。(2)「非消費支出」とは，税金や社会保険料など世帯の自由にならない支出及び借金利子などから成る。　(3)　可処分所得とは，家計が手にする所得から，社会保険料や税金，ローンの支払などもろもろの経費を差し引いたあとに残る自由に使える所得(貯蓄も可)のことである。(4)　社会保険料には，医療保険(健康保険)，年金保険，雇用保険(失業保険)，介護保険，などがある。　(5)　生命保険掛金は，実支出以外の支出に分類される。　(6)　①　国民年金には，老齢基礎年金，遺族年金，障害年金がある。　②　国民年金保険料を納めた期間(保険料免除期間などを含む。)が原則として25年以上ある人が，65歳になってから受けられるのが老齢基礎年金である。　③　国民年金の被保険者は，職業などによって次の3種類に分けられる。　第1号被保険者：20歳以上の学生，フリーター，20歳以上60歳未満の自営業などの人　第2号被保険者：会社や役所などに勤めている人　第3号被保険者：第2号被保険者に扶養されている20歳以上60歳未満の配偶者

【5】①　医師の意見書　　②　介護認定審査会　　③　要支援　④　要介護　　⑤　介護サービス計画(ケアプラン)　　⑥　在宅サービス

〈解説〉介護保険のサービスを受けるには，あらかじめ市区町村へ要支援･要介護の認定を受けるための申請を行い，介護認定審査会の審査判定を受ける必要がある。認定には有効期間が定められており，一定期間ごとに更新手続きが必要である。　審査判定には，要支援1・2および要介護1～5の7段階があり，段階ごとに利用できるサービスの限度額が設定されている。　認定を受けた後，実際にサービスを利用する際には，サービス計画(ケアプラン)の作成が必要である。　要支援1・2の場合は「介護予防サービス計画」を地域包括支援センターが責任主体となって作成する。　要介護1～5の場合は「介護サービス計画」を従来どおり居宅介護支援事業所のケアマネジャーが作成する。　サー

ビス計画を作るための費用は無料である。　地域支援事業の介護予防事業を利用するには，市区町村が実施する介護予防健診を受診するなどで特定高齢者とみなされることが必要である。

【6】(1)

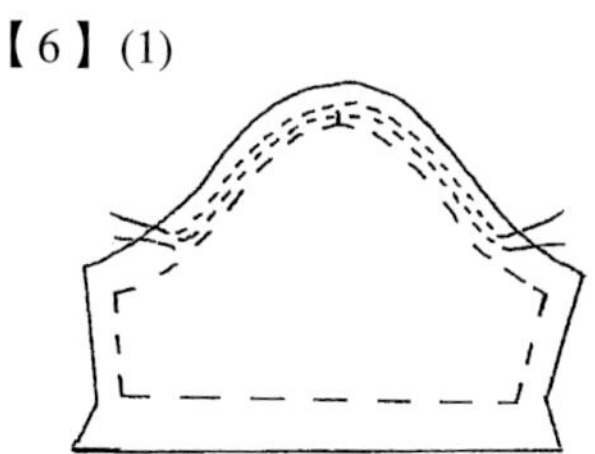

(2)　袖山など，人体の丸みに合わせ，ふくらみを持たせるため。

(3)

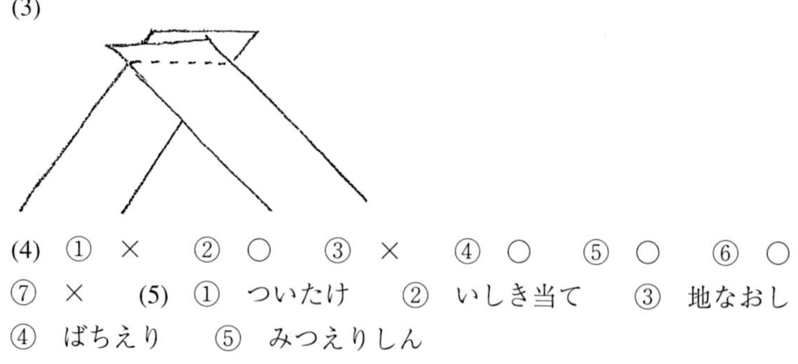

(4)　①　×　②　○　③　×　④　○　⑤　○　⑥　○　⑦　×　(5)　①　ついたけ　②　いしき当て　③　地なおし　④　ばちえり　⑤　みつえりしん

〈解説〉(1)　いせ込みは，袖山の下の方に2カ所入れる。　(2)　いせ込むとは，平面の布を立体的に形作るための技法で，袖山などに施す。いせる部分を細かく「ぐし縫い」をして糸を軽く引き締め，アイロンで立体を形作る。　(3)　バイアステープを接ぐ時は，中表にし，クロスさせるようにする。　(4)　①　裏布は後身ごろ側に片返す。
③　二枚袖とは，2枚の布で構成されている袖のことをいう。腕の外側になる部分を外袖といい，内側になる部分を内袖という。通常，縫合せ目は内側になり，外袖の布のほうが大きく内袖の布のほうが小さい。　⑦　出来上がった状態は，見返しが身ごろよりも0.2cmひかえた状態にするために身ごろと見返しのしるしをずらす。　(5)　和裁用語は頻出なのでしっかり頭に入れておくこと。

【7】(1)　居心地の良さをいい，住宅・住環境・近隣関係・社会条件を含めて地域の総合的な住みやすさを示す。　(2)　①　イ　②　イ　③　ウ　④　ウ　⑤　ア　⑥　イ　⑦　ウ　⑧　イ

〈解説〉(1)　アメニティとは，一般的には快適さ，美しさ，上品さ，喜ばしさなどを意味するが，実体的にはイギリスの都市・農村計画の生成と発展に伴い，その基本内容を体現する概念の一つとして歴史的に成熟してきたことばである。　(2)　①　都市計画法では，12の用途地域が定められている。　②③　建築基準法において，敷地は原則として，4m以上の道路に2m以上接していなければならない。

④⑤　建築基準法施行令によると，階段の踏面は，150mm以上，蹴上げは230mm以下と定められている。　⑥⑦⑧　長寿社会対応住宅設計指針の補足基準については，以下の推奨レベルがある。

・通路の有効幅員は，85cm(柱等の箇所にあっては80cm)以上とする。

・出入口の有効幅員は，80cm以上とする。

・便所の広さは，内法で間口1.35m以上，奥行1.35m以上とする。

・階段の勾配は$\frac{7}{11}$以下，55cm≦T＋2R≦65cmとする。

【8】(1)　①　オ　②　エ　③　ア　④　ウ　⑤　イ

(2)　主人　カ　主客　イ

(3)

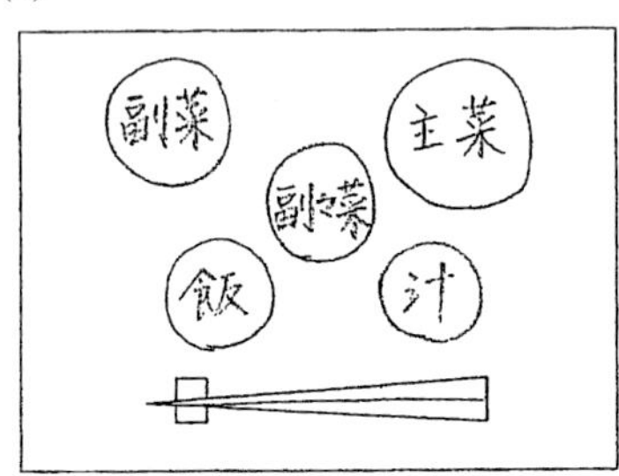

〈解説〉(1)　会席料理は頻出なので，それぞれしっかり頭に入れておくこと。　(2)　主人が一番手前のカ，主客は一番奥のイとなる。

(3)　配置図は頻出なのでしっかり頭に入れておくこと。

【9】(1)　学校や地域の生活の中から課題を見出し，課題解決を目指して，グループで主体的に計画を立てて実践する問題解決的な学習活動である。　(2)　ア　科学　　イ　消費生活　　ウ　ホームプロジェクト　エ　4　　オ　問題解決

〈解説〉(1)　学習指導要領解説P42参照のこと。　(2)　学習指導要領解説P46参照のこと。

【二次試験】

【1】(1)　食料を輸送するには，燃料(エネルギー)の消費が必要である。食料を輸入してから，消費者の口に入るまでに，食料がどれくらいの距離を運ばれてきたのかを数字で表したのが，フードマイレージである。　(2)　生活習慣病などの予防のために，何をどのくらい食べたらよいかを示した指針で，具体的な料理を基に，1日分の摂取量をイラストで表示したのが特徴である。食事を主食，副菜，主菜，牛乳・乳製品，果物の5種類に分類し，それぞれ料理例を表示している。料理の単位は，「一つ」や英語の「サービング(SV)」ということばで統一し，たとえば，主食は1日に「五～七つ(5～7SV)」とることが必要とし，「一つ分」は「ごはん小盛り1杯」，「二つ分」は「うどん1杯」など，イラストで説明してある。副菜は五～六つを1日の必要量とし，主菜は副菜より少ない三～五つに設定している。「ハンバーグステーキ」や「鶏のから揚げ」は1品だけで三つとなるため，どちらか1品を選ぶか，それぞれ量を減らさなければならない。　(3)　機能　・就学前の子どもに幼児教育・保育を提供する機能　・地域における子育て支援を行う機能　　利用手続き　認定こども園の認定を受けた施設は，保育所であっても，利用者と施設との直接契約による利用となり，利用者は利用料を直接施設に支払うことになる。　(4)　日本人の成人女性の身長を142cm，150cm，158cmおよび166cmに区分し，さらにバスト74～92cmを3cm間隔で，92～104cmを4cm間隔で区分したとき，それぞれの身長とバストの組合せにおいて出現率が最も高くなるヒップのサイズで示される人の体型をA体型としている。

〈解説〉(1)　この発想は，イギリスの消費者運動家が1994年に提唱した運動「フードマイルズ」food milesに由来している。食料の生産地から消費地までの距離に着目し，なるべく近くで生産された食料を消費することで，輸送に必要なエネルギーや，燃料消費に伴う環境負荷を軽減しようという運動である。わが国では輸入食料に応用され，具体的には，相手国別の食料輸入量に，輸送距離を乗じた数値をフードマイレージ(重量×両国の首都間の距離)として計算している。　(2)　厚生労働省が「食事摂取基準」として示したものの具体例である。
(3)「就学前の子どもに関する教育，保育等の総合的な提供の推進に関する法律」(平成18年法律77号)に基づき，2006年(平成18年)10月1日から設置された保育施設。保護者の就労の有無等にかかわらず入園が可能である。　(4)　Y体型：A体型よりヒップが4cm小さい人の体型。AB体型：A体型よりヒップが4cm大きい人の体型。　ただし，バストは124cmまで。　B体型：A体型よりヒップが8cm大きい人の体型。

【2】(1)　コーポラティブハウス　　コレクティブハウス(協同居住型集合住宅)　　(2)　背景　隣人との関係の希薄，狭小土地の有効活用などによる。　効果　参加する個人や家族が共働きや単身での子供の養育を助け合っていく。　高齢期に病気などのときに助け合う。
〈解説〉(1)　他に，福祉マンション。　(2)　コーポラティブハウスは複数の人が組合をつくり，土地を購入し，その上に集合住宅をつくり，そこに居住していくシステムである。コレクティブハウスは個人や家族の自由とプライバシーを確保しつつ，日常的な生活の一部分を共同化し，共用スペースの中に取り込んで自分たちで管理運営していくものである。

【3】　抑制効果：コーヒーに砂糖を入れるとコーヒーの苦味が緩和される。　相乗効果：昆布だしと鰹だしを混ぜて使用することで，それぞれのだし単独の場合よりも何倍も高い旨味が得られる。
〈解説〉味物質間で相乗・抑制効果の相互作用：例えば，コーヒーに砂糖

を入れた場合を考えると，砂糖を入れた後でも，コーヒーに含まれている苦味物質の量は変化しない。しかし，人間の舌は，砂糖が入れられたコーヒーでは苦味が薄まって感じる。絶対的な量は同じでも，感覚的には薄まって感じること，これを味物質間の抑制効果という。同様に，例えばスイカに塩を振りかけるとより甘さが増して感じるようなことを，味物質間の相乗効果という。

【4】

実験・実習内容	シニア体験学習
実験・実習の手順	指導の留意点
〔準備〕■本日の動きを確認する ２人一組のグループごとにシニア体験を行う 以下の２つの体験を順番で行う	体験者は恐怖感を感じており、転びやすいので「押さない、走らない、ふざけない」ことを強調して注意する。
＜１＞インスタントシニア体験セットを身につけて校内を歩く。	グループの中で役割を交代し、必ず全員が体験を行うようにする。
＜２＞インスタントシニア体験セットを身につけて室内で作業を行う。	
〔方法〕 ＜１＞校内を歩く。３階特別教室→１階までを往復する。	階段の昇降、足の上げにくさ、手すりの有無により動きやすさに違いがあるか、観察させる。
＜２＞室内での体験 ※できるだけ現実に起こりうる動きを体験させようと思い、以下の項目を設定した。	
■全身運動■ 畳スペースで横になり、起き上がる、という動作を行う。	
■手指の巧緻性■ 手先を使った作業をし、タイムを計る。・Ｙシャツのボタンの開け閉め：Ｙシャツは紳士用の大きいサイズのものを用意。 ボタンを２０mm、１８mm、１５mm, １３mm、１０mm、の５つに付け替えて使用する。 ・くつひも結び：着用している体育館履きで蝶結び	

・針に糸を通す	針の管理に注意。 高齢者の心身の特徴の一つに 「限られた時間の中で行わなければならない動作が難しい」ことが挙げられる。
■温度感覚■ 携帯用懐炉・湯たんぽ・水枕を触る。高齢者は若年に比べ温度感覚が鈍くなりがちで低温やけどになりやすい。その状態を体験させるために触れさせる。	ペットボトルにお湯を入れたこともあるが、懐炉や水枕の方が現実的かと思う。
■視覚の変化■ 新聞の文字を読む 見やすい色、見にくい色の組み合わせを知る。	視界の広さに注目させる。
■聴覚の変化■ 教室で放映しているビデオを視聴し、どういった音が聞こえやすいか検討する。	
	片付け後、時間があれば生徒に感想を発表させる。 次時に体験の詳細について生徒の感想・意見を取り上げ、補足・説明を行う。

〈解説〉生徒は自分が高齢になったときのことがイメージしにくいため，インスタントシニア体験セットは，高齢者の心身の特徴を理解するのにとても有効な教材である。

【5】【評価規準】○自分の生活と環境とのかかわりに関心を持っている。
○環境に配慮した生活を考え，工夫している。

	学習活動 (○生徒・◇指導者)	指導上の留意点	評価規準	評価方法
導入	本時の学習内容の確認	準備物の確認		挙手 発言
展開	○ 消費活動によって成り立っている生活を振り返る。 地球温暖化を例に、電気·ガス·石油等のエネルギー資源の使われ方が課題となっていることを再確認する。 ○ 家庭における年間の電気使用量・季節による変動、エネルギー種別消費の割合から、電気消費について考える。	◇ 他教科での学習内容を事前に確認し、説明に補足する。	環境や資源に配慮した生活の工夫について実践できる。	観察 挙手 発言
まとめ	自分が日常できる環境に配慮した生活について感想を記入する。	学習した内容をもとにこれからの生活に生かそうとする気持ちを持たせる。	生活の仕方と環境や資源のかかわりに関する基礎的な知識を身につけている。	プリント

〈解説〉地球環境や，地域の生活環境問題は，一人ひとりの生活の仕方が少しずつ影響を与えているのは確かであるが，ここでは，特に，自分の生活を見直し，消費行動との関連を意識させながら指導に当たるように設定した。

2008年度　実施問題

【一次試験】

【1】下の各問いに答えよ。

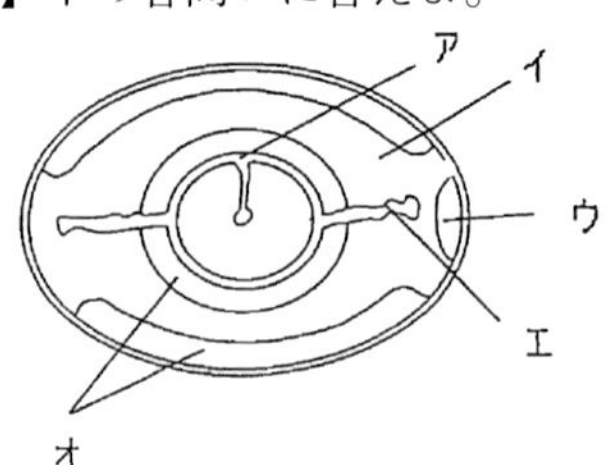

(1)　上図は，卵の構造を模式的に示したものである。図のア～オの名称を記せ。

(2)　卵を割って平板上にのせた場合，新しい卵と古い卵ではどのような違いがあるか，見分け方を簡潔に説明せよ。

(3)　卵の調理上の特性3つとその調理上の特性を利用した調理名をそれぞれ1つ記せ。

(4)　温泉卵を作るとき何度で30分加熱するとよいか，①～④の中から最も適するものを選び，番号を記せ。

①　60℃　　②　70℃　　③　80℃　　④　90℃

(5)　たんぱく質の栄養を評価する指標に(　A　)がある。良質のたんぱく質食品である卵の(　A　)は100である。(　A　)にあてはまる適語を記せ。

(6)　卵の白身に最も多く含まれる単純たんぱく質はどれか，①～④の中から1つ選び，番号を記せ。

①　コラーゲン　　②　プロラミン　　③　アルブミン

④　グルテリン

(7)　産みたての卵で作ったゆで卵は殻がむきにくい。その理由は，産みたての卵には，(　B　)が多く含まれているためである。(　B　)にあてはまる物質名を記せ。

(8) ゆで卵を半分に割ったら黄身の周りが暗緑色になっていた。黄身の周りが暗緑色になるのは，卵黄中の(C)と卵白中の(D)が結合して(E)ができるためである。(C)，(D)，(E)にあてはまる物質名を記せ。

(☆☆☆◎◎◎)

【2】食中毒になりうる因子①～⑤に，最も関係の深いものをア～オの中からそれぞれ1つ選び，記号で記せ。

① 傷のある手指　　ア テトロドトキシン
② 生の海魚　　イ ソラニン
③ 青きのこ　　ウ 腸炎ビブリオ
④ ふぐの内臓　　エ ブドウ球菌
⑤ じゃがいもの芽　　オ ムスカリン

(☆☆☆◎◎◎)

【3】消費者の権利に関する次の文を読んで，(1)～(3)の問いに答えよ。

わが国では，1962年にアメリカで提唱された「消費者の4つの権利」をうけて，1968年に消費者保護基本法が制定され，消費者問題について，行政と企業と消費者の役割が定められた。この三者は，消費者の権利を守るという共通の考えから，行政は1970年に(①)を設立，各地方自治体も(②)を設置し，消費者の苦情相談の受付・処理，商品テストなどを行っている。1995年，(③)法が施行され，企業は(④)について責任を負うようになった。また，契約トラブルの発生防止・解決のためのルールを定める(⑤)法が2001年4月より施行された。消費者保護基本法は，2004年，消費者の権利の尊重，消費者の自立の支援という観点から改正され，(⑥)法と改められた。

(1) 文中の消費者の4つの権利を提唱したのは誰か。また，消費者の4つの権利のうち，「意見が反映される権利」のほかの3つを記せ。

(2) 文中の(　　)の①～⑥に適する語句を記せ。

(3) 1975年に，文中の消費者の4つの権利にさらに1つの権利を加えて，消費者の5つの権利を提唱したのは誰か。また，加えた1つの権利は何か，記せ。

(☆☆☆◎◎◎)

【4】次の(1)～(3)は高等学校学習指導要領「家庭」(平成15年12月一部改正)における家庭科の各科目にわたる指導計画の作成と内容の取扱いについての一部である。文中の(　　)に最も適する語句を答えよ。

(1)　「家庭基礎」,「家庭総合」及び「(　①　)」の各科目に配当する総授業時数のうち，原則として(　②　)以上を実験・実習に配当すること。

(2)　「家庭基礎」は原則として，(　③　)で履修させること。

(3)　実験・実習を行うに当たっては，施設・設備の(　④　)に配慮し，学習環境を整備するとともに，火気，用具，材料などの取扱いに注意して(　⑤　)の指導を徹底し，安全と(　⑥　)に十分留意するものとする。

(☆☆☆◎◎◎)

【5】社会保障に関する次の問いに答えよ。

(1)　次の文中の(　　)に，最も適する語句をあとの語群から選び，記号で答えよ。

私たちが病気や(　①　)で動けなくなったり，(　②　)あるいは高齢のために働けなくなったりしたときは，社会保障や社会福祉がセーフティネットとして働くしくみになっている。

社会保障は，広義には，所得保障，保健医療保障，社会福祉サービスを柱とした3分野で構成されている。どの分野も，日本国憲法第(　③　)条に示された「健康で文化的な最低限度の生活」をおくる国民の権利を保障するために，細かい(　④　)が講じられており，国が責任をもって，「(　⑤　)方式」で健康や治療を保障したり，「(　⑥　)方式」で生活費を給付したりしている。国の行政指導のもとに各地の自治体がサービスをおこなっているケースも多い。

これに対して，社会福祉は，「だれもが幸せな生涯をおくることができる」ように，国や自治体が相談・助言・援護などの(　⑦　)を行うしくみである。

〔語群〕

ア　措置　　イ　サービス　　ウ　事故　　エ　15　　オ　保険
カ　失業　　キ　年金　　ク　25

(2)　次の①～③に最も関係の深い語句を下の語群から選び，記号で答えよ。

①　イギリスが世界に先駆けて進めた社会保障制度は，一生を通じて生活保障の責任をもつというものであった。

②　1963年に制定された高齢者福祉の対策のもととなる法律で，高齢者の心身の健康保持および生活の安定を目的としている。

③　2000年4月に施行された法律で，これをもとに保険・福祉・医療の連携した介護サービスに取り組んでいる。

〔語群〕

ア　高齢者福祉法　　イ　母子保健法
ウ　ゆりかごから墓場まで　　エ　PL法　　オ　医療保険法
カ　生活支援サービス　　キ　介護保険法　　ク　老人福祉法

(☆☆☆◎◎◎)

【6】次のグラフは，女性の年齢別就業者率を国際比較したものである。このグラフをもとに，各問いに答えよ。

<女性の年齢別就業者率>

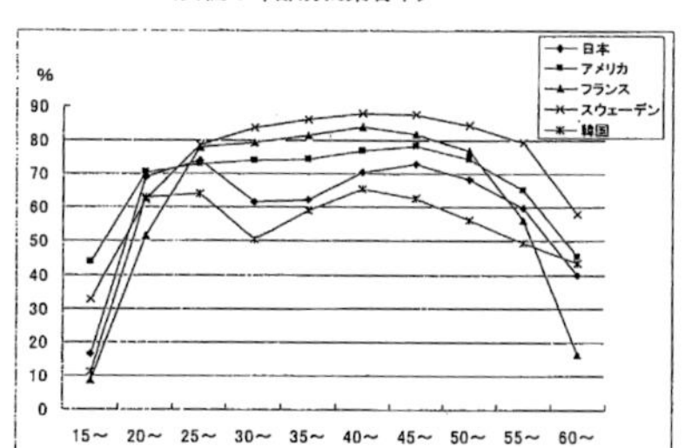

ILO"LABORSTA"('04)　総務省統計局「労働力調査」('04)

(1)　次の文の，(　　　)に最も適する語を記せ。

女性の年齢別就業者率は，アメリカ，フランス，スウェーデンなどでは(　①　)の形になる。

わが国や韓国では，(　②　)字型曲線となっている。

(2)　わが国の女性の年齢別就業者率が(1)の(　②　)字型細線となる要因として，考えられることを簡潔に記せ。

(☆☆☆◎◎◎)

【7】母乳(特に初乳)が乳児にとって，有益だと言われる理由を3つ答えよ。

(☆☆☆◎◎◎)

【8】次の表に関して，下記の問いに答えよ。

法律名	内容等
(　①　)	・妊産婦・乳幼児の健康診断 ・母子健康手帳の交付 ・夫と妻の両者への妊娠・出産・育児の保健指導
母体保護法	・母体保護のための不妊手術・人工妊娠中絶・受胎調節の条件指定
(　②　)	・1 歳未満の子どもをもつ男女労働者は最高 1 年 6 か月間休暇が可能 ・子どもが 3 歳未満の場合に勤務時間の短縮などの措置を定める
少子化社会対策基本法	・少子化対策の基本理念の明確化 ・国・地方公共団体・事業主，国民の責務の明確化 ・内閣府に少子化社会対策会議を設置
(　③　)	・次世代育成支援対策を迅速に重点的に推進するために，少子化対策の行動計画の策定の義務づけ
(　④　)	・産前，産後の休業期間 ・妊産婦の時間外労働・深夜労働

(1)　表中の①～④に入る法律名を答えよ。

(2)　表に示した法律とは別に，行政上の子育て支援策として「子ども・子育て応援プラン(平成16年12月策定)」がある。その主な4つのねらいを簡潔に述べよ。

(☆☆☆◎◎◎)

【9】次の①～③の文は何について説明したものか，その名称を記せ。

①　市町村の窓口にあり，在宅介護に関する各種の相談・対応，および保健や福祉サービスが総合的に受けられるよう連絡・調整をおこ

なう機関。

② 都道府県のおこなう試験に合格し，所定の実務研修を終了した社会福祉・介護専門職の人が就くことができる。介護サービスの計画作成やサービスの調整をおこなう人。

③ 介護度に応じて各種サービスを受けるための計画。必要なサービスの種類・内容・提供日時・事業社名・料金などが記載される。

(☆☆☆◎◎◎)

【10】次の①～⑤の文のうち，被服気候の説明として適切でないものを1つ選び，番号を答えよ。

① 快適な被服気候は，温度32℃内外，湿度50%内外とされている。

② 外気温10℃・湿度60%・無風状態のもとで，下着の上にワイシャツ，セーター，ジャケットと重ね着していくと，被服内温度は内側にいくほど上昇する。

③ 被服気候とは，被服による人工的な気候を皮膚の外側につくりだすものであり，それによって人体の体温調節機能を補助している。

④ 重ね着することにより，それぞれの被服の間に空気層ができて吸湿性が高まり，暖かくすごせ，快適な被服気候を形成できる。

⑤ 夏に快適な被服気候をつくりだすためには，えりやそでなどの開口部を大きく取り，透湿性の高い素材を用いるとよい。

(☆☆☆◎◎◎)

【11】次の①～⑥の洗浄配合剤の効果について，ア～カから最も適するものをそれぞれ1つ選び，記号で記せ。

① 蛍光増白剤

② CMC

③ 硫酸塩

④ 酵素

⑤ 帯電防止剤

⑥ 炭酸ナトリウム

ア　界面活性剤の作用を促進して洗浄効果を高める。

イ　再汚染防止作用がある。

ウ　洗濯ソーダともいわれ，アルカリ助剤でもあり，硬水を軟化させる。

エ　洗濯物の黄ばみを防ぎ白さを増す。

オ　合成繊維の帯電を防ぎ，洗濯の仕上がりを柔軟にする。

カ　洗濯中にたんぱく質の汚れやしみを取る。

(☆☆☆◎◎◎)

【12】次の①～⑤の衣服製作に最も適した布地をア～キからそれぞれ1つ選び，記号を記せ。

①　制服用ブラウス

②　パーティー用ワンピースドレス

③　スカート(春秋月)

④　スカートの裏地

⑤　作業用ズボン

ア　コール天　　イ　サージ　　ウ　デニム　　エ　フラノ

オ　デシン　　カ　キュプラ　　キ　ブロード

(☆☆☆◎◎◎)

【13】次の(1)～(2)の問いに答えよ。

(1)　住宅におけるダニの発生や結露などを防ぐには，どのような対策をとればよいか，次の①～③に最も適する語句を記せ。

適切な(　①　)と(　②　)を保ち，潤滑な(　③　)の流れを図るようにする。

(2)　(1)の対策として，具体的にどのようにしたらよいか，3つあげよ。

(☆☆☆◎◎◎)

【14】次の(1)～(3)の語句について，簡潔に説明せよ。また，(4)の面積を答えよ。

(1)　建ぺい率

(2)　容積率

(3)　最低居住面積水準(平成18年に定められた住生活基本計画による)

(4)　単身者の最低居住面積水準

(☆☆☆◎◎◎)

【15】高等学校家庭科において，ホームプロジェクトとはどのような学習活動か，簡潔に説明せよ。

(☆☆☆◎◎◎)

【二次試験】

【1】次の語句を説明せよ。

(1)　非消費支出と可処分所得

非消費支出：

可処分所得：

(2)　ファミリー・フレンドリー企業

(3)　ユニバーサルデザイン

(4)　コーポラティブハウス

(5)　JAS規格が定める有機農産物

(☆☆☆◎◎◎)

【2】ブラマンジェの主材料を3点あげよ。また，調理中に形がくずれた場合の原因を簡潔に説明せよ。

主材料：

原因：

(☆☆☆◎◎◎)

【3】ホームプロジェクトの指導について，次の問いに答えよ。

(1)　科目「家庭基礎」において，ホームプロジェクトの事前指導をするとき，①　ホームプロジェクトとは何か，②　テーマ設定の留意点，③　レポートの項目と書き方について，箇条書きに説明せよ。

①　ホームプロジェクトとは何か

②　テーマ設定の留意点

③　レポートの項目と書き方

(2)　教師による評価の観点を5つ箇条書きに記せ。

(☆☆☆◎◎◎)

【4】科目「家庭総合」の題材「生活設計，生涯を見通したキャリアプランニング」などを取り入れた指導案を完成させよ。

【主題】これからの私

【目標】青年期の課題を踏まえ，自分らしいライフスタイルの形成について考えさせ，将来の展望を持つことの大切さを知る。

【評価規準】

・

・

・

・

学習活動(○生徒・◇指導者)　指導上の留意点　評価規準　評価方法

導入：

展開：

まとめ：

(☆☆☆◎◎◎)

解答・解説

【一次試験】

【1】(1) ア 胚 イ 濃厚卵白 ウ 気室 エ カラザ オ 水様性卵白 (2) 新しい卵は古いものに比べ卵黄が盛り上がっている。濃厚卵白も盛り上がっており，量が多い。 (3) 特性：起泡性 調理名：スポンジケーキ，特性：熱凝固性 調理名：ゆで卵，特性：乳化性 調理名：マヨネーズソース など (4) ② (5) A アミノ酸価 (6) ③ (7) 二酸化炭素 (8) C 鉄 D 硫化水素 E 硫化第一鉄

〈解説〉卵白の起泡力は，撹拌の方法，温度，砂糖の入れ方，pH，卵の鮮度によって異なる。又，卵白は，油分が入ると泡立ちが悪くなる。卵黄のレシチンは，乳化剤となって水中油滴型のエマルジョンを形成する。

【2】① エ ② ウ ③ オ ④ ア ⑤ イ

〈解説〉わが国の細菌性食中毒は，原因として腸炎ビブリオ・サルモネラ菌によるものが多い。自然毒食中毒では，ふぐ，毒キノコによるものが多い。

【3】(1) 人物名 ケネディ大統領，安全を求める権利 知らされる権利 選択する権利 (2) ① 国民生活センター ② 消費生活センター ③ 製造物責任 ④ 商品の欠陥 ⑤ 消費者契約 ⑥ 消費者基本 (3) フォード大統領，消費者教育を受ける権利

〈解説〉(2) ③は，PL法ともいう。民法では，商品に欠陥があって損害を受けた場合，その欠陥がメーカー等の「不注意」によって生じたことを立証しないと賠償請求が認められない。しかし，このような立証は多くの場合困難である。そこで，その商品が「その商品に必要な通常の安全性を欠いていること」を立証すれば，その欠陥をつくったメーカー等の「不注意」まで立証しなくてもよいとした。

【4】① 生活技術　② 10分の5　③ 同一年次　④ 安全管理　⑤ 事故防止　⑥ 衛生

〈解説〉平成15年実施の高等学校学習指導要領では，普通教科「家庭」は，家庭科基礎(2単位)，家庭総合(4単位)及び生活技術(4単位)の3科目を設け，生徒の多様な能力・適性，興味・関心等に応じて1科目を選択的に履修できるようにした。

【5】(1) ① ウ　② カ　③ ク　④ ア　⑤ オ　⑥ キ　⑦ イ　(2) ① ウ　② ク　③ キ

〈解説〉憲法25条には，「すべて国民は，健康で文化的な最低限度の生活を営む権利を有する。国は，すべての生活部面について，社会福祉，社会保障および公衆衛生の向上および増進に努めなければならない」とある。

【6】(1) ① 台形　② M　(2) 女性の結婚や出産，子育てによる一時的な離職が多い。子育てと職業を両立できる制度や環境整備が不十分であるなどが考えられる。

〈解説〉厚生労働省「21世紀出生児縦断調査」(平成13年度調査)によると，初めて子どもを出産した母親の場合，1年前に仕事をもっていた人のうち67%が，出産半年後は無職となっている。

【7】・乳児が発育･発達するうえで理想的な栄養素を含み，消化吸収も良い。　・初乳には免疫物質が含まれ，病気予防に効果的である。・授乳時のスキンシップを通して情緒的なつながりが図れるなど

〈解説〉平成14年度からの改正された母子健康手帳でも，できるだけ母乳栄養を勧めている。又，母乳をやめる時期として「断乳」という表現を除くようになっている。

【8】(1) ① 母子保健法 ② 育児・介護休業法 ③ 次世代育成支援対策推進法 ④ 労働基準法 (2) ・若者の自立とたくましい子どもの育ち ・仕事と家庭の両立支援と働き方の見直し ・生命の大切さ，家庭の役割などについての理解 ・子育ての新たな支え合いと連帯

〈解説〉子ども・子育て応援プランは，「子どもが健康に育つ社会」「子どもを生み，育てることに喜びを感じることのできる社会」への転換がどのように進んでいるのか分かるよう，概ね10年後を展望した「目指すべき社会の姿」を掲げ，それに向けて，内容や効果を評価しながら，この5年間(平成21年まで)に施策を重点的に実施する。

【9】① 地域包括支援センター ② ケアマネージャー(介護支援専門員) ③ ケアプラン

〈解説〉「地域包括支援センター」は，公正・中立の立場で介護の問題だけでなく，医療や財産管理といった高齢者を取り巻く様々な問題に対し，包括的なマネジメントと支援を行う中核機関である。社会福祉士，保健師，主任ケアマネージャーという三つの専門職が配属されている。

【10】④

〈解説〉④の吸湿性は保温性の誤りである。

【11】① エ ② イ ③ ア ④ カ ⑤ オ ⑥ ウ

〈解説〉洗剤には洗浄効果を高めたり，仕上がりをよくするために，硬水軟化剤やアルカリ剤，漂白剤や蛍光漂白剤，酵素などが配合されている。洗剤の作用に洗濯機や手洗いによる力が加わり，汚れが除去される。

【12】① キ ② オ ③ イ ④ カ ⑤ ウ

〈解説〉ブロードは，たて糸の密度をよこ糸の1.5～2倍にした緻密な平織物。サージはたて·よこの同じ太さの梳毛糸を，ほぼ同じ密度にして

織った斜文織物である。

【13】(1)　①　温度　　②　湿度(①②は順不同)　　③　空気
(2)　・窓を意識的に開閉する。　・換気扇を使って空気を外に出す。
・空気の循環がスムーズに行くように家具の配置を考える。など
〈解説〉冬に住まいの換気が不十分であると，室内で発生した水蒸気が排出されないため結露を生じる。特に畳・壁・押入などの冷えているところでの結露は，かび･だにが増える原因となる。

【14】(1)　敷地面積に対する建築面積の割合　　(2)　敷地面積に対する建物の延べ床面積の割合　　(3)　健康で文化的な住生活の基礎として必要不可欠な住宅の面積に関する水準　　(4)　25m²
〈解説〉(4)　最低居住面積水準は，世帯人数に応じて，健康で文化的な住生活を営む基礎として必要不可欠な住宅の面積に関する基準である。2人以上の場合は10㎡×世帯人数＋10m²である。

【15】家庭科で学習した知識や技術を，各自の家庭生活の中で実際に役立てるために，課題意識を持って，家庭生活の改善向上を目的に，主体的に解決を図る学習活動である。
〈解説〉ホームプロジェクトとの違いを問う問題として，学校家庭クラブ活動に関する知識を問われる場合もある。家庭クラブ活動は，家庭科で学習したことを各家庭で実践するだけでなく，広く地域社会にも目を向けその課題解決にあたる実践活動である。

【二次試験】

【１】(1)　非消費支出：社会保険料と所得税や住民税などの直接税を合わせたもので，そのほとんどが政府など公的機関に納める支出の事である。可処分所得：収入から非消費支出を引いたもの。実際に家計で自由に使えるお金のこと　　(2)　仕事と育児・介護が両立できるような様々な制度を持ち，多様でかつ柔軟な働き方を労働者が選択できるような取り組みを行う企業をいう。具体的には　①　法を上回る基

準の育児・介護休業制度を規定しており，かつ，実際に利用されていること　②　仕事と家庭のバランスに配慮した柔軟な働き方が出来る制度をもっており，かつ，実際に利用されていること　③　仕事と家庭の両立を可能にするその他の制度を規定しており，かつ，実際に利用されていること。　④　仕事と家庭の両立がしやすい企業文化を持っていることである。　(3)　バリアフリーを発展させて，特定の障害に対応するのではなく，こども，高齢者，色々な障害のある人などすべてのひとにとって障壁とならないようにデザインすることである。初めて唱えたのはロン・メイスで，彼によれば「できる限り最大限のすべての人に利用可能であるように，製品，建物，空間をデザインすること」である。　(4)　住宅の取得希望者が集まり，土地所得から資金調達，建物の設・建設・管理の全てに共同で取り組んでいく住宅の入手方法である。欧米ではじまり，日本でも増えつつある。
(5)　JAS法で定める有機農産物とは，農業の自然循環機能の維持増進を図るため，科学的に合成された肥料･農薬の使用を避けることを基本とし，周辺から肥料・農薬が飛来しないことや，最初の収穫前に多年生作物は3年，その他は2年以上の間，農薬･化学肥料などの使用がなされないことなどを基準とした農産物である。

〈解説〉(5)　平成12年1月に有機農産物の日本農林規格と有機農産物加工食品の日本農林規格を制定。表示は「有機農産物」「有機○○」「オーガニック○○」などが使用される。遺伝子組み換え食品は有機とは認めない。

【2】牛乳，砂糖，コーンスターチ　コーンスターチを加えた後の加熱が十分でなかった。

〈解説〉フランス語で白い食べ物の意。コーンスターチは粘化温度が高いので，しっかり加熱する必要がある。

【3】(1)　①　家庭科で学習した知識や技術を，各自の家庭の中で実際に役立てるために，課題意識を持って，家庭生活の改善向上を目的に，

主体的に解決を図る活動である。See(問題発見)→Plan(計画)→Do(実施)→See(反省･評価)の流れで学習する。　②　現在の家庭生活を向上させる内容にする。自分の力でできるテーマ・内容にする。様々な面で，家族の協力が得られる内容にする。学校における学習内容と関連がある内容にする。　③　一般的には，題目，題目設定の理由，実施計画，実施状況，評価と今後の課題を記述する。実施計画においては，実態調査や問題点の把握を行い，問題解決の方法を具体的に考え記述する。評価は家族・友人・先生等からコメントをもらう。実施計画に基づいて，自分が行動して実践を記録していく。　(2)　1　課題設定が適切であったか。　2　研究の計画や研究の進め方が適切であったか
3　研究内容が充実していたか　　4　目標が達成できたか
5　発表内容と方法が適切であったか

〈解説〉学習指導要領に位置づけられている。この学習を通して，家庭生活を健康で文化的に営むことができる能力，すなわち生活課題を自分で見つけ，解決し，生活を創造することのできる能力を身に付けていくことが重要である。

【4】解答略

〈解説〉高等学校学習指導要領解説では「生活設計の立案」について次のように記述されている。このことも視野に入れた，指導案の作成がのぞまれる。

充実した人生を送るためには，将来の生活に向かって目標を立て，展望を持って生活することが重要であることを理解させ，学習した事柄とかかわらせて，各自の将来の生活構想に基づいて，生活設計を立てさせると，自らの高校生活の課題についても考えさせる。また，充実した人生や生活は，今人の努力や家族の協力のもとに実現されるものであるが，様々な社会的条件も大きく影響することにも触れる。

2007年度　実施問題

【一次試験】

【1】繊維の加工や性質について，次の各問いに答えよ。

(1) 次の①～⑤に最も適するものを各項目のア～エの中から，それぞれ1つ選び記号で記せ。

① 濃い水酸化ナトリウム溶液の中でひっぱりながら処理するシルケット加工に最も適する繊維

ア レーヨン　イ 綿　ウ ナイロン　エ ポリエステル

② 布を樹脂液に浸し，加工処理して繊維内部に樹脂を固定するウォッシュ・アンド・ウェア加工に最も適する繊維

ア レーヨン　イ ポリエステル　ウ アクリル
エ アセテート

③ 鱗片の先端を薬品で溶解したり，樹脂ですきまをおおい，からみつきをなくしたりする防縮加工に最も適する繊維

ア 綿　イ 麻　ウ 毛　エ ナイロン

④ 水蒸気を通す微細な孔をあけた樹脂膜をコーティングする加工方法に最も適する繊維

ア 綿　イ レーヨン　ウ ポリエステル　エ 毛

⑤ 水分率は大きいが，水をはじくはっ水性を持つため，吸水性が小さい繊維

ア アクリル　イ アセテート　ウ 綿　エ 毛

(2) 次の①，②はどのような性質の繊維か，簡潔に説明せよ。

① アラミド繊維　② 生分解性繊維

(☆☆☆◎◎◎)

【2】和服の構成と縫い方について，各問いに答えよ。ただし，(1)〜(3)は下図に示す縫い方に関する問いである。

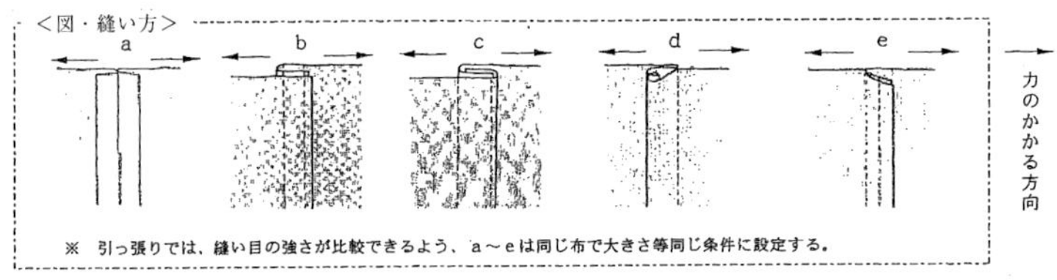

(1)　上図a〜eの縫い方の名称を記せ。

(2)　上図a〜eの布を，それぞれ矢印の方向に引っ張ったとき，最も縫い目が強いのはa〜eのどの縫い方か，記号で記せ。

(3)　手縫いによる和服のひとえ長着の背縫いとして，最も適しているのは上図a〜eのどれか，記号で記せ。

(4)　ひとえ長着の構成と縫い方について，次の文中の①〜⑮に最も適する語句を語群ア〜ヌの中から選び，記号で記せ。

明治のはじめに西洋の服が輸入されてこれを洋服とよんだのに対し，従来の日本の「きもの」を和服とよぶようになった。日常の衣生活が洋服中心になり，和服は，現在では日常着としてほとんど見られない。しかし，礼服やおしゃれ着としては着用され，近年では，夏のゆかたが若い人にブームとなっている。(　①　)の衣服は，日本の和服，インドのサリー，南米のポンチョ，トルコのシャルワールにみられるように着用しないときは平らにたたむことができ，人が着ると立体化する。

長着は，身ごろ，そで，(　②　)，えり，(　③　)から構成されている。身ごろ・そでは並幅のまま用い，その他は，(　④　)で用いる。身たけの約(　⑤　)の位置までえりが左右続けて長くつく。女物では，着用したときのたけより(　⑥　)cm長く身たけをとって仕立て，その分は腰のところで折る。そのことを(　⑦　)という。

男物の身たけは，(　⑦　)をつけないで，(　⑧　)に仕立て，(　⑨　)で着る。女物のふりにあたる部分は，(　⑩　)といい，男物では縫いつめる。

しるしつけは，材質に応じて適切な方法で正確につける。しるしは，できあがり寸法に(　⑪　)分として，(　⑫　)cmを加えてつける。

女性の和服の着装では，えりの後ろを背中のほうに落として着る(　⑬　)という着方をすることが多い。そのため，えり肩あきを肩山の位置より後ろ身ごろ側へずらしておかなければならない。このずらし分を(　⑭　)といい，(　⑮　)cmを標準寸法としているが，えりを多くぬいて着る場合や肩に厚みのある人は，これより多くする。

〈語群〉

ア　0.2	イ　0.5	ウ　1	エ　2～3
オ　5～7	カ　20	キ　25～30	ク　くりこし
ケ　身八つ口	コ　けん先	サ　全幅	シ　半分
ス　端折	セ　かけえり	ソ　半幅	タ　ぬいしろ
チ　おくみ	ツ　きせ	テ　抜衣紋	ト　着たけ
ナ　ついたけ	ニ　平面構成	ヌ　人形	

(☆☆☆◎◎◎)

【3】食物繊維について，次の問いに答えよ。

(1)　次の食品に最も多く含まれる食物繊維はどれか，ア～エの中から選び，記号で記せ。

①　こんにゃく　　②　いちご　　③　ごぼう

ア　アルギン酸　　イ　グルコマンナン　　ウ　セルロース

エ　ペクチン

(2)　食事から食物繊維をとることが大切であると言われているが，その理由を簡潔に説明せよ。

(☆☆☆◎◎◎)

【4】たんぱく質について，次の表を参考に，下の問いに答えよ。

〔食品可食部の全窒素１ｇあたりのアミノ酸組成ｍｇ数〕

	ヒスチジン	イソロイシン	ロイシン	リジン	含硫アミノ酸	芳香族アミノ酸	スレオニン	トリプトファン	バリン
アミノ酸評点パタン	１２０	１８０	４１０	３６０	１６０	３９０	２１０	７０	２２０
精白米	１６０	２５０	５００	２２０	２９０	５８０	２１０	８７	３８０
食パン	１４０	２３０	４５０	１５０	２４０	４７０	１８０	６５	２７０
かぼちゃ	１２０	２００	３００	２８０	１６０	３４０	１７０	７８	２６０

(1)　精白米の第一制限アミノ酸は何か。また，アミノ酸価を求めよ。ただし，小数第1位は四捨五入して，整数値で答えよ。

(2)　精白米，食パン，かぼちゃのうち，アミノ酸価の最も高いのはどれか，食品名とその第一制限アミノ酸，アミノ酸価を記せ。ただし，小数第1位は四捨五入して，整数値で答えよ。

(☆☆☆◎◎◎)

【5】次の(1)～(5)の各項目について説明した①～④のうち，誤っているものをそれぞれ1つ選び，記号で記せ。

(1)　脂質

①　脂質は，細胞膜をはじめ，脳や神経の構成成分として，血液中ではたんぱく質と結合した形で存在している。

②　脂質は，ビタミンA・D・E・Kなどの，脂溶性ビタミンの吸収をよくするはたらきがある。

③　脂質は，ビタミンE，カロテンやビタミンCのような抗酸化作用のあるものとともに摂取することが望ましい。

④　多価不飽和脂肪酸のリノール酸・リノレン酸・アラキドン酸は，体内で合成され成長を促す。

(2)　ビタミン

①　ビタミンAは，視覚の明暗識別に関係するロドプシンの成分で，にんじんやほうれん草，卵黄に多く含まれる。

②　干ししいたけに多く含まれているプロビタミンD_2は，紫外線にあたって，ビタミンD_2となり，これを摂取すると体で有効なビタミンDになる。

③　ビタミンEは，不飽和脂肪酸を酸化するはたらきをもつ。

④　ビタミンB_1が不足すると，食欲がなくなり，むくみ・しびれなどがおこる。さらに，脚気などの病気になる。

(3)　食酢によって起こる変化

①　アントシアン系色素を青色にする。

②　フラボン色素を白くする。

③　たんぱく質を凝固させる。

④　微生物の繁殖を押さえる。

(4)　乳・幼児期の栄養

①　母乳は，乳児の発育に必要な成分が，適切な割合と濃度で含まれている。

②　母乳成分は，消化吸収能力が十分発達していない乳児に適したアルブミンが多く，栄養的にすぐれ，病気を防ぐ免疫力も高い。

③　幼児期は，食事を通してしつけをする時期であるため，嫌いなものも残さずしっかりと食べさせることが大切である。

④　幼児期は，味を感じる能力が発達する時期であるから，さまざまな味の食べ物を経験させることが大切である。

(5)　青少年期の栄養

①　食欲がおう盛であるため，バランスのとれた食事を規則正しくとることが大切である。

②　レバーや魚の血合いに含まれるヘム鉄は，ひじきやほうれん草などの非ヘム鉄より吸収率が低い。

③　貧血になりやすいので，鉄の吸収をよくするために，ビタミンCが不足しないようにする。

④　運動量にも個人差があり，活動量にみあったエネルギーを摂取する必要がある。

(☆☆☆◎◎◎)

【６】次の(1)，(2)の問いに答えよ。

(1)　「子どもの偏食」防止の工夫を簡潔に説明せよ。

(2)　「高齢期の食生活」の栄養面で配慮することを3つにまとめ，簡潔に説明せよ。

(☆☆☆◎◎◎)

【７】次の(1)～(5)の語句を簡潔に説明せよ。

(1)　グリーンコンシューマー

(2)　PL法

(3)　フェアトレード

(4)　トレーサビリティ

(5)　ネガティブオプション

(☆☆☆◎◎◎)

【８】次の各問いに答えよ。

(1)　建築基準法では，採光のための窓の面積は，床面積の何分の1以上となるように定めているか。

(2)　国土交通省策定「住宅建設五箇年計画」に規定される「健康で文化的な住生活の基本として必要不可欠な水準」を何水準というか，その名称を記せ。

(3)　次の①～③について，住居平面図の平面表示記号を記せ。

①　引き違い窓　　②　片引き戸　　③　両開きとびら

(4)　環境共生住宅の具体的な特徴を2つ記せ。

(☆☆☆◎◎◎)

【９】次の(1)～(5)に関係の深いものをア～オから1つずつ選び，記号で記せ。

(1)　平成12年度を初年度として平成16年度までに重点的に推進された少子化対策。

(2)　「男性を含めた働き方の見直し・地域における子育て支援・社会

保障における次世代支援・子どもの社会性の向上や自立の促進」の4つを柱にしている。

(3) 基本的人権や生存権の保障を具体化するため，1947年にすべての子どもの健やかな成長を保障するために制定された。

(4) 「児童は，人として尊ばれる。児童は，社会の一員として重んぜられる。児童は，よい環境の中で育てられる」という前文が有名。

(5) 保護の対象としてしか位置づけられていなかった子どもを権利の主体とした国際的とり決め。

ア 少子化対策プラスワン　　イ 児童福祉法

ウ 児童の権利に関する条約　　エ 児童憲章

オ 新エンゼルプラン

(☆☆☆◎◎◎)

【10】子どもや女性にかかわる法律に関して，次の各問いに答えよ。

(1) 2000年5月に制定された児童虐待防止法(児童虐待の防止等に関する法律)では，児童虐待は，4つに分類される。その4つの内容を記せ。また，その後2004年10月に，その法律が一部改正されたが，どのように改正されたか，ポイントを1つ記せ。

(2) 妊娠中，出産後の健康診断等の時間確保等の義務化について定めている法律名を記せ。

(3) 育児のための勤務時間の短縮等の措置を事業者に義務づけている法律名を記せ。

(4) 妊産婦の危険有害業務への就業期限について定めている法律名を記せ。

(5) 妊娠中の女性および乳幼児の健康診査に関係する法律名を記せ。

(☆☆☆◎◎◎)

【11】高等学校家庭科における学校家庭クラブ活動とは，どのような活動か，学習指導要領(平成15年12月一部改正)に沿って説明せよ。

(☆☆☆◎◎◎)

【二次試験】

【1】高齢者のための衣服の製作について，次の問いに答えよ。

(1)　高齢者の特徴を考慮したデザインの工夫のポイントを①～④の項目について，それぞれ説明せよ。

(例)　ゆるみ　　そで幅やそでぐり，身ころの幅，ウエストはゆるめに作っておく。

①　背丈

②　そで

③　ウエスト

④　あき

(2)　高齢者が着やすい服のデザインとして，下図パターンの補正を行いたい。補正部分を書き加えよ。

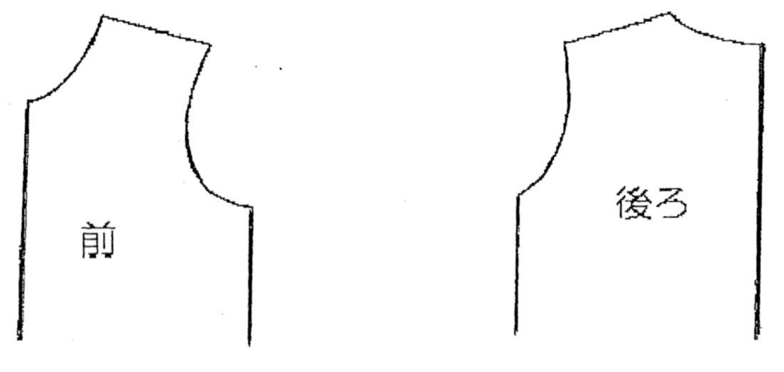

(☆☆☆◎◎◎)

【2】高等学校「家庭総合」の単元「親の役割と保育」において，4組の乳児と親を学校へ招待し，「乳児とふれあう」を題材として，授業(1クラス40名)を実施する。次の問いに答えよ。

(1)　次の①～⑤の事前指導と準備について，教師がすべきことを具体的に説明せよ。

①　事前の学習指導

②　安全・衛生対策

③　乳児とその家族への配慮
④　当日の学習環境づくり
⑤　その他の準備(①～④以外の準備)

(☆☆☆◎◎◎)

【3】本時の目標を設定し，その目標にそった体験的な授業(50分)の学習指導案を記せ。

【題材】　「乳児とふれあう」

【本時の目標】

・

・

・

区分	指導事項	学習活動	指導上の留意点	評価〔観点〕(方法)
導入				
展開				
まとめ				

(☆☆☆◎◎)

解答・解説

【一次試験】

【1】(1) ① イ　② ア　③ ウ　④ ウ　⑤ エ

(2) ① 高度な難燃性能の機能。(消防服や寝具などに使用される繊維。)　② 廃棄された繊維が，土中で微生物で分解する環境負荷の少ない(植物性の)繊維。

〈解説〉(1) ① シルケット加工は，1844年にJ.マーセルが水酸化ナトリウム溶液中で処理方法を発見した。(別名マーセライズ加工)綿製品の光沢，寸法安定性，吸湿性，染色性向上のために行われる加工法。
② ウォッシュ・アンド・ウェア加工とは，綿製品等に，ポリエステルのような洗濯時にしわになりにくく，乾燥も速く，アイロン仕上げを必要としない性質を付与する樹脂加工であり，レーヨンが適している。　③ 防縮加工は，毛糸のよさを損なわない程度に，スケールを溶かしたり，スケールと毛の間に樹脂を埋めたりして，縮充をなくした加工である。　④ 撥水加工にはポリエステルが適しており，0.2～10μ径の穴が無数にあいている表面皮膜剤であるポリウレタン系樹脂をコーティングする方式がある。　⑤ 毛は，水をはじく性質がありながら，湿気を良く吸収する為，汗をかいても湿った感じが少ない。
(2) ① アラミド繊維は，ナイロンと同じ縮合反応基の-NHCO-を有し，それ以外の部分はベンゼン骨格の芳香族成分からなる合成高分子素材である。代表的なものにはメタ型結合配列(ノーメックス，コーネックスなど)とパラ型結合配列(ケブラー，テクノーラなど)が市販され実用化されている。　② 生分解性繊維とは，「自然界に存在する微生物が分泌する酵素によって分解される繊維」のこと

【2】(1) a 割り縫い　b 伏せ縫い　c 折り伏せ縫い
d 袋縫い　e 二度縫い　(2) c　(3) e　(4) ① ニ
② チ(セ)　③ セ(チ)　④ ソ　⑤ シ　⑥ キ　⑦ ス

⑧ ト　⑨ ナ　⑩ ヌ　⑪ ツ　⑫ ア　⑬ テ
⑭ ク　⑮ エ

〈解説〉(1)　縫い方の名称は頻出なので頭に入れておくこと。

(2)　この中では，折り伏せ縫いが一番頑丈に縫われている。

(3)　背縫いには二度縫いが適している。　(4)　和服の一番の特徴は平面構成である。服飾史のルーツをたどれば，古代エジプトの「カラシリス」，古代ギリシャの「キトン」，ローマの「トガ」，現代のインドの「サリー」等が代表的な平面構成の衣服である。立体構成が人体を具体的に把握して表現する構成の技法であるのに対し，平面構成は人体体型を抽象的に把握し，直線や斜線で縫合した一枚或いは数枚の布で人体を被覆しようとする被服構成の技法である。着装によってのみ立体的に表現され，着用しない時は，元の平面に戻る。長着は，身ごろ，袖，おくみ，えり，かけえりから構成されている。服の裾がだいたい足首あたりになるようにすること，おはしょりを作らずに着ること，そして服の裾が地面を引きずらないことである。現在の女性の和服の長着を着るときはおはしょりを作るので，この服は対丈ではない。現在の男性の和服の長着を着るときはおはしょりを作らないので，この服は対丈である。男性用の和服には，身八つ口も振八つ口も作られない。女性の和服の着装で，衿を背中の方に落として着る着方は抜衣紋と呼ばれている。

【3】(1)　①　イ　②　エ　③　ウ　(2)　整腸作用，便秘予防，有害物質の吸着と排泄により大腸がん予防，コレステロールや血糖の低下。

〈解説〉(1)　①　こんにゃくに含まれる消化できない食物繊維の一種をグルコマンナンという。　②　いちごには，ペクチンと言う食物繊維の一種が含まれている。　③　ごぼうには，セルロースやリグニンなどの食物繊維が豊富に含まれている。　(2)　食物繊維の作用には，肥満や便秘，痔などを予防する作用，血糖値の上昇を遅らせる作用，コレステロールの吸収を阻止する作用，大腸がんの発生を抑える作用がある。

【4】(1)　第一制限アミノ酸：リジン　アミノ酸価：61

(2)　食品名：かぼちゃ　　第一制限アミノ酸：ロイシン　　アミノ酸価：73

〈解説〉その食品のたんぱく質に含まれる必須アミノ酸のなかで，最も不足している必須アミノ酸を第一制限アミノ酸とする。この第一制限アミノ酸が人間の体の必要量に対して，どれくらいの割合となるかを計算したのがアミノ酸価である。

$$\frac{\text{食品たんぱく質の第一制限アミノ酸含量(mg/gN)}}{\text{アミノ酸評定パターン当該アミノ酸含量(mg/gN)}}\times 100 = \text{アミノ酸価}$$

(1)　精白米においてはリジンが第一制限アミノ酸となるので，

220÷360×100≒61　となる。

(2)　食パンの第一制限アミノ酸はリジンなので

150÷360×100≒42

かぼちゃの第一制限アミノ酸はロイシンなので

300÷410×100≒73

【5】(1)　④　　(2)　③　　(3)　①　　(4)　③　　(5)　②

〈解説〉(1)　多価不飽和脂肪酸には，体の中でつくれないため食べ物からとらなければならない必須脂肪酸のリノール酸，α—リノレン酸や，その他には，主に魚に多く含まれ，脳の発達や機能に関与したり，血液をさらさらにしたりするDHA，EPAなどがある。　(2)　ビタミンEには，不飽和脂肪酸の酸化を抑制する働きがある。　(3)　赤カブや紫キャベツなどに含まれるアントシアニンという色素は，酢の酸性でさらに鮮やかな色に仕上がる。　(4)　幼児期においては，まず食事を楽しむことを身に付けさせることが大切である。　(5)　肉や魚などの動物性食品に多いヘム鉄と，野菜や穀類に含まれる非ヘム鉄があり，ヘム鉄の吸収率は15～25％だが，非ヘム鉄の吸収率は2～5％しかない。

【6】(1)　バラエティに富んだ料理の工夫，味付けや盛り付けの工夫，嫌いな食材は細かく刻んだり，すりおろすなど，表面に見えないよう

にする。 (2) 一般的に，薄味で良質なたんぱく質を摂取し，動物性の脂肪を少なく植物性の脂肪を取る。カルシウムが不足しないように努める。食物繊維を摂取するように心がける。

〈解説〉(1) 他に， ・食器などで，楽しい雰囲気の食卓作りをする。
・強制的に食べさせない。 ・家族で一緒に食べるようにする。
・嫌いなものを食べた時はほめるようにして自信をもたせる。 など。
(2) 高齢期の食事のポイントは， ・食べ過ぎと低栄養に気をつける。
・ばっかり食でなく栄養のバランスを考えて食べる ・食べやすい料理にする。

【7】(1) 環境全体を考えた行動や商品選択などをする消費者のこと。
(2) 欠陥商品による被害に対して，製造会社などに損害賠償を求めることができる法律。 (3) 立場の弱い開発途上国の人々であっても正当な価格で取引が出来る貿易のこと。 (4) 安全な食べ物として，生産地，収穫日，農薬や飼料の種類，加工，流通ルートなどを知らせる仕組みのこと。 (5) 商品を勝手に送りつけ，代金を請求する悪質商法。

〈解説〉(1) グリーンコンシューマーとは，直訳すると「緑の消費者」，環境のことを考えながら日々の買い物をする消費者のことを言う。
(2) 製造物責任法という。 (3) 買い物を通してできる国際協力である。 (4) トレーサビリティ(Traceability)という英語の元々の意味は，トレース(trace)＝追跡 と アビリティ(ability)＝できること， 能力がくっついたもので，平たく言えば「追跡できること」，カッコ良く言えば「追跡能力」という意味である。 (5) 代金引換郵便を悪用することもある。

【8】(1) 7分の1 (2) 最低居住水準

(3)

(4) 省エネルギー・省資源，水資源・廃棄物に十分配慮された住宅(風

車やソーラーで発電し，床暖房や給湯に利用するなど)。周辺の自然環境と親密に美しく調和した住宅(ビオトープで自然と調和する空間を作るなど)。

〈解説〉(1)　建築基準法によれば，住宅の居室においては，採光のために，窓その他の開口部を設けなければならない(建築基準法28条1項)。この住宅の採光のための開口部の面積は，居室の床面積の7分の1以上でなければならないとされている。　(2)　最低居住水準は，健康で文化的な住生活の基礎として必要不可欠ですべての世帯が確保すべき水準，住宅建設五箇年計画で定めるものである。　(3)　平面表示記号は，頻出なので頭に入れておくこと。　(4)　環境共生住宅とは，地球環境を保護する観点から，エネルギー・資源，廃棄物などの面で十分に配慮がなされ，また，周辺の自然環境と親密に美しく調和し，住まい手が主体的にかかわりながら，健康で快適に生活できるように工夫された「住宅」およびその「地域環境」をさし，地球と人にやさしい住まいのことである。

【9】(1)　オ　(2)　ア　(3)　イ　(4)　エ　(5)　ウ

〈解説〉(1)　新エンゼルプランは，従来のエンゼルプランと緊急保育対策等5か年事業を見直したもので，2000(平成12)年度を初年度として2004(平成16)年度までの計画であった。　(2)　少子化対策プラスワンの基本的な考え方は，　・「夫婦出生力の低下」という新たな現象を踏まえ，少子化の流れを変えるため，少子化対策推進基本方針の下で，もう一段の少子化対策を推進。　・「子育てと仕事の両立支援」が中心であった従前の対策に加え，「男性を含めた働き方の見直し」など4つの柱に沿った対策を総合的かつ計画的に推進。　である。

(3)　児童福祉法は，戦後，困窮する児童を保護，救済する必要性と，さらに，次代を担う児童の健全な育成を図るため，昭和22(1947)年に制定された。　(4)　児童憲章は前文で，「児童は，人として尊ばれる」「児童は，社会の一員として重んじられる」「児童は，よい環境の中で育てられる」という三つの理念を示している。　(5)　児童の権利に関する条約(子どもの権利条約)は，基本的人権が子どもにも保障されるべきことを国際的に定めた条約。

【10】(1) 身体的虐待　性的虐待(わいせつ行為)　ネグレスト(育児放棄)　心理的虐待(心理的外傷を与える言動)　改正の要点：同居人による虐待を保護者が放置した場合も虐待とする。児童の前でのDVなど間接的なものも含める。 (2) 男女雇用機会均等法
(3) 育児(・介護)休業法　(4) 労働基準法　(5) 母子健康法

〈解説〉(1) 児童虐待防止法より抜粋。この法律において，「児童虐待」とは，保護者(親権を行う者，未成年後見人その他の者で，児童を現に監護するものをいう。以下同じ。)がその監護する児童(十八歳に満たない者をいう。以下同じ。)に対し，次に掲げる行為をすることをいう。①児童の身体に外傷が生じ，又は生じるおそれのある暴行を加えること。②児童にわいせつな行為をすること又は児童をしてわいせつな行為をさせること。③児童の心身の正常な発達を妨げるような著しい減食又は長時間の放置その他の保護者としての監護を著しく怠ること。④児童に著しい心理的外傷を与える言動を行うこと。　改正の主な内容は，①保護者以外の同居人による虐待の放置や配偶者に対する暴力などが児童虐待に含まれることとした，②児童虐待の通告義務の対象がこれまでの「虐待を受けた児童」から「虐待を受けたと思われる児童」を発見した者にまで拡大された，③児童の安全確認，確保のため相談所長は必要に応じて警察署長に援助要請が「できる」ではなく「しなければならない」とした，④保護者の同意に基づいて施設入所の措置がとられている場合，保護者の要求によって児童を引き渡すと虐待が行われると認められるときは，一時保護することができるとされた，ことである。 (2) 通院のための休暇(男女雇用機会均等法)：妊娠中および産後1年は，健康診断や保健指導を受けるための休暇をとることが認められている。 (3) 勤務時間の短縮(育児休業法)：事業主は，3歳未満の子を養育し，又は要介護状態にある対象家族の介護を行う労働者については，勤務時間の短縮等の措置を講じなければ

ならない。　(4)　危険有害業務の禁止(労働基準法)：重いものを運ぶ仕事，有毒ガスを吸う仕事，体を冷やす仕事など母体や赤ちゃんに悪影響を与えるような仕事に，妊産婦を就かせてはならないと決まっている。また，ママの方から配置転換を申請することもできる。

(5)　妊婦・乳児健康診査(母子保健法第13条)：母子の健康管理と異常の早期発見，早期治療に努めるため，健康診査を行う。

【11】学校家庭クラブ活動は，学校や地域の生活の中から課題を見出し，生活の向上を目指して，ホームルーム単位や学校単位などグループで主体的に計画，実践する課題解決的な学習活動である。この活動を通して，家庭科で学習した知識や技術を学校生活や地域の生活に生かすことができ，課題解決能力や実践的態度を育てることができる。また，勤労の喜びを味わわせ，社会奉仕の精神を涵養することができる。

〈解説〉学校家庭クラブ活動とは，家庭科で学習した事柄を生かして，自らの家庭生活の向上や，地域社会の人々の生活を改善しようとする活動のことである。学習指導要領解説p42も参照のこと。

【二次試験】

【1】(1) ① 背丈 背中が曲がっていることがあるので長めに作っておく。 ② そで 車いすで移動する人は，手首，足首はしっかりしまった，運動しやすいものが良い。 ③ ウエスト オムツの場合も考慮しゴムで作っておく。 ④ あき 終日寝床にいる人は前開きの衣類か，前からかぶせるような形のものが介護しやすい。 (2) 図略

〈解説〉(1) 関節の曲がる方向や，体の向き，姿勢などにも，苦痛を与えないように配慮してデザインするとよい。 (2) 脇の部分にゆとりを持たせるように補正するとよい。

【2】(1) ① 実際に赤ちゃんに触れた機会の少ない子どもが多いため，赤ちゃん人形を生徒に抱いて体感させる。 ② 抱き方の注意点などを確認し，ただ抱くだけではなく，おむつ交換もやらせてみたり，赤ちゃんの体や生活について話をする。 ③ 人形ではなく，実際の生身の人間である。接する際の態度，扱いには特に気を配るようにする。 ④ 生徒の中には，小さな子どもとどう接したらよいか，戸惑う者も多いかもしれないので，グループごとに「こんなおもちゃで，こんな風に遊んでみよう」とか「子どもの目線で言葉かけをしよう。」などと支援をする。 ⑤ 以下の事をプリントしたワークシートを用意する。 みんなの質問から Q1 なぜ生まれてすぐにオギャーと泣くの。 Q2 生まれて1日で何グラム増えるの。 Q3 何でいつも寝てばかりいるの。 Q4 生まれるとへその緒はどうなるの。 Q5 言葉はいつ覚えるの。 Q6 目はいつ頃見えるの。

〈解説〉実際の乳児，親と接するので事前指導の時点でしっかり指導しておかないと当日トラブルが起きやすくなる。あらかじめ，配慮する点，特に安全面などには十分注意するよう指導しておくことが必要である。

【３】(2)【題材】　「乳児とふれあう」

【本時の目標】

・赤ちゃんや幼児と遊ぶことができる。

・乳幼児の身体的な特徴や精神的な発達について調べたことをより深く理解できる。

区分	指導事項	学習活動	指導上の留意点	評価〔観点〕（方法）
導入		本時の学習課題の確認をする。	保護者の方と３人の男の子に心をこめて挨拶するよう助言する。	
展開	○乳幼児の体の特徴を知ることができる。	○８ヶ月の乳児，３才，４才の幼児の体の特徴を確認する。 ○前時に調べたことをグループごとに前へ出て発表する。（３つのグループ） ・頭が大きい（４頭身くらい） ・標準の体重は７～８ｋｇ ・おすわりができるようになる ・一語文（ワンワン，マンマ）がいえる ・標準的な身長，体重 ・言葉の発達や体の動きについて ・自我の芽生え，反抗期	○身長や体重は個人差が大きいことを知らせる。 ○ことばの話しかけなど、環境の大切さにも気づかせたい。 ○特に、８ヶ月の乳児が緊張してしまわないように、なごやかな雰囲気が作れるようにする。	
	○実際の乳幼児の様子を知ることができる。	○実際の赤ちゃんや幼児の様子を知る。 ・からだの大きさ ・からだの動かし方 ・ことばの話し方	○現在の自分自身の体位と比較し大きな成長に気づかせたい。	
	○保護者の子どもへの思いを知ることができる。	○保護者の方へインタビューをする。（３つのグループ） ・妊娠中の様子 ・出産の際の感動 ・名前の由来 ・子育ての苦労 ・どんな子どもに育ってほしいか	○グループの中で全員が発表できるよう配慮する。	
	○乳幼児と共に遊ぶことができる。	○乳幼児と遊んでみよう。 ・キーボードで一緒に歌う ・絵本を読む ・怪獣のおもちゃで遊ぶなど ○保護者の方からの、クラスの子どもたちへ向けたメッセージを聞く。	○子どもの目線で話すように声をかける。 ○安全にはくれぐれも注意するように促す。	乳幼児と積極的に関わりが持てたか。

			○話し手の目を見て集中して聞かせる。	
まとめ	乳幼児についての理解を深めることができる	○本時の学習の感想を話し合う。 ・2～3名、感想を発表する。 ○保護者の方と3人の男の子に挨拶をする。 ○次時の予告	○机上で調べたことと、実際に乳幼児と触れ合ってみたことをつなげて、自分なりの考えをまとめるよう助言する。 ○感謝の気持ちをこめて挨拶するよう助言する。	本時の学習の感想を自分の言葉で話すことができたか。

〈解説〉乳幼児と殆ど接したことのない生徒たちに，ぜひ幼い子どもと接する機会をもたせ，乳幼児の身体的，精神的発達について調べたことをより深く理解させようと考え，ゲストティーチャーを招いての授業を行った指導案例である。

●書籍内容の訂正等について

弊社では教員採用試験対策シリーズ（参考書，過去問，全国まるごと過去問題集），公務員試験対策シリーズ，公立幼稚園・保育士試験対策シリーズ，会社別就職試験対策シリーズについて，正誤表をホームページ（https://www.kyodo-s.jp）に掲載いたします。内容に訂正等，疑問点がございましたら，まずホームページをご確認ください。もし，正誤表に掲載されていない訂正等，疑問点がございましたら，下記項目をご記入の上，以下の送付先までお送りいただくようお願いいたします。

① **書籍名，都道府県（学校）名，年度**
（例：教員採用試験過去問シリーズ　小学校教諭 過去問　2025 年度版）
② **ページ数**（書籍に記載されているページ数をご記入ください。）
③ **訂正等，疑問点**（内容は具体的にご記入ください。）
（例：問題文では“ア～オの中から選べ”とあるが，選択肢はエまでしかない）

〔ご注意〕
○ 電話での質問や相談等につきましては，受付けておりません。ご注意ください。
○ 正誤表の更新は適宜行います。
○ いただいた疑問点につきましては，当社編集制作部で検討の上，正誤表への反映を決定させていただきます（個別回答は，原則行いませんのであしからずご了承ください）。

●情報提供のお願い

協同教育研究会では，これから教員採用試験を受験される方々に，より正確な問題を，より多くご提供できるよう情報の収集を行っております。つきましては，教員採用試験に関する次の項目の情報を，以下の送付先までお送りいただけますと幸いでございます。お送りいただきました方には謝礼を差し上げます。
（情報量があまりに少ない場合は，謝礼をご用意できかねる場合があります）。

◆あなたの受験された面接試験，論作文試験の実施方法や質問内容
◆教員採用試験の受験体験記

送付先
○電子メール：edit@kyodo-s.jp
○FAX：03-3233-1233（協同出版株式会社　編集制作部 行）
○郵送：〒101-0054　東京都千代田区神田錦町2-5
協同出版株式会社　編集制作部 行
○HP：https://kyodo-s.jp/provision（右記のQRコードからもアクセスできます）

※謝礼をお送りする関係から，いずれの方法でお送りいただく際にも，「お名前」「ご住所」は，必ず明記いただきますよう，よろしくお願い申し上げます。

教員採用試験「過去問」シリーズ

富山県の
家庭科 過去問

編　集	© 協同教育研究会
発　行	令和6年3月25日
発行者	小貫　輝雄
発行所	協同出版株式会社 〒101-0054　東京都千代田区神田錦町2 - 5 電話　03－3295－1341 振替　東京00190－4－94061
印刷所	協同出版・POD工場

落丁・乱丁はお取り替えいたします。